beck'sche reihe

bsr

Hans-Dieter Gelfert bietet mit diesem Buch einen unterhaltsamen Einstieg in die englische Sprache. Er beginnt dort, wo sie für uns am leichtesten zu erlernen ist, bei den gemeinsamen Wurzeln des Deutschen und Englischen, und zeigt auf einleuchtende Weise, dass diese Weltsprache niemandem fremd bleiben muss. Er erläutert leicht verständlich die komplizierten Bestandteile der englischen Grammatik und zeigt, wo so mancher Stolperstein lauert. Dieses Buch ist eine Quelle überraschender Einsichten in die englische Sprache, für den Anfänger ebenso wie für den Fortgeschrittenen geeignet.

Hans-Dieter Gelfert, bis 2000 Professor für Englische Literatur und Landeskunde, lebt als freischaffender Autor in Berlin. Bei C. H. Beck sind von ihm erschienen: *Typisch englisch. Wie die Briten wurden, was sie sind* ([4]2002); *Kleine Geschichte der englischen Literatur* (1997); *Max und Monty. Kleine Geschichte des deutschen und englischen Humors* (1998); *Kleine Kulturgeschichte Großbritanniens* (1999); *Shakespeare* (2000); *Typisch Amerikanisch. Wie die Amerikaner wurden, was sie sind* (2002).

Hans-Dieter Gelfert

Englisch mit Aha!

Die etwas andere Einführung in die englische Sprache

Verlag C.H.Beck

Originalausgabe

Gesamtherstellung: Druckerei C. H. Beck, Nördlingen
Umschlagabbildung: zefa / H. G. Rossi
Umschlagentwurf: +malsy, Bremen
Printed in Germany
ISBN 3 406 49457 9

www.beck.de

Inhalt

Vorwort

Als ein bekannter Anglist einmal nach einem öffentlichen Vortrag von Laien gefragt wurde, ob Englisch eine schwere Sprache sei, sagte er nach kurzem Bedenken: «In den ersten zwanzig Jahren nicht». Was wie ein paradoxes Bonmot anmutet, trifft die Sache ziemlich genau. Englisch ist am Anfang so einfach, dass Schulkinder, zumal in Norddeutschland, es für eine Art Plattdeutsch halten. Das einzig Schwierige scheint die Diskrepanz zwischen Schreibung und Aussprache zu sein. Haben sich die Schüler erst einmal daran gewöhnt, machen sie rasch Fortschritte und haben bald schon das Erfolgserlebnis, in der Fremdsprache kommunizieren zu können, was im Lateinunterricht so gut wie nie vorkommt. Im Lauf der Zeit merken aber selbst gute Schüler, dass es nicht leicht ist, eine fehlerfreie Klassenarbeit zu schreiben. Mit fortschreitendem Lernerfolg steigt sogar die Fehlerwahrscheinlichkeit. Während im Französischunterricht nach Überwindung der weit größeren Anfangsschwierigkeiten der Boden mit der Zeit immer sicherer wird, scheint es im Englischen genau umgekehrt zu sein. Hier erlebt der Lerner, dass die Fälle, in denen die Schulgrammatik keine präzise Auskunft gibt, umso zahlreicher werden, je freier man sich in der Sprache bewegt. Der freien Bewegung steht in der Schule aber die Angst vor dem Fehlermachen entgegen. Da sich nur Fehler zählen lassen, während es für die Quantität von Kommunikation keine Maßeinheit gibt, tendieren Schüler zu einer Fehlervermeidungsstrategie, die das Gegenteil von dem bewirkt, was Kommunikation eigentlich sein soll. Statt den Austausch von Inhalten zu maximieren, versucht man die Fehlerzahl zu minimieren, was zu einem künstlich restringierten Sprachverhalten führt. Das scheint ein grundsätzliches Problem des schulischen Fremdsprachenunterrichts zu sein. Nun will das vorliegende Buch weder die Lehrwerke für den Unterricht ersetzen, noch will es Schüler zum fehlerfreien Gebrauch des Englischen anleiten. Statt dessen richtet es sich an alle diejenigen, die irgendwann einmal Englisch gelernt haben – das sind heutzutage die meisten, die einen Schulabschluss haben – und die ihre eingerosteten Kenntnisse gern ein wenig auffrischen wollen. In der Kindheit lernt man Sprachen durch Imitation. Da ist ein Lehrer, der die Fremdsprache gut beherrscht, eine bessere Lernhilfe als jedes Lehrbuch. Später aber spielt die kognitive Einsicht in das Funktionieren der Fremdsprache eine immer größere Rolle. Besonders nachhaltig graben sich dabei solche Einsichten ins Gedächtnis ein, die sich wie ein Fenster auftun und den Blick auf einen unerwarteten Zusammenhang freigeben. Leider werden solche Aha-Erlebnisse im Schulunterricht viel zu wenig genutzt, weil die Lehrer selber sie nicht hatten. Der Verfasser hat im Laufe seiner Tätigkeit als Professor für englische Literatur und Landeskunde Hunderte von Staatsexamina abgenommen und den Kandidaten damit die Lehrbefähigung für den Englischunterricht erteilt. Obwohl er selber nur indirekt mit dem Sprachunterricht zu tun hatte, hat es ihn doch immer wieder bekümmert, wie wenig Durchblick durch das Gewebe der englischen Sprache der durchschnittliche Hochschulabsolvent im Fach Anglistik hat. Vielen, die sich in den kompliziertesten linguistischen Theorien auskennen, sind noch nicht einmal die einfachsten Lautentwicklungen aufgegangen, mit denen man ohne große Mühe aus einem englischen Wort das etymologisch entsprechende deutsche erschließen kann. Genau das sollte aber ein Englischlehrer können; denn gerade durch das augenöffnende Aufzeigen solcher Zusammenhänge werden den Schülern Eselsbrücken gebaut, die sich mit der Zeit zu einem dichten Netz verknüpfen können.

Unsere «kleine Führung» will versuchen, mit Hilfe vieler kleiner Aha-Erlebnisse das kognitive Verständnis für die englische Sprache zu vertiefen. Sie wird bei der englischen Lautung beginnen und deren historische Entwicklung betrachten, wird sich dann dem historischen Aufbau des englischen Wortschatzes zuwenden und danach Grundzüge der englischen Grammatik sowie die Ausdrucksmöglichkeiten des Englischen ganz allgemein erörtern. Nach Zielsetzung und Darstellungsweise ist das Buch ein auf die Sprache bezogenes Pendant zu dem, was der Verfasser in *Typisch englisch. Wie die Briten wurden, was sie sind* sowie in dem Parallelbuch über Amerika zur Kultur der beiden Nationen ausgeführt hat. Alle drei Bücher wenden sich an Laien und wollen eine Art Vademecum für Reisende in die englischsprachige Welt sein.

Die englische Sprache – ein Kurzporträt

Das Englische gehört zur großen Familie der indoeuropäischen Sprachen, deren Verbreitungsgebiet sich vom indischen Subkontinent bis zur europäischen Atlantikküste erstreckte und die sich später auf Amerika, Australien und große Teile Afrikas ausdehnte. Innerhalb der Familie unterscheidet man zwei große Gruppen, die *centum*- und die *satem*-Sprachen, so benannt nach den unterschiedlichen Wörtern, die sie für den Begriff ‹hundert› hatten. Wenn man weiß, dass das c der lateinischen Wörter im Germanischen zu h wurde – das deutsche ‹Haupt› ist das lateinische *caput* –, sieht man, dass das germanische ‹hundert› dem lateinischen *centum* entspricht, was bedeutet, dass beide Sprachen, wie übrigens auch das Griechische und das Keltische, zu den *centum*-Sprachen gehören. Das Urgermanische teilte sich seinerseits in drei unterschiedliche Zweige: das Ostgermanische, das Nordgermanische und das Westgermanische. Während das Ostgermanische seit dem Verschwinden des Gotischen ausgestorben ist, gingen aus dem Nordgermanischen die skandinavischen Sprachen und aus dem Westgermanischen das Deutsche in seiner hochdeutschen und niederdeutschen Form sowie das Friesische, das Niederländische und das Englische hervor.

Bei einer so engen Verwandtschaft kann es nicht verwundern, dass es zwischen dem Deutschen und dem Englischen zahlreiche Ähnlichkeiten gibt. Allerdings beschränken sich diese auf den westgermanischen Anteil des Englischen, den die Angeln und Sachsen nach Britannien brachten, als sie im 5. Jahrhundert von der deutschen Nordseeküste aus die britische Insel eroberten und besiedelten. Danach wurde der angelsächsische Grundstock von so vielen Sprachschichten überlagert, dass es heute fraglich ist, ob man Englisch noch zu den germanischen Sprachen zählen kann. Bevor wir uns diesen Überlagerungen zuwenden, muss aber daran erinnert werden, dass das Angelsächsische selber eine Überlagerung war. Von der Eroberung durch die Römer im Jahre 43 n. Chr. bis zum Ende des 4. Jahrhunderts war das heutige England ein Teil des römischen Reiches, in dem keltisch sprechende Eingeborene und ihre lateinisch sprechenden Kolonialherren die meiste Zeit friedlich zusammenlebten. Als Rom unter dem Druck der anrückenden Germanenstämme im Zuge der Völkerwanderung seine Truppen in den Jahren 402 bis 407 aus Britannien abzog, ließ es dort eine Bevölkerung von romanisierten Kelten zurück, die unter der Besatzung einen hohen Entwicklungsstand der Zivilisation erreicht hatten. Doch da sie von den Römern aus begreiflichen Gründen von Waffen ferngehalten wurden, waren sie nun unfähig, sich gegen Eindringlinge von außen zu verteidigen. Auf sich allein gestellt riefen ihre Anführer gegen die zunehmenden Einfälle der Pikten und Skoten aus dem heutigen Schottland angeblich im Jahr 449, wahrscheinlich aber schon früher, die Angeln und Sachsen von jenseits der Nordsee zu Hilfe. Die aber waren selber einem zunehmenden Bevölkerungsdruck ausgesetzt und sahen deshalb in der Einladung eine willkommene Gelegenheit, sich in Britannien niederzulassen, was sie innerhalb kurzer Zeit auch taten. So wurde aus dem kelto-romanischen Britannien das angelsächsische England.

Verwunderlich ist dabei, dass von der Sprache der romanisierten Kelten, die ja zunächst noch für längere Zeit die zahlenmäßige Mehrheit stellten, fast nichts ins Angelsächsische übergegangen ist. Angesichts der Zahlenverhältnisse ist weder anzunehmen, dass die Kelten sich alle in den Westen nach Wales und Irland geflüchtet haben können, wo bis heute Keltisch gesprochen wird, noch ist es wahrscheinlich, dass sie gewaltsam ausgerottet wurden. Vielmehr muss es für längere Zeit ein Nebeneinander der beiden Bevölkerungsteile und durch Mischehen wohl auch ein Miteinander gegeben haben. In der Sprache hat dies aber fast keine Spuren hinterlassen. Nur ein knappes Dutzend keltischer Wörter kommen als frühe Entlehnungen überhaupt in Frage, von denen nur zwei, nämlich *bin* zur Bezeichnung eines großen Behälters und *dun* für eine schwarzbraune Farbe vor allem bei Pferden, bis heute Bestandteil des allgemeinen Wortschatzes sind. Möglicherweise wurden auch ein paar der frühen lateinischen Lehnwörter von den Kelten übernommen, von denen wiederum einige latinisierte Formen keltischer Wörter sein könnten. Im übrigen aber scheint das Angelsächsische der Invasoren das vorgefundene kulturelle Substrat regelrecht versiegelt zu haben.

Auf diese gewissermaßen sprachundurchlässige Schicht lagerten sich danach wie Sedimente immer neue, von außen eindringende

Sprachschichten, durch die wir im Folgenden einen senkrechten Schnitt legen wollen, um daran die entscheidenden Stationen der englischen Sprachgeschichte ablesen zu können. Die erste Einschwemmung neuen Sprachguts kam im 9. Jahrhundert mit dem Eindringen der Dänen, die im Osten Englands Fuß fassten. Weit massiver war der Einfall der französisch sprechenden Normannen, die 1066 das Land eroberten. Anders als bei der Invasion der Angelsachsen kam es jetzt nur vorübergehend zu einer «Versiegelung» der vorgefundenen Kultur. Schon nach etwa hundert Jahren ging aus der Zwangsehe zwischen der Sprache der Unterjochten und derjenigen der Eroberer ein völlig neues Sprachamalgam hervor, das dem heutigen Englisch bereits sehr ähnlich ist. Weitere sprachliche Einschwemmungen brachte das Latein der Kirche und der Gebildeten. Als England nach dem Sieg über die spanische Armada mit dem Aufbau seines ersten Weltreichs begann, waren die Fenster und Türen des Landes weit geöffnet für sprachliche Einflüsse von überallher in der Welt. Das ist bis heute so geblieben, wobei mit der zunehmenden Dominanz des Amerikanischen nicht nur ein weiterer starker Einfluss auf das Britische wirksam wurde, sondern eine ganz eigene Variante des Englischen auf den Plan trat, die ihrerseits wieder Einflüsse aus dem Indianischen und dem Spanischen aufnahm und noch immer aufnimmt.

Sprachhistoriker unterscheiden in der Geschichte des Englischen vier Entwicklungsstufen: das ALTENGLISCHE vom Beginn der angelsächsischen Besiedlung bis zum Verschwinden des reinen Angelsächsisch aus der Schriftkultur um 1150; das MITTELENGLISCHE, das sich bis zum Aufkommen des Buchdrucks ab 1476 zu einer ausdrucksfähigen Literatursprache entwickelte; das FRÜHNEUENGLISCHE von ca. 1475 bis 1700 und danach das NEUENGLISCHE. Letzteres ist der Hauptgegenstand unserer Betrachtung; doch um es besser zu verstehen, wollen wir auch einen Blick auf die früheren Sprachstufen werfen. Dabei soll es nicht nur um die englische Sprache als System, sondern auch um ihre literarische und allgemein kulturelle Ausdrucksfähigkeit gehen, wobei uns der vergleichende Blick auf das Deutsche helfen soll.

Englische Laute

So leicht es deutschen Lernern fällt, englische Wörter zu verstehen und zu behalten, so schwer tun sich die meisten mit ihrer Aussprache. In diesem Punkte kommt das Italienische, Französische und Spanische der deutschen Zunge weit mehr entgegen. Bei den Konsonanten ist es vor allem das th, das uns Schwierigkeiten bereitet, zum einen, weil es diesen Laut im Deutschen nicht gibt, zum anderen weil er uns an Lispeln erinnert, was wir als Sprachfehler empfinden und kleinen Kindern deshalb abtrainieren. Die beiden anderen Konsonanten, die den meisten von uns schwer über die Lippen kommen, obwohl es sie in manchen deutschen Dialekten gibt, sind das ungerollte Zungen-r und das w, das wie ein u-Vorschlag gesprochen wird und darum im Englischen *double-u* heißt. Deutsche Sprecher, die das englische r nicht über die Zunge bringen, brauchen aber nicht zu verzweifeln; denn wenn sie statt dessen das norddeutsche, im Rachen gebildete Zäpfchen-r verwenden, rufen sie damit keinerlei Missverständnisse hervor, da es sich dabei nur um eine für englische Ohren etwas fremd klingende Aussprache des gleichen Lautes handelt. Im übrigen gibt es im Nordosten Englands eine Region, wo das deutsche uvulare r ebenfalls gesprochen wird. Zwei andere englische Konsonanten, die es im Deutschen nicht gibt, sind die Zischlaute in *church* und *journal.* Doch da sie mit keinem ähnlichen deutschen Laut konkurrieren, lassen sie sich leicht in unser Lautsystem einpassen. Außerdem kennen wir den ersten Laut aus Namen wie Tschaikowski und den zweiten aus Wörtern wie Dschungel und Dschunke. Auch der stimmhafte Zischlaut in *measure* ist der deutschen Zunge nicht fremd, da wir ihn aus der französischen Aussprache von ‹Journal› gewohnt sind. Ungewohnter ist da schon das so genannte *dark l* in *hall*, das sich vom *clear l* in *hole* deutlich unterscheidet. Doch in manchen Dialekten wie z.B. dem Kölnischen findet es sich ebenfalls. Am schwersten tun wir uns im Englischen nicht mit den ungewohnten Konsonanten, sondern mit den gewohnten in ungewohnter Position. So haben wir Mühe, ein scharfes s am Wort- und Silbenanfang zu sprechen, weil in dieser Position das s im Deutschen immer weich, d.h. stimmhaft ist. Noch typischer für deutsche Sprecher ist die so genannte hochdeutsche Auslautverhärtung. Ohne dass wir uns dessen bewusst sind, sprechen wir die stimmhaften Verschlusslaute g, b und d am Wort- bzw. Silbenende immer stimmlos aus. So schreiben wir zwar ‹Tag›, ‹Lob› und ‹Lied›, sprechen diese Wörter aber wie ‹Tak›, ‹Lop› und ‹Liet› aus. Da es im Deutschen am Wort- und Silbenende keine stimmhaften Verschlusslaute gibt, neigen wir dazu, das englische *bed* (Bett) wie *bet* (Wette), *rib* (Rippe) wie *rip* (reißen) und *bug* (Wanze) wie *buck* (Bock) auszusprechen, was bei englischen Muttersprachlern zu Missverständnissen führen muss. Eine andere Eigentümlichkeit des Deutschen ist der Kehlkopfverschlusslaut, besser bekannt als Knacklaut, den wir am Wort- und Silbenanfang vor jedem Vokal sprechen. Obwohl dieser Laut durch keinen Buchstaben bezeichnet wird, handelt es sich dabei um einen Konsonanten, was z.B. daran zu erkennen ist, dass in der altgermanischen Stabreimdichtung alle Vokale mit allen staben, während die übrigen Konsonanten dies nur untereinander tun. Wenn deutsche Sprecher den Knacklaut auch bei englischen Wörtern einsetzen, rufen sie bei englischen Muttersprachlern zwar keine Missverständnisse hervor, doch wirkt ihre Aussprache dann für englische Ohren hart und möglicherweise ein wenig aggressiv.

Schwieriger als die Konsonanten sind für deutsche Englischlerner die Vokale. Die Phonetiker ordnen die Vokale auf einem Trapez an, auf dem die folgenden acht Laute als primäre Kardinalvokale bezeichnet werden.

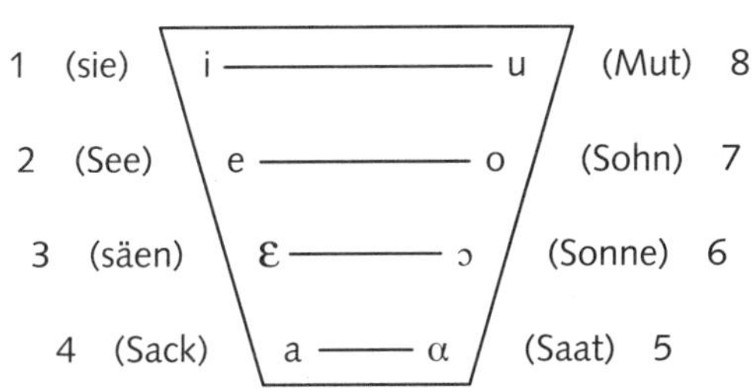

Bei den Vokalen 1, 2, 3, und 6, 7, 8 treffen die deutschen Beispielwörter die Kardinalqualität ziemlich genau, bei 4, 5 liegen die deutschen Vokale weiter innen im Trapez.

Die Vokale auf der linken Seite des Trapezes werden mit breiter Lippenstellung gesprochen, die auf der rechten Seite mit gerundeter. Auf beiden Seiten nimmt von oben nach unten die Zunge beim Sprechen eine immer tiefere Position ein. Wenn man die Lippenstellung der beiden Seiten vertauscht, d.h. wenn man die linken Vokale gerundet und die rechten mit breitgezogenen Lippen spricht, erhält man einen zweiten Satz von Kardinalvokalen, von denen uns aber nur die gerundeten Versionen von 1 und 2 vertraut sind. Es sind die deutschen Umlaute ü und ö, die es im Englischen nicht gibt.

So wie wir bei Farben bestimmte Abstufungen der Regenbogenfarben als besonders rein empfinden, so hören sich für unsere Ohren auch die deutschen Vokale a, ä, e, i, o, u, ö und ü besonders rein an. Sie kommen den Kardinalvokalen sehr nahe, während im Englischen nur die langen Vokale |i:| und |u:| diese Kardinalqualität haben. Ein kardinales langes |e:| und |o:| gibt es hier überhaupt nicht und auch die Stellen des vorderen und hinteren kardinalen a-Lauts sind nicht besetzt. Statt dessen hat das Englische ein a zwischen den beiden kardinalen a-Lauten, ein dunkles, zum offenen o tendierendes a, einen ä-Laut zwischen 3 und 4, einen e-Laut zwischen 2 und 3 und ein offenes o zwischen 6 und 7.

Die bisher genannten Laute sind für deutsche Sprecher noch verhältnismäßig leicht auszusprechen, da sie auf den Seiten des Trapezes liegen. Schwieriger sind die Vokale im Innern des Trapezes, der helle a-Laut in *but* und der ungerundete ö-Laut in *girl*, der etwa in der Mitte liegt. Da beide im Deutschen nicht vorhanden sind, neigen wir dazu, den ersten als a und den zweiten als ö auszusprechen, was zwar nur selten zu Missverständnissen führt, uns aber als Ausländer verrät. Auch die kurzen i- und u-Laute liegen weiter innen als im Deutschen. Klarer als durch eine theoretische Beschreibung lässt sich das englische Vokalsystem durch die nebenstehende Graphik veranschaulichen. Sie stammt in leicht abgewandelter Form aus Bernd Kortmanns Lehrbuch *Linguistik: Essentials. Anglistik. Amerikanistik* (1999). Da dort die englischen Vokale mit den deutschen verglichen werden, kann sich der Leser auf Grund der Zuordnung innerhalb des Trapezes eine ungefähre Vorstellung von der jeweiligen Lautqualität machen.

Noch charakteristischer als die einfachen Vokale sind die aus zwei Vokalqualitäten zusammengesetzten so genannten Diphthonge, von denen das Englische ungewöhnlich viele besitzt, nämlich die fünf steigenden Diphthonge |eі|, |aі|, |ɔі|, |əu| und |au|

Die Vokalinventare des Englischen und Deutschen im Vergleich

○ Englisch
● Deutsch
❑ nur im Englischen
■ nur im Deutschen

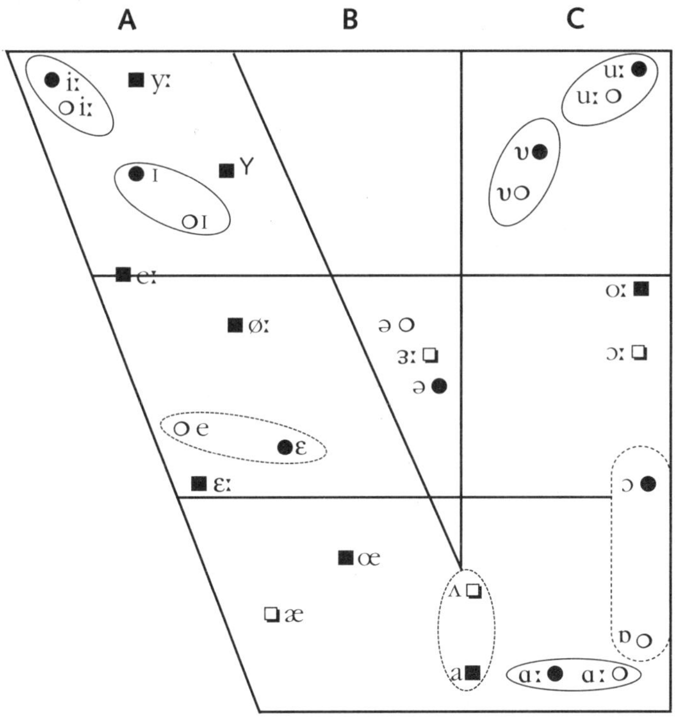

A. Vorderzungenvokale

	Englisch	Deutsch
/iː/	fee	Vieh
/I/	sin	in
/yː/	–	Mühle
/Y/	–	Müll
/eː/	–	Ehre
/e/; /ɛ/	kettle	Kessel
/ɛː/	–	Ähre
/øː/	–	Höhle
/œ/	–	Hölle
/æ/	cat	–

B. Zentralvokale

	Englisch	Deutsch
/ʌ/; /a/	cut	kann
/ɑː/; /aː/	car	Kahn
/ə/	the	Gelenk
/ɜː/	curt	–

C. Hinterzungenvokale

	Englisch	Deutsch
/uː/	spoon	Huhn
/ʊ/	put	Butt
/oː/	–	Sohlen
/ɔː/	caught	–
/ɒ/; /ɔ/	cot	sollen

und die vier fallenden Diphthonge |iə|, |ɛə|, |uə und |ɔə|. Da Laute ohnehin nur durch direkte Produktion exakt bezeichnet werden können, brauchen wir uns um das Problem der Transkription nicht weiter zu kümmern und wollen uns damit begnügen, das englische Vokalinventar mit den Zeichen auszudrücken, die das von Daniel Jones begründete und noch heute maßgebliche *English Pronouncing Dictionary* dafür angibt, wobei wir einige Symbole allerdings etwas vereinfacht haben.

Um Englisch so zu sprechen, dass es Englisch klingt, reicht es aber nicht aus, die einzelnen Laute korrekt zu bilden. Es müssen zwei weitere typische Merkmale hinzukommen. Das erste ist das Fehlen des Knacklauts (*glottal stop*) vor Vokalen im Silbenanlaut. Dieser Laut, der das Deutsche für die Ohren vieler Ausländer als hart erscheinen lässt, fehlt im Englischen nahezu ganz. Nur in manchen Dialekten tritt er als Ersatz für andere Explosivlaute auf. Da anlautende Vokale ohne diesen Knacklaut gesprochen werden, hat das Englische eine natürliche Tendenz, Konsonanten am Wortende mit Vokalen am Anfang des nachfolgenden Wortes zusammenzuziehen. Diese Tendenz ist so stark, dass da, wo ein Wort mit einem Vokal endet und das nächste mit einem anfängt, manchmal ein angedeutetes r eingeschoben wird, um so den aufkommenden Knacklaut zu unterdrücken. Das Fehlen dieses Lautes lässt den englischen Sprachfluss sehr viel weicher als den Deutschen erscheinen. Das Zweite, was dem Englischen seine eigentümliche Lautung gibt, ist die Abschwächung der meisten unbetonten Vokale zu dem so genannten *schwa*-Laut, den wir im Deutschen in den Endungen von Wörtern wie ‹bitte›, ‹Butter› und ‹Betten› haben. Im Englischen tritt der Laut aber auch im Wortinnern auf und selbst dort, wo ein Wort mit Vollvokal in einer schwachtonigen Position steht. So wird z.B. *of* fast immer mit dem *schwa*-Laut gesprochen. Englischlerner, die sich einen möglichst guten Akzent einüben wollen, sollten deshalb von Anfang an darauf achten, dass sie den Knacklaut unterdrücken, in schwachtonigen Silben den *schwa*-Laut einsetzen, vor allem aber die deutsche Auslautverhärtung vermeiden.

Das englische Lautinventar im Überblick

Kurze Vokale

i	*pit*	(Grube)	etwas offener als in ‹bitte›
e	*pet*	(Schmusetier)	etwas geschlossener als in ‹Bett›
æ	*pat*	(Klaps)	offener als in ‹Ähre›
ʌ	*putt*	(beim Golf)	heller als in ‹Patt›
ɔ	*pot*	(Topf)	offener als in ‹Topf›
u	*put*	(stellen)	ähnlich wie in ‹Butter›
ə	*per cent*	(Prozent)	*schwa*-Laut wie in ‹Watte›

Lange Vokale

i:	*peat*	(Torf)	ähnlich wie in ‹bieten›
ɑ:	*part*	(Teil)	etwas dunkler als in ‹Fahrt›
ɔ:	*port*	(Hafen)	offener als in ‹Wort›
u:	*pool*	(Teich)	ähnlich wie in ‹Pfuhl›
ɜ:	*purr*	(schnurren)	viel offener als das deutsche ö

Diphthonge

ei	*bay*	(Bucht)	ein zum i hingezogenes e
ai	*buy*	(kaufen)	wie in ‹Bein›, aber offener
ɔi	*boy*	(Junge)	wie in ‹Eule›, aber offener
au	*now*	(jetzt)	wie in ‹Sau›, aber heller
əu	*no*	(nein)	ein zum u hingezogenes ə
iə	*peer*	(Lord)	wie in ‹Bier› ohne r, aber offener
ɛə	*pair*	(Paar)	wie in ‹Bär› ohne r, aber offener
uə	*poor*	(arm)	wie in ‹pur› ohne r, aber offener
ɔə	*pour*	(gießen)	oft nur eine Variante des Langvokals ɔ:

Konsonanten

b, p, d, t, g, k, f, v, j, z, s, ʃ, h, *clear* l, m, n, ng			wie im Deutschen
ð	*this*	(dies)	stimmhafter Lispellaut
θ	*thin*	(dünn)	stimmloser Lispellaut
l	*all*	(alle)	*dark l*: kehliges l wie in ‹Karl›
ʒ	*measure*	(Maß)	wie in ‹Journal›
dʒ	*gin*	(Gin)	wie in ‹Dschungel›
tʃ	*chin*	(Kinn)	wie in ‹Tschaikowski›
r	*roll*	(rollen)	ungerolltes Zungen-r
w	*with*	(mit)	wie ein u-Vorschlag

Englische Sprachmelodie

Wenn wir mündlich miteinander kommunizieren, reihen wir nicht nur Laute aus einem Zeichenrepertoire aneinander, sondern bemühen uns außerdem, unsere sprachliche Äußerung durch Modulation des Lautstroms mit zusätzlicher Bedeutung aufzuladen. Man nennt diese suprasegmentale, d.h. über den Einzellaut hinausgehende Lautgestaltung Prosodie oder Intonation. Beim Senden und Empfangen der Einzellaute muss unser Gehirn ständig Ja-Nein-Entscheidungen treffen, um die einzelnen Laute zu identifizieren. Es arbeitet somit digital. Beim Modulieren des Lautflusses handelt es sich dagegen um stufenlose Veränderungen, die eher nach dem Analog-Prinzip wahrgenommen werden. Im Grunde gibt es nur drei Möglichkeiten, den Strom der Sprechlaute zu modulieren: durch Tonhöhe, Tonstärke oder Tonlänge. Die erste Möglichkeit könnte man nach dem Beispiel der Rundfunktechnik als Frequenzmodulation, die zweite als Amplitudenmodulation bezeichnen. Beides kennen wir von Radioapparaten, wo auf der Senderskala zwischen FM- und AM-Sendern unterschieden wird. Anders als in der Radiotechnik muss man sich beim Sprechen aber nicht für das eine oder andere entscheiden. Es scheint aber doch so zu sein, dass einzelne Sprachen das eine oder andere bevorzugen.

Im Deutschen neigen wir dazu, die wichtigsten Teile eines Satzes durch erhöhte Lautstärke, also durch eine größere Amplitude der Tonschwingungen, hervorzuheben, während englische Muttersprachler eher mit der Stimme nach oben oder unten gehen, also die Frequenz modulieren. Natürlich variieren auch deutsche Sprecher die Tonhöhe und englische die Tonstärke, doch wenn ein Beobachter, der beide Sprachen nicht kennt, gebeten würde, seinen akustischen Eindruck von ihnen graphisch darzustellen, würde er wohl für das Deutsche ein Sägezahn-Muster und für das Englische eine Wellenlinie wählen. Im Deutschen ragen aus einem relativ flach dahinfließenden Lautstrom die betonten Laute als Spitzen heraus, während sich im Englischen der ganze Lautstrom auf und ab bewegt. Für diese Auf-und-Ab-Bewegung gibt es feste Regeln, die der englische Muttersprachler intuitiv beherrscht, die zu lernen uns Deutschen aber sehr viel schwerer fällt als die Bildung der einzelnen Laute. Deshalb ist die Intonation nicht nur der schwierigste, sondern auch der am meisten vernachlässigte Bereich im Englischunterricht. Misslich ist daran, dass sich die Intonation noch schwerer als die phonetische Lautbildung durch Beschreibung lehren lässt. Man kann sie nur durch Imitation wirklich lernen. Dazu muss man sie aber erst einmal hören, sei es von einem Tonträger, sei es von einem kompetenten Lehrer. Da wir diesem Buch keine CD beigeben können, müssen wir uns hier mit einer kurzen Beschreibung der Grundprinzipien begnügen.

Variation der Tonhöhe ist in zwei Richtungen möglich, nach oben und nach unten. Folglich hat die englische Intonation zwei Elementarformen, die steigende und die fallende. Beide lassen sich so kombinieren, dass ein steigend-fallender und ein fallend-steigender Ablauf entsteht. Ein stark abfallender Ton am Ende einer sprachlichen Äußerung wird im Englischen als schroff und abweisend empfunden; ein stark ansteigender Ton als unsicher, fragend und den Gesprächspartner zu einer Reaktion zwingend. Beides widerspricht dem Code der Höflichkeit und der reservierten Distanz, an den sich Engländer im zwischenmenschlichen Verkehr halten. Folglich neigen sie dazu, gegen Ende einer Äußerung den Ton erst ansteigen, dann fallen und zuletzt wieder leicht steigen zu lassen. Das erste Ansteigen dient dazu, den Eindruck eines schroffen Meinungsdiktats zu vermeiden. Das Fallen signalisiert das Ende der Äußerung; und das erneute leichte Steigen zeigt dem Gegenüber an, dass man bereit ist, das Gespräch fortzusetzen. Dieses charakteristische Muster gibt dem Englischen den eigentümlichen Singsang, durch den es sich vom deutschen Sägezahn-Muster unterscheidet. Im Verlauf der Äußerung können durch Steigen und Fallen weitere Akzente gesetzt werden, die hier nicht im Einzelnen erklärt werden können. Nur eine Faustregel sollte nicht unerwähnt bleiben, die sonderbarerweise bei Englischlehrern nahezu unbekannt ist. Da das Englische den Lautstrom durch Steigen und Fallen moduliert, braucht es für Letzteres Raum nach unten. Den hat man beim Sprechen aber nur, wenn man hoch genug einsetzt. Im Deutschen gehen wir, wenn wir den Ton verstärken, mit der Stimme zwar auch nach oben, doch so gut wie nie nach unten. Deshalb setzen wir gewissermaßen auf dem Grundton ein, während englische Sprecher deutlich höher beginnen und nur mit den Wellentälern ihrer Intonationskurve den Grundton berühren. Besonders extrem ist dies bei weiblichen Sprechern, die oft so hoch einsetzen und die Intonationswellen so weit ausschwingen lassen, dass dies für deutsche Ohren affektiert und manchmal geradezu komisch klingt. Wer Englisch so sprechen will, dass es sich englisch anhört, sollte einfach etwas höher einsetzen, dann bleibt genug Raum auch nach unten für eine fallende Intonation. Schüler, die dies beherzigen, werden rasch merken, dass sich ihre Sätze dann gleich viel englischer anhören. Anders verhält es sich im amerikanischen Englisch, dessen Lautstrom viel flacher ist. Da die fallende Intonation hier eine viel geringere Rolle spielt, sprechen Amerikaner im allgemeinen deutlich tiefer. Statt die Lautstärke oder die Tonhöhe zu variieren – was sie ebenfalls tun –, neigen sie eher dazu, in betonten Wörtern die Vokale zu dehnen. Besonders auffällig ist das in den Südstaaten, weshalb man dort vom *Southern drawl* spricht. Durch Dehnung der Vokale in der Nachbarschaft von Nasalen entsteht eine andere hörbare Eigentümlichkeit des Amerikanischen, der so genannte *nasal twang*. Zum Glück für den deutschen Lerner reagieren Amerikaner längst nicht so empfindlich auf Verstöße gegen die Intonationsregeln wie die Briten, die z.B. das flache Sägezahnmuster deutscher Sprecher als unangenehm und das abrupte Abfallen der Tonhöhe am Schluss einer Äußerung als schroffe Abweisung empfinden.

Bei dieser Gelegenheit sei eine kleine Ketzerei erlaubt. Deutsche, die Englisch lernen, legen oft allzu großen Wert auf einen guten Akzent. Das führt dazu, dass manche, die mit einem guten Imitationsvermögen begabt sind, sich fast wie Muttersprachler anhören, obgleich ihr Englisch oft so rudimentär ist, dass sie keinen komplexeren Sachverhalt ausdrücken können. Solche Sprecher rufen nicht selten mehr Verwirrung hervor als diejenigen, die sich durch einen Akzent als Nichtmuttersprachler zu erkennen geben. Von diesen erwartet der britische Gesprächspartner nicht, dass sie die Finessen der englischen Intonation beherrschen, während er bei denen, die wie Engländer parlieren, jeden Regelverstoß unangenehm vermerkt. Im übrigen ist für die Kommunikation ein großer Wortschatz allemal wichtiger als ein guter Akzent.

Lautgeschichte

Englisch-deutsche Gemeinsamkeiten

Wie eng der germanische Teil des englischen Wortschatzes mit dem Deutschen verwandt ist, zeigen die folgenden Wortlisten. Die erste umfasst 44 Wörter, die bei gleicher Kernbedeutung in beiden Sprachen gleich geschrieben werden. Nur in der Aussprache unterscheiden sie sich in der Mehrzahl der Fälle. Die zweite Gruppe enthält 36 Wörter, die sich geringfügig in der Schreibung unterscheiden, während die 20 Wörter der dritten Gruppe sich in der Schreibung deutlich unterscheiden, doch in der Aussprache identisch sind, sieht man einmal von der geringfügig abweichenden Bildung einiger Laute ab.

Gleiche Schreibung (bei teilweise anderer Aussprache):

all	all	*otter*	Otter
ball	Ball	*butter*	Butter
fall	Fall	*bitter*	bitter
stall	Stall	*mild*	mild
wall	Wall	*wild*	wild
band	Band	*blind*	blind
brand	Brand	*wind*	Wind
hand	Hand	*ring*	Ring
land	Land	*dill*	Dill
sand	Sand	*still*	still
stand	Stand	*finger*	Finger
strand	Strand	*winter*	Winter
hammer	Hammer	*nest*	Nest
wanderer	Wanderer	*rest*	Rest
sack	Sack	*helm*	Helm
bast	Bast	*fell*	Fell
mast	Mast	*dung*	Dung
arm	Arm	*hunger*	Hunger
harm	Harm	*lust*	Lust, Begehren
warm	warm	*frost*	Frost
horn	Horn	*block*	Block
gold	Gold	*stock*	(Wurzel)stock

Ähnliche Schreibung bei ähnlicher Aussprache:

glass	Glas	*sole*	Sohle
grass	Gras	*coal*	Kohle
gall	Galle	*foal*	Fohlen
hall	Halle	*roll*	Rolle
dam	Damm	*rash*	rasch
lamb	Lamm	*fish*	Fisch
warn	warnen	*bush*	Busch
end	Ende	*harsh*	harsch
send	senden	*shimmer*	Schimmer
linen	Linnen	*shrill*	schrill
will	Wille	*swan*	Schwan
rind	Rinde	*swarm*	Schwarm
find	finden	*swell*	schwellen
bring	bringen	*swim*	schwimmen
sing	singen	*swing*	schwingen
lock	Locke	*slim*	(schlimm), schlank
shock	Schock	*sling*	Schlinge
corn	Korn	*crust*	Kruste

Diese Wörter unterscheiden sich von ihren deutschen Entsprechungen durch den Wegfall der Endungen auf -e und -en, durch die Schreibung sh statt sch und c statt k sowie dadurch, dass im Deutschen das s vor l und w zu sch geworden ist. Ansonsten gibt es noch Unterschiede bei einigen Doppelkonsonanten und bei der Schreibung oa für das lange o der entsprechenden deutschen Wörter. Lässt man die 80 Wörter der beiden Gruppen Revue passieren, wird man zu der Vermutung kommen, dass die Konsonanten f, l, m, n, r und s in allen Positionen und die Konsonantenverbindungen nd und st im Inlaut sehr widerstandsfähig gegenüber lautlichen Veränderungen sein müssen, da sie offensichtlich in beiden Sprachen unverändert geblieben sind. Das Gleiche scheint für das anlautende b, h und g, zumal in den Verbindungen gl und gr, zu gelten. Auch die kurzen Vokale a, e, i, o und u scheinen sich, zumindest in der Umgebung der genannten Konsonanten, einer lautlichen Veränderung zu widersetzen, während das lange o in *coal* und *foal* im Englischen zu einem Diphthong geworden ist.

Gleiche Aussprache trotz anderer Schreibung (bei z.T. etwas anderer Lautbildung):

fine	fein	*house*	Haus
mine	mein	*louse*	Laus
pine	Pein	*mouse*	Maus
shine	Schein	*brown*	braun
shrine	Schrein	*sow*	Sau
wine	Wein	*sour*	sauer
lime	Leim	*bower*	(Vogelbauer), Laube
ice	Eis	*cower*	kauern
price	Preis	*shower*	Schauer
rice	Reis	*foul*	faul

Hier unterscheiden sich die englischen Wörter bei gleicher oder fast gleicher Aussprache erheblich von ihren deutschen Entsprechungen. Das rührt daher, dass die englische Orthographie, wie wir später noch sehen werden, den spätmittelenglischen Sprachstand konserviert hat, bei dem dic heutigen Diphthonge |ei| und |au| noch als Langvokale |i| und |u| gesprochen wurden. Das Gleiche war im Mittelhochdeutschen der Fall, nur hat sich bei uns die Orthographie der späteren Lautung angepasst. Im Englischen stehen die Zeichen ou und ow nicht für einen Diphthong, sondern für ein langes u. Auch das kurze u, das in unmittelbarer Nachbarschaft von n, m und w zu Leseproblemen führte, haben mittelenglische Schreiber in diesen Positionen oft durch ein o ersetzt, z.B. in *wonder* und *worm*, die sonst mit ihren deutschen Entsprechungen ‹Wunder› und ‹Wurm› identisch wären.

Ohne ein einziges Wort bewusst gelernt zu haben, verfügen Deutsche bereits über einen englischen Wortschatz, der mindestens die hier aufgeführten einhundert Wörter umfasst, die den deutschen Wörtern entweder völlig gleichen oder ihnen so ähneln, dass man sie mühelos versteht. Leider gilt das nicht für den Rest des Wortschatzes; doch wird man auch dort, sobald man die Gesetzmäßigkeiten der Lautentwicklung erkannt hat, einige hundert Wörter auf Anhieb verstehen. Um die Eselsbrücken dafür zu bauen, wollen wir uns jetzt den wichtigsten dieser Lautentwicklungen zuwenden.

Standhafte Konsonanten

Außer den bereits erwähnten westgermanische Konsonanten, die im Deutschen wie im Englischen unverändert blieben, hat das Englische auch die germanischen Verschlusslaute d, t, b, p und den dentalen Reibelaut th beibehalten, während das Deutsche hier eine Systemveränderung aufweist, die als hochdeutsche Lautverschiebung bezeichnet wird. Dabei wurde durch Erhöhung des Atemdrucks durchgängig th zu d, d zu t und t anlautend zu z und in- und auslautend je nach der lautlichen Umgebung entweder zu tz oder ss verschoben. Auf die gleiche Weise wurde p anlautend zu pf und in- und auslautend je nach Umgebung zu pf oder f. Auch die inlautend in bestimmten Positionen als Reibelaut gesprochenen westgermanischen b- und g-Laute verfestigten sich im Deutschen zu Verschlusslauten, während das inlautende k zu einem ch-Laut wurde. Das Englische hingegen bewahrte in weit größerem Umfang den westgermanischen Lautstand.

Die Anfänge der hochdeutschen Lautverschiebung, durch die sich das deutsche Konsonantensystem vom englischen trennte, lassen sich bereits im frühen 6. Jahrhundert nachweisen. Sie ging vom Oberdeutschen aus, wo sie sich am vollständigsten durchsetzte, während im Mitteldeutschen b, g und k von der Verschiebung ausgenommen blieben. Das Niederdeutsche wurde von dieser Entwicklung überhaupt nicht erfasst, weshalb wir dort die größte Ähnlichkeit mit dem heutigen Englisch finden. Sobald man die Gesetzmäßigkeit der hochdeutschen Lautverschiebung erkannt hat, kann man ohne große Mühe aus englischen Wörtern angelsächsischen Ursprungs die deutsche Entsprechung erschließen, was vor allem da zu Aha-Erlebnissen führt, wo man die Entsprechung wegen eines inzwischen eingetretenen Bedeutungswandels nicht vermutet hätte. So geht den wenigsten Schülern von selber auf, dass sich in *town* (Stadt) unser ‹Zaun›, in *sad* (traurig) unser ‹satt› und in *stove* (Ofen) unser ‹Stube› verbirgt. Da Entdeckungslust die wirksamste Lernmotivation ist, wollen wir im Folgenden für jeden einzelnen Lautwandel eine Liste von Beispielen geben und damit Eselsbrücken zum Behalten der Wörter bauen.

Germanisches th: Der englische Konsonant, der deutschen Lernern am meisten zu schaffen macht, das als th geschriebene ð bzw. θ, fehlt in unserm Lautssystem ganz, weil er durch die hochdeutsche Lautverschiebung durchgängig zu d verschoben wurde. Hier einige Beispiele für anlautendes sowie in- und auslautendes th:

than/then	denn; dann	*bath*	Bad
thank	Dank	*booth*	Bude
that	das	*both*	beide
thatch	Dach(stroh)	*brother*	Bruder
thick	dick	*death*	Tod
thief	Dieb	*earth*	Erde
thin	dünn	*either*	jeder (von beiden)
thine	dein	*fathom*	Faden
thing	Ding	*feather*	Feder
think	denken	*hearth*	Herd
thirst	Durst	*heath*	Heide
thistle	Distel	*leather*	Leder
thorn	Dorn	*lithe*	(lind), geschmeidig,
thou	du		daher ‹Lindwurm›
though	(je)doch	*loath*	leid (sein)
thread	Draht	*nether*	nieder
three	drei	*oath*	Eid
thresh	dreschen	*other*	ander-
throng	(An)drang	*path*	Pfad
throstle	Drossel	*scathe*	Schaden
through	durch	*seethe*	sieden
thumb	Daumen	*wether*	Widder
thunder	Donner	*whether*	(weder) ob

Einige Wörter wie z.B. *father* (Vater), *mother* (Mutter) und *weather* (Wetter) scheinen dieser regelmäßigen Entwicklung zu widersprechen. Hier stand anstelle des th ursprünglich ein d, das im Deutschen zu t wurde. Unter dem Einfluss von -er wurde es aber zu th aufgeweicht. Nach Einführung der th-Schreibung wurden auch fast alle mit th geschriebenen Fremdwörter der englischen Aussprache angeglichen (Ausnahme: *thyme,* ‹Thymian›, das ‹taim› gesprochen wird).

Germanisches d: Die Verschiebung von th zu d machte es im Althochdeutschen erforderlich, dass der alte stimmhafte Verschlusslaut d seinen Platz räumte und zum stimmlosen t wurde. Nur in Verbindung mit n blieb d erhalten wie z. B. in ‹Land›.

dale	Tal
daughter	Tochter
day	Tag
deaf	taub
deal	Teil
dear	teuer
death	Tod
deed	Tat
deep	tief
deer	(Jagd)tier, Rotwild
devil	Teufel
dew	Tau
dip	(taufen), eintauchen
dish	(Tisch), Essschale
ditch	(Teich), Graben
do	tun
door	Tor
dough	Teig
doughty	tüchtig
dove	Taube
dreary	traurig
drench	(durch)tränken
drink	trinken
drive	treiben
drop	Tropfen
drum	Trommel
dry	trocken
duck	(unter)tauchen; Ente
dull	(toll), stumpfsinnig

beard	Bart
bed	Bett
bid	bieten
broad	breit
dead	tot
feed	füttern
flood	Flut
fodder	Futter
ford	Furt
garden	Garten
girdle	(Gürtel), Korsett
glad	(glatt), glücklich
glide	gleiten
good	gut
mad	(matt), verrückt
meed	Met
mood	(Mut), Stimmung
need	Not
red	rot
ride	reiten
sad	(satt), traurig
seed	Saat
side	Seite
speed	sich sputen; Geschwindigkeit
stead	Statt
steed	(Stute), Schlachtross
tide	(Zeit), Gezeiten
warden	Wärter
wade	waten
wide	weit
word	Wort
world	Welt

Germanisches t: Im Althochdeutschen drängte das aus d entstandene t das alte t am Silbenanfang, bei Doppel-tt und nach Konsonanten ins |ts| und in den übrigen Fällen ins stimmlose |s|, während das t im Englischen unverändert blieb.

Anlautendes t

tail	(Zagel), Schwanz
tame	zahm
tap	zapfen
team	(Zaum), Gespann
tear	Zähre, Träne
to tear	zerren
tell	(er)zählen
tick	Zecke
till	(Ziel), bis
tile	(Dach)ziegel
tin	Zinn
tit	Zitze
toe	Zehe
token	Zeichen
toll	Zoll
tongs	Zange
tongue	Zunge
tooth	Zahn
tousle	zausen
tow	ziehen
tub	Zuber
twig	Zweig

t nach Konsonanten und bei -tt-

cat	Katze
clot	Klotz
felt	Filz
flit	flitzen
gloat	hämisch glotzen
heat	Hitze
kittle	kitzlig
malt	Malz
mint	Münze (Prägeanstalt)
mint	Minze
net	Netz
salt	Salz
set	setzen
sit	sitzen
slit	Schlitz
smelt	schmelzen
smut	Schmutz
stilt	Stelze
sweat	schwitzen
wheat	Weizen
wit	Witz, Geist
write	(ritzen), schreiben

In- und auslautend nach Vokalen:

bite	beißen
foot	Fuß
goat	Geiß
great	groß
greet	grüßen
hate	Hass
hot	heiß
let	lassen
lot	Los
nut	Nuss
shit	Scheiße
shoot	schießen
sleet	Schloße, Graupel
slot	Schloss
sprout	sprießen
vat	Fass
water	Wasser
white	weiß

Germanisches b: Das anlautende b ist im Deutschen nicht verschoben worden. Allerdings ist das inlautende b, das im Germanischen die Qualität eines Reibelauts hatte (vermutlich wie b im heutigen Spanisch), althochdeutsch zu einem Verschlusslaut geworden, während es im Englischen zu |v| oder |f| wurde. Im Anlaut und bei Doppel-b blieb im Englischen das b unverändert.

Anlautendes b

ball	Ball
band	Band
bean	Bohne
bed	Bett
bear	Bär
beer	Bier
bite	beißen
blade	Blatt
bleak	bleich
blind	blind
blood	Blut
bloom	Blume, Blüte
bone	(Ge-)bein
book	Buch
borough	Burg
bread	Brot
bring	bringen
broad	breit
brood	brüten
brown	braun
buck	Bock
bull	Bulle
burn	brennen

Inlautende Gemminate -bb-

glib	glibberich
rib	(ahd. ‹ribbe›), Rippe
rob	rauben
rub	rubbeln

Inlautendes b

beaver	Biber
cleave	(dial. klieben), spalten
deaf	taub
dove	Taube
drive	treiben
even	eben
evil	Übel
give	geben
grave	Grab
groove	Grube
have	haben
heave	heben
knave	(Knabe), Schurke, Spielkarte Bube
lave	laben
leaf	Laub
leave	Erlaubnis
live	leben
loaf	Laib
love	Liebe
over	über
raven	Rabe
shave	schaben, rasieren
sheaf	Schaub, Garbe
shove	schieben
sieve	Sieb
staff	Stab
stove	(Stube), Ofen
weave	weben

Germanisches p: Das p wurde im Althochdeutschen anlautend, nach Doppel-p und nach Konsonanten zu pf und nach Vokalen zu f, während es im Englischen unverändert blieb.

Anlautendes p		**p nach Konsonant und bei -pp-**	
pale	Pfahl	*camp*	(Kampf), Lager
pan	Pfanne	*cup*	(Kopf), Tasse
path	Pfad	*damp*	(Dampf), Dunst
pawn	Pfand	*dapper*	(tapfer), flott
pea(cock)	Pfau	*drop*	Tropfen
peach	Pfirsich (lat. *persicus*)	*hop*	Hopfen
		to hop	hüpfen
penny	Pfennig	*prop*	Pfropfen
pillar	Pfeiler	*rip*	rupfen
pillow	Pfühl, Kissen	*rump*	Rumpf
pipe	Pfeife	*slip*	schlüpfen
plant	Pflanze	*stamp*	stampfen
plaster	Pflaster	*step*	stapfen
pluck	pflücken	*stop*	stopfen
plough	Pflug	*stump*	Stumpf
plum	Pflaume	*swamp*	Sumpf
pool	Pfuhl	*tap*	Zapf(hahn)
post	Pfosten	*tip*	Zipfel, Spitze
pound	Pfund	*top*	(Zopf), Scheitel

p nach Vokal:

deep	tief	*rape*	(raffen), vergewaltigen
dip	(taufen), eintauchen	*reap*	(raufen), ernten
cheap	(Kauf), billig	*ripe*	reif
cooper	Küfer	*rope*	(Reifen), Seil
gape	gaffen	*sap*	Saft
grip	Griff	*shape*	schaffen, formen
grope	greifen	*sheep*	Schaf
heap	Haufen	*sleep*	Schlaf
hope	hoffen	*soap*	Seife
leap	(laufen), springen	*stripe*	Streifen
open	offen	*strip*	(ab)streifen
pipe	Pfeife		

Germanisches g: Das Westgermanische kannte zwei Varianten, einen Verschlusslaut wie das heutige g und einen j-ähnlichen Reibelaut. Von beiden gab es eine vorn artikulierte palatale und eine hinten im Rachen artikulierte velare Form. Im Deutschen wurden alle Formen zu g; nur -gg- wurde zu ck. Im Englischen wurde der Reibelaut zum Halbvokal |j| oder zum Bestandteil eines Diphthongs, während der palatale Verschlusslaut gg zu dzl aufgeweicht wurde.

Verschlusslaut

anlautend vor Konsonanten und dunklen Vokalen		**inlautend nach n**			
garden	Garten	*bring*	bringen	*sling*	Schlinge
ghost	Geist	*fangs*	Fänge	*spring*	springen
goose	Gans	*hang*	hängen	*swing*	schwingen
glass	Glas	*long*	lang	*thing*	Ding
grass	Gras	*lungs*	Lunge	*tongs*	Zange
great	groß	*sing*	singen	*tongue*	Zunge
green	grün				
grey	grau		**-gg-**		
grim	grimmig				
grit	Grütze	*bridge*	Brücke	*midge*	Mücke
grunt	grunzen	*edge*	Ecke	*ridge*	(Berg)rücken
guest	Gast	*hedge*	Hecke		

Halbvokal j anlautend vor hellen Vokalen:

yell	gellen	*yearn*	(gern), begehren
yellow	gelb	*yeast*	(Gischt), Hefe

Vokalisierung zu i oder zum Bestandteil eines Diphthongs:

hill	Hügel	*bellows*	(Blase)balg
stile	Stiege	*tallow*	Talg
tile	Ziegel	*swallow*	(schwelgen), verschlingen
lay	legen	*flail*	Flegel
say	sagen	*hail*	Hagel
way	Weg	*nail*	Nagel
bow	Bogen	*rain*	Regen
morrow	Morgen	*sail*	Segel
sorrow	Sorge	*tail*	Zagel, Schwanz

Westgermanisches k: Auch beim k kannte das Westgermanische eine palatale und eine velare Variante. Palatal war das k im Anlaut vor hellen Vokalen, im Inlaut vor germanisch j und vor und nach i sowie im Auslaut nach i. Durch die hochdeutsche Lautverschiebung wurde das k im Anlaut in allen Fällen zum heutigen Verschlusslaut und im Inlaut, außer bei Verdoppelung, zum heutigen ch. Im Englischen blieb im Anlaut das velare k erhalten, während das palatale zu |tʃ| wurde. Im Inlaut blieb das k größtenteils ebenfalls erhalten, ausgenommen dort, wo im Germanischen ein j folgte.

Velares k anlautend		**Palatales k anlautend**	
can	kann	*cheap*	(Kauf), billig
car	(Karre), Wagen	*cheese*	Käse
clean	(klein), sauber	*chest*	Kasten
clear	klar	*chestnut*	Kastanie
crane	Kran(ich)	*chew*	kauen
coal	Kohle	*chicken*	Küken
cold	kalt	*child*	Kind
come	kommen	*chill*	kühl
corn	Korn	*chin*	Kinn
cow	Kuh	*choose*	(kiesen), wählen
crown	Krone	*churl*	Kerl

Gemination -kk-

block	Block	*pluck*	pflücken
buck	Bock	*sack*	Sack
flock	Flocke	*stick*	Stecken
lick	lecken	*stock*	(Wurzel)stock, Strunk
lock	Locke	*thick*	dick
luck	Glück (Ge-lück)	*tick*	Zecke

Aus einigen Wörtern auf k wurde durch Anhängen der Silbe *-jan* eine neues Verb gebildet. Hier bewirkte das j die Aufweichung des k zu |tʃ|, daher *bleach* (von *bleak*), ‹bleichen›, *starch* (von *stark*), ‹stärken› und *milch* (von *milk*), ‹Milch gebend›. In- und auslautend blieb das k im Englischen meist erhalten, während es im Deutschen zu ch wurde.

beaker	Becher	*oak*	Eiche	*stork*	Storch
bleak	bleich	*rake*	Rechen	*strike*	Streich

book	Buch	*reek*	Rauch	*streak*	Strich
cook	Koch	*sake*	Sache	*token*	Zeichen
lark	Lerche	*seek*	suchen	*wake*	wachen
leek	Lauch	*sick*	siech	*weak*	weich
make	machen	*smoke*	schmauchen	*week*	Woche

Germanisch h: Das germanische h blieb im Englischen wie im Deutschen im Anlaut erhalten.

halt	Halt	*heart*	Herz
hang	hängen	*hen*	Henne
hard	hart	*here*	hier
have	haben	*hire*	heuern
hear	hören	*hold*	halten

Im Inlaut ist das h zwischen Vokalen und vor stimmhaften Konsonanten schon im Altenglischen verschwunden. Nur bei ursprünglichen Verdopplungen wie in *hlahhan,* ‹lachen›, und vor stimmlosen Konsonanten ist es erhalten geblieben und wurde durch ein gh bezeichnet, das heute in einigen Wörtern als f gesprochen wird:

cough	(keuchen), husten	*laughter*	Gelächter
draught	Zug (von *draw*)	*rough*	rau
enough	genug	*slough*	(Schlauch), abgestreifte Schlangenhaut
laugh	lachen		

In den meisten anderen Fällen ist der gh-Laut verstummt, während er in den deutschen Wörtern als ch gesprochen wird:

daughter	Tochter	*night*	Nacht
eight	acht	*nought*	nichts
fight	fechten	*right*	Recht
flight	Flucht	*sight*	Sicht
fright	Furcht	*slaughter*	schlachten
haughty	hochmütig	*weight*	Gewicht
light	Licht	*wight*	Wicht

Germanisch w: Der germanische Halbvokal w blieb im Deutschen wie im Englischen im Anlaut sowie nach s und t erhalten, wird aber im Deutschen als Reibelaut gesprochen:

wade	waten	*white*	weiß
wake	wachen	*wide*	weit
warm	warm	*widow*	Witwe
warn	warnen	*wife*	Weib
watch	Wache	*wild*	wild
water	Wasser	*will*	Wille
wax	Wachs	*win*	gewinnen
way	Weg	*wind*	Wind
weak	(weich), schwach	*wine*	Wein
weal	Wohl	*wink*	(winken), blinzeln
weasel	Wiesel	*wise*	weise
weather	Wetter	*wit*	Witz
weave	weben	*woe*	Weh
web	Gewebe	*wonder*	Wunder
week	Woche	*wool*	Wolle
weir	Wehr	*word*	Wort
whale	Wal	*swarm*	Schwarm
wheat	Weizen	*swim*	schwimmen
whelp	Welpe	*swine*	Schwein
when	wenn	*twelve*	zwölf
whet	wetzen	*twilight*	Zwielicht
while	Weile	*twinkle*	zwinkern
whisper	wispern	*twitter*	zwitschern

Im In- und Auslaut wurde der Halbvokal w in beiden Sprachen vokalisiert, was im Englischen oft noch an der Schreibung zu erkennen ist, während im Deutschen das w entweder gänzlich verschwunden ist oder durch ein Dehnungs-h ersetzt wurde:

blow	(blähen), blasen	*show*	Schau
claw	Klaue	*snow*	Schnee
crow	Krähe	*sow*	säen
dew	Tau	*spew*	speien
glow	glühen	*tow*	ziehen
mow	mähen		

Nachgiebige Vokale

Während sich im Deutschen vor allem die Konsonanten verändert haben, waren es im Englischen die Vokale. Über die Gründe lässt sich nur spekulieren. Die Vermutung liegt nahe, dass es mit dem zu tun hat, was wir im Zusammenhang mit der Intonation über die deutsche Tendenz zur Erhöhung des Atemdrucks und die englische zur Erhöhung der Tonfrequenz gesagt haben. Die hochdeutsche Konsonantenverschiebung wurde zweifellos durch verstärkten Atemdruck bewirkt. Ob aber die englischen Vokalveränderungen etwas mit der musikalischen Intonation dieser Sprache zu tun haben, lässt sich allenfalls vermuten. Wir sahen bereits, dass die westgermanischen kurzen Vokale a, e, i, o und u im Deutschen wie im Englischen oft unverändert blieben. Allerdings war das a im Altenglischen meist ein ä-Laut (geschrieben æ), der aber später wieder zu a wurde, während das a vor Nasalen oft zu einem o wurde, so dass sich ‹lang›/*long* und ‹Sang›/*song* gegenüber stehen. Außerdem hat das Englische oft ein u, wo im Deutschen ein o steht wie in ‹voll›/*full* und ‹Donner›/*thunder*. Durch ein i oder j in der Folgesilbe wurden ferner a, o und u zu ä, ö und ü. Diese Umlaute sind noch heute ein Charakteristikum des Deutschen, während sie im Englischen schon früh zu e und i eingeebnet wurden. Charakteristisch für das Altenglische ist die so genannte Brechung. Man versteht darunter die Diphthongierung von a zu ea, e zu eo und i zu io vor bestimmten Folgekonsonanten wie z.B. r, l und h + Konsonant. Hier kündigt sich bereits die Vorliebe für Diphthonge an, die ein Charakteristikum des Englischen ist. Allerdings sind die genannten Brechungsdiphthonge später wieder eingeebnet worden. Aus den kurzen Vokalen wurden in bestimmten lautlichen Umgebungen schon in altenglischer Zeit lange Vokale. Später kam es im Mittelenglischen wie im Mittelhochdeutschen noch einmal zu einer durchgängigen Dehnung kurzer Vokale in offner Silbe. Die exakten Bedingungen dieser Entwicklungen brauchen uns nicht weiter zu interessieren. Festzuhalten ist, dass die kurzen Vokale im Deutschen und Englischen oft in der Schreibung identisch sind, auch wenn sie heute anders ausgesprochen werden. Größer sind die Unterschiede dagegen bei einigen langen Vokalen.

Germ. langes i: Dieser Laut blieb im Deutschen wie im Englischen bis ins späte Mittelalter unverändert und wurde dann in beiden Sprachen zu |ai| diphthongiert, wobei das Englische aber die alte Schreibung i beibehielt.

ice	Eis	*wife*	Weib
mine	mein	*wine*	Wein

Germ. langes u: Auch dieser Laut blieb in beiden Sprachen bis ins Spätmittelalter unverändert und wurde dann zu |au| diphthongiert, wobei das Englische die mittelenglischen Bezeichnungen des langen u durch ou oder ow bewahrte.

house	Haus	*brown*	braun
louse	Laus	*shower*	Schauer
mouse	Maus	*sow*	Sau

Germ. langes o: Im Englischen blieb dieser Laut ebenfalls bis ins Spätmittelenglische unverändert und rückte dann in die Position des alten u, die durch dessen Diphthongierung frei geworden war, während er im Deutschen bereits althochdeutsch zu uo wurde, aus dem später ein langes u hervorging. Im Endergebnis haben wir in beiden Sprachen den gleichen u-Laut, der allerdings gelegentlich eine abweichende Entwicklung nahm. So wurde das lange u in *blood* und *flood* gekürzt und wurde wie das kurze u zu |ʌ|.

book	Buch	*look*	lugen, schauen
brood	Brut	*mood*	(Mut), Stimmung
foot	Fuß	*spool*	Spule
hood	(Hut), Haube	*stool*	Stuhl(gang)

In einigen Fällen wurde das o zwar im Deutschen zu u, doch im Englischen durch i-Umlaut zu e, das heute i gesprochen wird wie in *beech* (Buche), *seek* (suchen) und *steed* (Schlachtross, vgl. Stute). Wo auch im Deutschen i-Umlaut eingetreten ist, stehen sich engl. e und dtsch. ü gegenüber wie in *heed* (sich hüten) und *keen* (kühn).

Germ. æ: Ein echtes langes a gab es im Altenglischen nur in bestimmten Lautumgebungen und als ein aus germ. ai entstandenes a.

In allen übrigen Fällen handelt es sich um einen Laut, der wie ein offenes e gesprochen wurde. Im Deutschen ist aus diesem æ ein a geworden, während es sich im Englischen zu einem geschlossenen e entwickelte. Daher *deed*/‹Tat›, *eel*/‹Aal›, *seed*/‹Saat›, *sheep*/‹Schaf›, *sleep*/‹Schlaf› und *steel*/‹Stahl›. Im Englischen wurde das geschlossene e später zu |i| und rückte in die Position, die durch die Diphthongierung des alten i zu |ai| frei geworden war.

Germ. e: Ein geschlossenes langes e gab es im Germanischen nur in wenigen Wörtern wie z.B. in *here*/‹hier›. Dieses e wurde im Englischen wie im Deutschen später zu einem langen i.

Germ. au: Dieser Diphthong ist im Altenglischen zu einem ea geworden, das heute mit wenigen Ausnahmen als langes i gesprochen wird. Im Deutschen blieb er erhalten außer vor germ. h und allen Dentalen (d, t, z, s, n, r, l), wo er zu o wurde, wie die rechte Spalte unserer Wortliste zeigt:

beam	(Baum), Balken	*bean*	Bohne
believe	glauben	*bread*	Brot
cheap	(kauf-), billig	*breath*	(Brodem), Atem
deaf	taub	*dead*	tot
dream	Traum	*death*	Tod
dreary	traurig	*ear*	Ohr
head	Haupt	*flea*	Floh
heap	Haufen	*lead*	Lot
leaf	Laub	*need*	Not
leap	(laufen), springen	*red*	rot
leave	Erlaubnis	*sheet*	(Schoß), großes Stoffstück
to leave	mit Erlaubnis verlassen		
leek	Lauch	*shred*	schroten
pea(cock)	Pfau	*sleet*	Schloße
reap	(raufen), ernten	*weal*	Wohl
seam	Saum	*week*	Woche
team	(Zaum), Gespann		

Im Deutschen fiel das alte |au| später mit dem durch Diphthongierung des langen |u| neu entstandenen |au| zusammen. Nur in einigen Dialekten, so vor allem im Berlinischen, kann der deutsche Sprecher erkennen, dass er es mit zwei verschiedenen au-Lauten zu tun hat. Das alte |au| in ‹Baum› wird im Berlinischen zu |bo:m|, das junge |au| in ‹Haus› (aus ‹hus›) dagegen nicht.

Germ ai: Dieser Diphthong blieb im Deutschen erhalten außer vor h, wo er zu einem langen |e| wurde (rechte Spalte).Im Altenglischen wurde daraus ein langes |a|, das sich über ein langes offenes |ɔ| zu dem Diphthong |ou| weiterentwickelte, außer vor r, wo es ein offenes |ɔ| blieb. Weitere Ausnahmen sind Wörter wie *broad* (brɔ:d), *cloth* (klɔθ) und *two* (tu:).

bone	(Bein), Knochen	*clover*	Klee
both	beide	*foe*	(Fehde), Feind
broad	breit	*go*	gehen
cloth	(Kleid), Tuch	*gore*	Gehre, Gehrung
dough	Teig	*hoar*	(hehr), altersgrau
ghost	Geist	*loam*	Lehm
goat	Geiß	*loan*	(Lehen), Leihgabe
groan	(greinen), stöhnen	*lore*	Lehre
grope	greifen	*more*	mehr
holy	heilig	*ore*	(ehern), Erz
home	Heim	*roe*	Reh
hot	heiß	*sloe*	Schlehe
loaf	Laib	*snow*	Schnee
loath	leid sein	*sore*	versehrt, wund
most	meist	*soul*	Seele
oak	Eiche	*throw*	(drehen), werfen
oath	Eid	*toe*	Zehe
rope	(Reifen), Seil	*woe*	Weh
soap	Seife		
spoke	Speiche		
stone	Stein		
stroke	Streich		
token	Zeichen		
two	zwei		
whole	heil		

Germ. eu: Dieser dritte germanische Diphthong ist ebenfalls aus dem Englischen verschwunden, während er im Deutschen vielfach erhalten blieb. Allerdings hat er sich in beiden Sprachen aufgespalten, wobei unter dem Einfluss eines nachfolgenden i oder j ein iu entstand, während in den übrigen Positionen daraus ein eo oder io wurde. Deshalb haben wir heute im Deutschen Formen wie ‹Licht›/‹leuchten›, ‹fliehen›/‹fleuchen› und ‹siech›/‹Seuche› nebeneinander. Die komplizierten Einzelentwicklungen brauchen hier nicht erörtert zu werden. Der Hinweis auf die Aufspaltung des Diphthongs mag genügen, um zu erklären, weshalb dem deutschen eu im Englischen so unterschiedliche Laute wie in den folgenden Beispielen entsprechen:

dear	teuer	*light*	leuchten	*rue*	bereuen
steer	steuern	*friend*	Freund	*true*	treu

Dehnung kurzer Vokale: Wie bereits erwähnt, kam es im Mittelenglischen zu einer Dehnung der kurzen Vokale a, e und o in offener Silbe. Weniger regelmäßig trat die Dehnung bei i und u ein. Das Ergebnis waren Langvokale, die eine andere Entwicklung nahmen als ihre germanischen Entsprechungen. Das so entstandene lange a wurde später zum Diphthong |ei|, das lange e zu i und das lange o zum Diphthong |ou|. Auf diese Weise erhielten Wörter wie *name*/‹Name›, *spade*/‹Spaten›, *steal*/‹stehlen›, *heave*/‹heben›, *sole*/‹Sohle› und *stoke*/‹stochern› ihre heutige Aussprache. Selbst in einsilbigen Wörtern kam es zur Dehnung, weil sie entweder im Altenglischen noch zweisilbig waren wie *foal*/Fohlen (altengl. *fola*) oder weil die offene Silbe der Pluralform auf den Singular zurückwirkte wie in *coal*/Kohle (altengl. *col*). Da zum Zeitpunkt dieser Entwicklung die Verschmelzung des Angelsächsischen mit dem Französischen bereits abgeschlossen war, erfasste die Dehnung auch französische Wörter, so dass beispielsweise das französische *lesser* zu englisch *lease* (verpachten) werden konnte, dessen offener e-Laut später zu einem geschlossenen e und danach zu einem i wurde.

Neben der Dehnung kurzer Vokale gab es auch Kürzungen langer Vokale, auf die hier aber nicht näher eingegangen werden soll.

Mittelenglische Vokalverschiebung: Im Spätmittelalter setzte die letzte tiefgreifende Veränderung des englischen Vokalsystems ein, die erst im 18. Jahrhundert den heutigen Lautstand erreichte. Auch im Deutschen kam es gegen Ende der mittelhochdeutschen Periode zu einer Vokalveränderung, doch beschränkte sich diese auf die Dehnung kurzer Vokale in offener Silbe und auf die Diphthongierung der langen Vokale i, ü und u zu heutigem ei, eu und au. Im Englischen dagegen kam es zu einer Verschiebung des gesamten Systems der langen Vokale. So wurde aus dem langen |a| in *name* zuerst ein offenes |æ|, dann ein geschlossenes |e:| und schließlich ein |ei|. Das offene |ɛ:| in *lease* (aus frz. *lesser*) räumte seinen Platz und wurde erst zu einem geschlossenen |e:| und dann zu einem langen |i:|. Das geschlossene |e:| in *see* wich ins lange |i:| aus, während das lange |i:| in *fine* zum Diphthong |ai| wurde. Der Diphthong |au| in *haul* nahm die Qualität eines offenen |ɔ| an, wodurch das offene |ɔ:| in Wörtern wie *stone* zuerst ins geschlossene |o:| gedrängt und dann zu |ou| diphthongiert wurde. Dieser Diphthong hat erst im 20. Jahrhundert seine heutige britische Aussprache |əu| erhalten, während das Amerikanische |ou| beibehielt. Das bedrängte geschlossene |o:| in *spoon* wurde zum langen |u:| verschoben und zwang damit das lange |u:| in Wörtern wie me. *cow* (ku:) in die Diphthongierung zu |au|. Am kompliziertesten waren die Veränderungen beim langen |ɑ:|, das in offenen Silben zu |ei| und in bestimmten anderen Positionen entweder zu einem offenen |ɔ:| wurde oder ein langes |ɑ:| blieb. Als offenes |ɔ:| wird es vor ll und lt gesprochen: *all, salt*; als langes |a:| hingegen vor lf, lm, r und ss (letzteres, wenn dem a ein l oder r vorausgeht): *calf, palm, glass, grass*. Zur besseren Übersicht hier das Ganze noch einmal in schematischer Form:

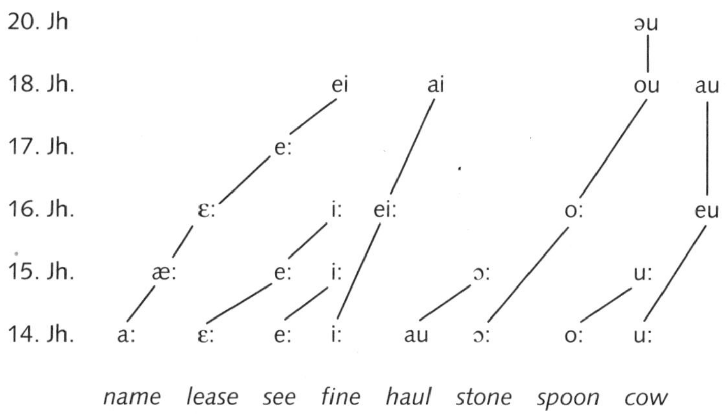

Orthographie

So erleichternd es für den deutschen Lerner ist, wenn er feststellt, dass zahlreiche englische Wörter mit den deutschen mehr oder weniger identisch sind oder sich, wenn man die wichtigsten Lautgesetze kennt, auf die deutsche Entsprechung zurückführen lassen, so verwirrend ist die Tatsache, dass die meisten Wörter anders geschrieben als ausgesprochen werden. Letzteres gilt zwar auch für das Französische, doch gibt es dort Regelmäßigkeiten, die es verhältnismäßig leicht machen, die richtige Aussprache aus der Schreibweise zu erschließen. Wie aber soll man im Englischen die korrekte Aussprache erraten, wenn *sow* (säen) mit |ou|, aber *sow* (Sau) mit |au| gesprochen wird? Noch verwirrender ist, dass *sew* (nähen) mit *sow* (säen), aber *new* mit *blue* reimt. Ganz und gar verloren ist der Lerner, wenn er mit Namen wie Brougham oder Cholmondeley konfrontiert wird, die Brum bzw. Tschamli gesprochen werden. Wer würde ahnen, dass eine Mrs. Martschbänks ihren Namen Marjoribanks schreibt, und wer würde auf dem Atlas die schottische Grafschaft Körkúbri finden, die sich Kirkcudbright schreibt? Da eine der Hauptursachen für Gelächter die unerwartete Auflösung einer Diskrepanz ist, bietet das Englische, wie wir später noch sehen werden, unerschöpfliche Möglichkeiten für sprachlichen Witz. Das hat aber einen der witzigsten Komödienschreiber und zugleich unermüdlichsten Kämpfer für den gesunden Menschenverstand, nämlich George Bernard Shaw, nicht davon abgehalten, einen hohen Geldpreis für denjenigen auszusetzen, der die englische Orthographie reformiert. Um die Absurdität der englischen Rechtschreibung zu illustrieren, erfand er die Schreibung *ghoti* für *fish*: man nehme *gh* von *laugh* |la:f|, das *o* von *women* |wimən| und das *ti* von *station* |steiʃn| und es ergibt sich *fish*. Der von Shaw beklagte Missstand rührt daher, dass die Engländer schon bald nach Einführung des Buchdrucks anfingen, ihre Orthographie zu fixieren. Da es weder eine nationale Akademie noch eine andere Autorität gab, die eine Norm hätte festlegen können, bildete sich der orthographische Standard unsystematisch über einen Zeitraum von rund zwei Jahrhunderten hinweg aus.

Anfangs schenkte man der Rechtschreibung noch wenig Beachtung. Von Shakespeare sind sechs Originalunterschriften unter

Rechtsdokumenten überliefert und nicht eine gibt seinen Namen so wieder, wie wir ihn heute schreiben. Sein Testament unterschrieb er zweimal mit Shakspere und einmal mit Shakspeare. Auch die übrigen drei stark verkürzten Namenszüge beginnen mit Shaksp. Um die Mitte des 17. Jahrhunderts hatte sich dann aber doch eine weitgehend standardisierte Orthographie durchgesetzt. Normierend wirkte dabei nicht die Angleichung an die Aussprache, sondern an die vorherrschende Schreibung in der gedruckt vorliegenden Literatur, deren Schreibung einen spätmittelenglischen bis frühneuenglischen Sprachstand konservierte. So wird der ai-Laut noch immer so geschrieben wie zu der Zeit, als er noch ein langes i war, also *die*, *bind*, *site*, *fine*, *light*. Das lange i, das entweder aus einem langen geschlossenen e oder einem langen offenen e hervorgegangen ist, wird heute noch wie damals ee bzw. ea geschrieben. So haben *seem* (scheinen) und *seam* (Saum) die gleiche Aussprache. Der au-Laut, der aus einem langen u entstand, hat die im Spätmittelalter dafür eingeführte Schreibung *ou* und *ow*, wie in *house* und *how*. Mit *ow* wurde aber auch der |ou|-Laut wiedergegeben wie in *low* und *row* (Reihe). *Row*, etymologisch identisch mit dem deutschen ‹Reihe›, gehört zu den Wörtern, in denen ein germanisches ai zuerst ein langes a und später ein offenes o wurde, dass sich in bestimmten Positionen zu |ou| weiterentwickelte. Hier hatte sich vielfach die Schreibung mit oa verfestigt, was aber nichts über die Aussprache sagt; denn heute reimt sich *broad* (‹breit›) auf *hord*, doch *groan* (‹greinen›) auf *tone*. Eine gewisse Regelhaftigkeit im Verhältnis zwischen Schreibung und Aussprache ist zwar nicht zu übersehen, doch man kann sich auf sie nicht verlassen. Dass *wind* (Wind) mit i und *wind* (winden) mit |ai| gesprochen wird, muss man eben lernen. Bei selten gebrauchten Wörtern haben selbst Muttersprachler Schwierigkeiten. Mit dem Wort *slough*, das als |slau| ‹Sumpf› und als |slaf| ‹abgestreifte Schlangenhaut› (etymologisch identisch mit ‹Schlauch›) bedeutet, kommen sie noch zurecht, doch bei dem Ortsnamen Slough muss auch ihnen gesagt werden, wie man ihn ausspricht. Seit der Mitte des 17. Jahrhunderts hat sich in der englischen Orthographie nicht mehr viel verändert, während sich in der Aussprache vor allem bei den Vokalen noch viel tat.

Man sollte nun meinen, dass englische Schulkinder einen hoffnungslosen Kampf gegen Rechtschreibungsfehler kämpfen, während ihre deutschen Altersgenossen die Wörter nur so zu schreiben brauchen, wie sie ausgesprochen werden. Tatsächlich sind die Unterschiede aber äußerst gering. Wenn sich englische Schüler erst einmal das Schriftbild eines Wortes eingeprägt haben, können sie darüber verfügen, ohne weitere Fehler zu riskieren. Wenn deutsche Schüler gelernt haben, wie ein Wort ihrer Muttersprache buchstabiert wird, wissen sie noch längst nicht, ob es im jeweiligen Kontext groß oder klein, getrennt oder mit einem anderen zusammengeschrieben wird. Insofern ist das Schreiben der Wörter für englische Schüler kein größeres Problem als für deutsche. Für diese kommt aber im Englischunterricht das Problem dazu, aus der Schreibung die Aussprache zu erraten. Während englische Schüler die Aussprache der Wörter in der Regel schon kennen, bevor ihnen die Schreibung beigebracht wird, müssen deutsche beides gleichzeitig lernen. Dabei steht ihnen die muttersprachliche Erfahrung im Wege, die ihnen sagt, dass die Schreibung mit der Aussprache weitgehend übereinstimmen sollte.

Dass englische Schüler für jedes einzelne Wort dessen individuelles Schriftbild lernen müssen, während deutsche Schüler allgemeine Regeln wie die zur Groß- und Kleinschreibung sowie zum Getrennt- und Zusammenschreiben pauken müssen, könnte damit zusammenhängen, dass die englische Mentalität über Jahrhunderte hinweg stets dem Individuellen den Vorzug gab, während die deutsche eine auffällige Tendenz zu regelhafter Normierung aufweist. Weitere Gründe für den ausgeprägten Individualismus im englischen Denken hat der Verfasser in seinem Buch *Typisch englisch. Wie die Briten wurden, was sie sind* untersucht. Auch wenn man sich hüten sollte, jede Eigenheit einer Sprache als Ausdruck des Nationalcharakters ihrer Sprecher zu deuten – denn viele Spracheigentümlichkeiten sind Ergebnis systemimmanenter Entwicklungen –, liegt doch andererseits auf der Hand, dass der jahrhundertelange Gebrauch einer Sprache Denkweisen verfestigt, die durch sie begünstigt werden, so dass sich Denken und Sprache wechselseitig beeinflussen.

Archäologie des englischen Wortschatzes

Mit ca. 500000 Einträgen im *New Oxford English Dictionary* (1989), dem größten Wörterbuch der englischen Sprache, gilt das Englische als eine der wortreichsten Sprachen der Welt. Solche Aussagen sind freilich schwer zu verifizieren. Würde man alle Wortzusammensetzungen als Wörter gelten lassen, wäre der deutsche Wortschatz noch wesentlich größer, da er sich durch Kompositabildung nahezu beliebig vermehren lässt. Zählt man dagegen nur die etymologischen Kernbestandteile der Wörter, dann liegen die indogermanischen Sprachen alle dicht beieinander, da sie auf einen gemeinsamen Grundbestand zurückgehen. Doch im Unterschied zu den anderen indogermanischen Sprachen hat das Englische seine Wörter aus dem gemeinsamen Grundbestand auf mehr als nur einem Wege erhalten. So kommt es, dass sich hier ein und dieselbe indogermanische Wurzel in Wörtern aus verschiedenen Sprachen finden, je nachdem, ob sie aus dem West- oder Nordgermanischen stammen, ob sie als frühe oder späte Entlehnung direkt auf das Lateinische zurückgehen oder ob die lateinische Form auf dem Umweg über das Zentralfranzösische oder das Nordfranzösische ins Englische gelangt ist. Es kann sogar sein, dass noch weitere Lehnwörter mit der gleichen Wurzel aus anderen indogermanischen Sprachen dazukamen. Da mit der Ausfächerung der indogermanischen Wurzeln in aller Regel eine Ausdifferenzierung der Bedeutungen einherging, hat das Englische neben seinem Reichtum an Lexemen, d.h. an unterscheidbaren Einzelwörtern, einen ebenso großen Reichtum an Sememen, d.h. an unterscheidbaren Bedeutungseinheiten, was der Sprache eine ungewöhnlich nuancenreiche Ausdrucksfähigkeit gibt, wie sich schon in frühneuenglischer Zeit am Werk Shakespeares ablesen lässt. Mit den Problemen, die sich aus diesem Reichtum ergeben, werden wir uns später gesondert befassen. Jetzt soll erst einmal ein senkrechter Schnitt durch den Gesamtwortschatz gelegt werden, damit sich an der archäologischen Schichtung das historische Wachstum der Sprache ablesen lässt. Dabei kann es freilich nur um eine Darstellung der Hauptentwicklungen gehen, was zur Vereinfachung zwingt.

Der angelsächsische Grundstock

Bei unserm Gang durch die Lautgeschichte des Englischen hatten wir fast nur mit Wörtern zu tun, die durch die Angelsachsen auf die britische Insel kamen und die uns Deutschen deshalb bekannt vorkommen, erst recht, wenn wir die lautgeschichtliche Entwicklung kennen. Dieser angelsächsische Grundstock, der England den Namen gab, macht heute nur noch ein Viertel des englischen Gesamtwortschatzes, aber gut vier Fünftel des Alltagsvokabulars aus. Insofern ist das Alltagsenglisch noch immer eine germanische Sprache, während man das vom Englischen insgesamt nicht mehr so sicher behaupten kann. Ähnlich paradox verhält es sich mit der Überlieferung altenglischer Literatur. Neben den kargen Bruchstücken, die uns aus der althochdeutschen Dichtung überliefert sind, beeindruckt die angelsächsische durch überwältigende Fülle. Außer dem Epos *Beowulf* sind Elegien von großer sprachlicher Schönheit, eine Vielzahl von Versdichtungen über biblische Stoffe und Heiligenlegenden sowie Prosa über alle Wissensgebiete der damaligen Zeit überliefert. Trotzdem steht dieser Reichtum an qualitativ hochrangiger Dichtung dem gebildeten Engländer heute eher ferner als uns Deutschen das fragmentarische *Hildebrandslied*, in dem wir immerhin die Grundstruktur unserer heutigen Sprache erkennen, während das Altenglische für die Briten eine Fremdsprache ist, die wenig mit ihrer heutigen Sprache gemein hat. Philatelisten würden die altenglische Epoche als ein abgeschlossenes Sammelgebiet bezeichnen, das mit der Eroberung Englands durch die Normannen im Jahre 1066 abrupt zu Ende ging, während die althochdeutsche Zeit, so fern sie uns auch liegen mag, zumindest sprachlich durch eine unsichtbare Nabelschnur mit unserer heutigen Zeit verbunden ist. Da wir den angelsächsischen Grundstock der englischen Sprache bereits mit über fünfhundert Wörtern dokumentiert haben, brauchen wir auf ihn nicht weiter einzugehen, zumal er weitgehend auf den Wortschatz beschränkt ist. Von der altenglischen Grammatik ist wenig ins heutige Englisch übergegangen. Auch die Stabreimtechnik der Poesie liegt für die Briten weit zurück, während Richard Wagner sie für die Deutschen revitalisieren konnte.

Lateinische Fossilien aus der Frühzeit

Lange bevor sich lateinische Gelehrsamkeit nördlich der Alpen ausbreitete, hatten die Germanen bereits von den Römern zahlreiche Errungenschaften mitsamt den dazugehörigen lateinischen Namen übernommen. Es waren vor allem Nutzpflanzen aus dem Mittelmeerraum, Haushalts- und Kriegsgeräte, Kulinarisches und Bautechnisches. Die meisten dieser lateinischen Begriffe waren schon vor der angelsächsischen Invasion Britanniens westgermanisches Gemeingut, weshalb man sie im Deutschen wie im Englischen findet, nur mit dem Unterschied, dass sie in beiden Sprachen später unterschiedliche Lautentwicklungen durchgemacht haben. Die folgende Liste ist ein Querschnitt durch diese älteste Schicht lateinischen Lehnguts.

Lateinisch	**Englisch**	**Deutsch**
calx	*chalk*	Kalk
campus (Schlachtfeld)	*camp* (Lager)	Kampf
caseus	*cheese*	Käse
catillus	*kettle*	Kessel
caupo (Krämer)	*cheap* (billig)	Kauf
cerasus	*cherry*	Kirsche
cista	*chest*	Kiste
cuppa (Becher)	*cup*	Kopf, Hirnschale
cuprum	*copper*	Kupfer
discus	*dish*	Tisch
linea	*line*	Leine
mila	*mile*	Meile
palum	*pole*	Pfahl
pavo	*pea(cock)*	Pfau
pilum (Wurfspieß)	*pile* (spitzer Pfahl)	Pfeil
postis	*post*	Pfosten
prunum	*plum*	Pflaume
puteus (Grube)	*pit*	(Pfütze), Pütt
(via) strata	*street*	Straße
tegula	*tile* (Dachziegel)	Ziegel
vallum	*wall*	Wall
vinum	*wine*	Wein

Die nächste, etwas jüngere Schicht lateinischen Lehnguts gelangte mit der Christianisierung ins Englische, wobei einige dieser Wörter offenbar schon den heidnischen Angelsachsen auf dem Festland bekannt waren. Ein Großteil dieses kirchlichen Wortschatzes kam ursprünglich aus dem Griechischen und gelangte in latinisierter Form in die germanischen Sprachen.

Griechisch	**Englisch**	**Deutsch**
abbas	*abbot*	Abt
angelos	*angel*	Engel
calyx	*chalice*	Kelch
eelemosyne	*alms*	Almosen
episkopos	*bishop*	Bischof
hymnos	*hymn*	Hymne
kathedra	*cathedral*	Kathedrale
klerikos	*cleric/clerk*	Kleriker
kyrike	*church*	Kirche
litaneia	*litany*	Litanei
martyr	*martyr*	Märtyrer
monakhos	*monk*	Mönch
monasterion	*minster*	Münster
	monastery	
papas	*pope*	Papst
presbyter	*priest*	Priester
	presbyter	Presbyter
psalmos	*psalm*	Psalm
synodos	*synod*	Synode

Lateinisch	**Englisch**	**Deutsch**
altar	*altar*	Altar
crux	*cross*	Kreuz
missa	*mass*	Messe
nona (neunte Stunde)	*noon*	Mittag
nonna	*nun*	Nonne
propositus	*provost*	Probst
regula	*rule*	Regel
scrinium	*shrine*	Schrein
templum	*temple*	Tempel

Die Kirche brachte den germanischen Völkern nicht nur das Christentum, sondern auch die Kenntnis römischer Zivilisation. Wie schon bei der ersten Welle lateinischen Lehnguts waren es auch jetzt vor allem mediterrane Nutzpflanzen, exotische Tiere, Gebrauchsgegenstände und allgemeine Begriffe aus Kultur, Politik und Militär. Hier eine Auswahl:

Lateinisch	**Englisch**	**Deutsch**
ancora	*anchor*	Anker
cappa	*cap*	Kappe
cedrus	*cedar*	Zeder
circulus	*circle*	Zirkel
cypressus	*cypress*	Zypresse
expendere	*spend*	spenden
faeniculum	*fennel*	Fenchel
febris	*fever*	Fieber
ficus	*fig*	Feige
laurus	*laurel*	Lorbeer
lenticula	*lentil*	Linse
lilium	*lily*	Lilie
magister	*master*	Meister
muscula	*mussel*	Muschel
pera	*pear*	Birne
platea	*place*	Platz
poena	*pine*	Pein
purpura	*purple*	Purpur
radix	*radish*	Radieschen
saccus	*sack*	Sack
soccus	*sock*	Socke
schola	*school*	Schule

Auch Wörter wie *camel, elephant, phoenix, scorpion, tiger, legion, consul* und *talent* wurden damals übernommen. Aus jener Frühzeit stammt auch *giant* von lat. *Gigas, Gigantis*, wozu die Humanisten erst sehr viel später das Adjektiv *gigantic* bildeten. Zusammen mit den späteren Entlehnungen aus der Zeit des Humanismus macht der lateinische Anteil gut die Hälfte des gesamten englischen Wortschatzes aus.

Skandinavische Eindringlinge

Für das Jahr 793 wird in englischen Quellen zum erstenmal von einem Einfall der Wikinger berichtet, die danach immer häufiger die britische Insel heimsuchten, küstennahe Siedlungen plünderten und später auch ins Innere des Landes eindrangen. An der schottischen Nord- und Westküste sowie in Irland waren es Norweger, an der englischen Ostküste Dänen. Beide wurden als Wikinger oder Nordmänner (*norsemen*) bezeichnet. Vor allem die Dänen standen in ihrer Heimat unter starkem Bevölkerungsdruck, weshalb sie sich nicht mit Plünderungen begnügten, sondern bald im Osten Englands Fuß fassten und feste Siedlungen errichteten. Anfangs hatten die Angelsachsen den skandinavischen Invasoren wenig entgegenzusetzen. Erst König Alfred, der sich dadurch den Beinamen ‹der Große› erwarb, gelang es, den Vormarsch der Skandinavier durch einen entscheidenden Sieg zu stoppen. Im anschließenden Friedensvertrag von Wedmore wurde 878 eine Grenze festgelegt, die das Siedlungsgebiet der Dänen auf das so genannte Danelaw einschränkte, das sich im Osten Englands von der Themse bis zum Humber erstreckte. Bis zum Einfall der Normannen blieb England, zumindest im Osten, unter skandinavischem Einfluss. Im frühen 11. Jahrhundert wurde sogar das ganze Land vom dänischen König Knut in Personalunion regiert.

Bei einer regional so ausgedehnten und politisch so machtvollen Präsenz konnte es nicht ausbleiben, dass das Dänische sich auch in der englischen Sprache niederschlug. Als germanische Sprache hatte es viel mit dem Angelsächsischen gemein, wenngleich es diesem nicht so ähnlich war wie das Deutsche und das Friesische. Klar erkennbar ist die skandinavische Herkunft nur dort, wo gemeingermanische Wörter im Norden eine andere Entwicklung genommen hatten als im Westen. Das ist vor allem bei Wörtern mit sk- der Fall, bei denen das Skandinavische den k-Laut bewahrte, während das Angelsächsische daraus einen sch-Laut entwickelte. Wenn heute bei sk das k gesprochen wird, spricht vieles für skandinavischen Ursprung. In einigen Fällen hat sich das skandinavische Wort neben das angelsächsische aus der gleichen etymologischen Wurzel gesetzt und nur eine andere Bedeutungsnuance angenommen. Das gilt z.B. für skandinavisch *skirt* (Rock) und angelsächsisch *shirt* (Hemd). In anderen Fällen kam es zu einem Nebeneinander von bedeutungsgleichen Wörtern mit unterschiedlicher Wurzel. Auch dies hat zu einer Bedeutungsdifferenzierung geführt. Hier einige Beispiele:

Angelsächsisch		**Skandinavisch**	
starve	verhungern	*die*	sterben
ditch	Graben	*dike*	Deich
whole	ganz	*hale*	heil
heaven	religiöser Himmel	*sky*	physischer Himmel
shank	Schenkel	*leg*	Bein
rise	sich erheben	*raise*	etwas hochheben
craft	Handwerk	*skill*	Geschick
hide	abgezogene Haut	*skin*	Haut am Körper
head	Haupt	*skull*	Schädel
warp	sich werfen, z. B. bei Holz	*cast*	werfen
wort	‹-wurz› in Pflanzennamen	*root*	Wurzel

Bei skandinavisch *ill* und angelsächsisch *sick* ist zwar die gemeinsame Bedeutung ‹krank› geblieben, doch kann nur *sick* sowohl attributiv wie prädikativ verwendet werden, während *ill* in attributiver Stellung nicht ‹krank›, sondern ‹übel› bedeutet. *A sick person is ill; but an ill person is evil.* Auch im Deutschen sagen wir ‹Mir ist übel›; aber ‹Er hat einen üblen Charakter›. Das skandinavische *want* kann heute mit der Bedeutung des angelsächsischen *wish*, ‹wünschen›, gebraucht werden, obwohl seine Grundbedeutung noch immer ‹fehlen, mangeln› ist. In anderen Fällen hat ein skandinavisches Wort ein vorhandenes Angelsächsisches verdrängt. So ist z.B. das altenglische *niman*, ‹nehmen›, dem dänischen *take* gewichen. Aus Gründen sprachlicher Zweckmäßigkeit haben die Angelsachsen außerdem die skandinavischen Pronomina *they, them, their* für die dritte Person Plural übernommen, da die heimischen Entsprechungen *hie, him, hira* mit den Formen von *him* und *her* in der dritten Person Einzahl zusammengefallen waren.

Weitere skandinavische Wörter sind:

again	wieder
against	wider
anger	Ärger (verwandt mit ‹eng›, ‹Angst›)
awkward	linkisch
bag	Beutel
birth	Geburt
cake	Kuchen (verwandt mit *cook*, ‹kochen›)
call	rufen
crawl	kriechen (verwandt mit ‹krabbeln›)
crook	Haken (neben angelsächsisch *crutch*, ‹Krücke›)
dirt	Mist, Dreck
egg	Ei (die angelsächsische Aussprache war *ej*)
fog	Nebel
gape	gaffen, den Mund weit öffnen
gasp	japsen
get	kriegen, bekommen
happy	glücklich
husband	Ehemann, ursprünglich Hausherr
knife	Messer
law	Gesetz (verwandt mit ‹legen›)
loan	Leihgabe (neben angelsächsisch *lend*, ‹leihen›)
low	niedrig (verwandt mit ‹liegen›)
race	Wettrennen (verwandt mit ‹rasen›)
rid	leermachen (verwandt mit ‹roden›, ‹reuten›)
scant	dürftig
scare	erschrecken
seat	Sitz
seem	scheinen (verw. mit der deutschen Nachsilbe ‹-sam›)
sister	Schwester
sly	schlau (ursprünglich ‹fähig zu schlagen›)
smile	lächeln
sprint	Sprint
steak	Steak
trust	vertrauen (verwandt mit ‹Trost›)
weak	schwach (verwandt mit ‹weich›)
window	Fenster (von *vindauga*, ‹Windauge›)

Insgesamt lassen sich rund 1000 englische Wörter auf das Skandinavische zurückführen, von denen aber nur ca. 150 in altenglischen Texten belegt sind. Bei den übrigen kann die Herkunft nur auf Grund von lautgeschichtlichen Kriterien erschlossen werden. Besonders augenfällig ist der skandinavische Einfluss bei den Ortsnamen im Gebiet des Danelaw. Hier sind Namen auf *-by* und *-wick* (statt *-wich*) ein sicheres Indiz für dänischen Ursprung. Die Endung *-by* geht auf dän. *byr* zurück, was ‹Siedlung› bedeutet. Das heutige englische Wort *by-law* für eine Rechtsverordnung heißt nicht, wie man zunächst denken würde, ‹Nebengesetz›, sondern ‹lokales Gesetz›, was an der älteren und eigentlich korrekten Schreibung *bye-law* eher zu erkennen ist. Damit sich der Leser nicht durch das oben Ausgeführte zu falschen etymologischen Schlüssen verleiten lässt, sei abschließend noch gesagt, dass nicht alle Wörter mit sk skandinavischen Ursprungs sind. Einige wie *cask, flask* und *mask* stammen aus dem Französischen (*casque*, ‹Holzfass›; *flasque*, ‹Flasche›; *masque*, ‹Maske›). Das englische Verb *to ask*, ‹fragen›, ist dagegen heimischen Ursprungs und wäre mit dem abgefallenen h am Anfang als Entsprechung zum deutschen ‹heischen› zu erkennen gewesen. Ein lautgeschichtliches Kuriosum ist das Nebeneinander von angelsächsisch *screech*, ‹laut schreien›, und skandinavisch *shriek* mit der gleichen Bedeutung. Hier hat das angelsächsische Wort den sk-Laut bewahrt, während das skandinavische ihn zu sh aufweichte.

Bis zum Herbst 1066 waren die Engländer eine rein germanische Nation, die sich politisch wie kulturell sowohl nach Skandinavien wie nach Westeuropa orientierte. Im Oktober jenes Jahres erreichte diese gegensätzliche Dynamik ihre äußerste Zuspitzung. Gerade hatte der englische König Harold Godwineson den Dänenkönig Harold Hardrada und seinen eigenen, mit dem Feind verbündeten Bruder Tostig bei Stamford Bridge besiegt und damit verhindert, dass das Land erneut unter dänische Herrschaft kam wie von 1016 bis 1035 unter König Knut, da erreichte ihn die Nachricht, dass Wilhelm, Herzog von der Normandie, bei Hastings gelandet war, um seinen Anspruch auf den englischen Thron durchzusetzen.

Englisch und Französisch – Szenen einer Sprachehe

Der Normannenherzog berief sich bei seinem Thronanspruch auf ein Versprechen, das ihm der kurz vorher verstorbene englische König Eduard der Bekenner gegeben hatte, das aber Harold Godwineson, der mächtigste unter den angelsächsischen Fürsten, nicht anerkennen wollte. In Eilmärschen führte er deshalb seine noch von der Schlacht bei Stamford Bridge erschöpfte Armee an die Kanalküste und stellte sich am 14. Oktober den Eindringlingen zur Schlacht. Um ein Haar hätte er trotz des geschwächten Zustands seiner Soldaten die Schlacht gewonnen, wenn er sich nicht durch eine Finte Wilhelms hätte täuschen lassen. Harold hatte sich auf einer Hügelkuppe verschanzt, so dass die Normannen bergauf kämpfen mussten und ihre stärkste Waffe, die Reiterei, nicht entfalten konnten. Erst als Wilhelm den Rückzug vortäuschte und die Engländer sich an die Verfolgung machten, konnte die normannische Reiterei sie überrennen. An diesem Tag wurde Wilhelm mit kaum mehr als 5000 Mann zum Eroberer eines ganzen Landes von etwa anderthalb Millionen Einwohnern. Anfangs ging es für die kleine Minderheit der Eroberer nur darum, ihre Macht gegen die englische Bevölkerung zu festigen. Deshalb stülpte Wilhelm dem Land ein streng zentralistisches Feudalsystem über, ließ Zwingburgen bauen und setzte normannische Kleriker ein, um das Volk mit den Mitteln der christlichen Religion unter das zu bringen, was später von englischen Historikern als das normannische Joch bezeichnet wurde.

Bis 1066 hatten die Angelsachsen bereits eine hochentwickelte Schriftkultur hervorgebracht, deren Tradition nun mit einem Schlage abgeschnitten war; denn die Eroberer sprachen einen nordfranzösischen Dialekt, ihr Adel pflegte als Schriftsprache das Pariser Zentralfranzösisch, und der Klerus schrieb Latein. Den unterjochten Angelsachsen, die von der Schriftkultur ausgeschlossen waren, blieb nichts weiter übrig, als sich mit ihren Herren radebrechend auf Französisch zu verständigen. Umgekehrt kamen auch die Herren nicht umhin, sich des Angelsächsischen zu bedienen, wenn sie mit den rund fünfzehnmal so zahlreichen Eingeborenen in Frieden leben wollten. So war eine Verschmelzung der beiden Sprachen unausweichlich. Die Normannen waren nordgermanische Wikinger, die selber erst zweihundert Jahre vorher die französische Sprache übernommen hatten, nachdem sie unter ihrem Anführer Rollo die heutige Normandie erobert hatten. Infolgedessen sprachen sie ein Französisch, das sich deutlich vom Zentralfranzösischen unterschied. So hatten sie z. B. keine Schwierigkeiten mit dem germanischen w, das die Franzosen und auch die Italiener bei Übernahme germanischer Wörter durch ein gu- bzw. ein gh- ersetzten. So wie im Italienischen aus den Welfen und Waiblingern Guelfen und Ghibellinen wurden, so im Französischen aus dem germanischen *werran* (Kriegswirren) *la guerre*, während die Engländer von den Normannen das Wort als *war* übernahmen. Auch das aus dem Französischen übernommene *guide* (führen, lenken) geht auf ein germanischen Wort mit w zurück, nämlich auf *witan*, das im Deutschen zu ‹weisen› wurde. Einige solcher Wörter gelangten in beiden Varianten, der Nordfranzösischen und der Zentralfranzösischen, ins Englische, wie die folgenden Beispiele zeigen.

Nordfranzösisch		**Zentralfranzösisch**	
gaol		*jail*	Gefängnis
reward	belohnen	*regard*	berücksichtigen
ward off	abwehren	*guard*	warten, bewachen
warden		*guardian*	Wärter, Vormund
warrant		*guarantee*	Garantie
wile		*guile*	Arglist

Wo das Zentralfranzösische den k-Laut zu tsch aufgeweicht hatte, war dieser im Anglonormannischen erhalten geblieben. So kam es, dass die Engländer sowohl das anglonormannische *catch* als auch das französische *chase* (von *chasser*) übernahmen, wobei sie aus sprachökonomischen Gründen die Bedeutung differenzierten: *catch*, ‹fangen›, betont das Ergebnis der Jagd, während *chase* das Jagen ausdrückt.

Interessant ist, wie sich germanischer und französischer Wortschatz oft ergänzen. So wurden für die lebenden Tiere die germanischen Namen beibehalten, während für ihr Fleisch die französischen Wörter übernommen wurden, was dafür spricht, dass die französische Küche schon damals dominierte.

Angelsächsisch		**Französisch**	
calf	Kalb	*veal*	Kalbfleisch
ox	Ochse	*beef*	Rindfleisch
pig	Schwein	*pork*	Schweinefleisch
sheep	Schaf	*mutton*	Hammelfleisch
deer	Wild	*venison*	Wildfleisch
dove	Wildtaube	*pigeon*	Haustaube

Weitere französische Wörter aus dem Bereich des Essens sind:

bacon	Speck	*oyster*	Auster
biscuit	Gebäck	*plate*	Teller
dinner	Dinner	*poultry*	Geflügel
fruit	Obst	*raisin*	Rosine
gravy	Sauce	*salad*	zubereiteter Salat
lettuce	grüner Salat	*sausage*	Wurst
mince	Minze	*spice*	Gewürz
mustard	Mostrich	*supper*	Abendessen

Auch in der Mode brachte das Französische eine Bereicherung:

boots	Stiefel	*dress*	Kleid
brooch	Brosche	*fashion*	Mode
buckle	Schnalle	*frock*	Rock
button	Knopf	*garment*	Kleidungsstück
cape	Cape	*gown*	Umhang
chemise	Hemd	*lace*	Spitze
cloak	Mantel	*petticoat*	Unterrock
collar	Kragen	*veil*	Schleier

Manche germanischen Wörter kamen erst auf dem Umweg über das Französische ins Englische, so das Wort *parc*, das mit dem deutschen ‹Pferch› identisch ist. Ein Kuriosum ist das Verb *to strive*, das von französisch *estriver* kommt, aber auf ein germanisches Wort zurückgeht, das im deutschen ‹streben› weiterlebt. Hier haben die Engländer der französischen Entlehnung ihre alte germanische Konjugation aufgezwungen, nämlich *strive, strove, striven*. In anderen Fällen wurde zu germanischen Substantiven ein französisches Adjektiv oder Verb übernommen:

food	Nahrung	*nutritious*	nahrhaft
king	König	*royal*	königlich
mind	Bewusstsein	*mental*	bewusstseinsmäßig
mouth	Mund	*oral*	mündlich
word	Wort	*literal*	wörtlich
arm	Arm	*embrace*	umarmen

Aber auch da, wo es keine semantischen Lücken im Wortschatz zu füllen gab, wurden neben vorhandene angelsächsische Wörter französische gesetzt. So gibt es nebeneinander:

ask	*/ enquire*	fragen	*happiness*	*/ felicity*	Glück
begin	*/ commence*	beginnen	*hide*	*/ conceal*	verbergen
child	*/ infant*	Kind	*holy*	*/ saintly*	heilig
great	*/ large*	groß	*mirth*	*/ joy*	Freude
fight	*/ combat*	Kampf	*wedding*	*/ marriage*	Ehe
freedom	*/ liberty*	Freiheit	*wish*	*/ desire*	Verlangen
ghost	*/ spirit*	Geist	*wonder*	*/ miracle*	Wunder

Oft kam es bei gleicher Grundbedeutung zu Bedeutungsdifferenzierungen. So bezeichnet das angelsächsische *bloom* den Zustand des Blühens, das ebenfalls angelsächsische *blossom* die einzelne Blüte und das französische *flower* die ganze Blume. In einigen Fällen hat das Englische über das Französische lateinische Wörter aufgenommen, die es früher schon einmal entlehnt hatte. So wurde lat. *uncia* schon in altenglischer Zeit als Längenmaß *inch*, ‹Zoll›, entlehnt und aus dem Französischen noch einmal, nun als das Gewichtmaß *ounce*, ‹Unze›, übernommen. Lat. *moneta* kam über das Altenglische als *mint*, ‹Münze›, ins Englische und wurde danach als *money* erneut entlehnt. Lat. *discus* ist sogar insgesamt fünfmal entlehnt worden: zuerst als *dish* (Essschale), dann aus dem Mittellateinischen als *desk*, ‹Schreibpult›, später aus dem klassischen Latein als *discus* (Diskus), sowie nach frz. *disque* als *disc/disk* (Scheibe) und in einer französischen Dialektform als *dais* zur Bezeichnung des erhöhten Tisches in einer Festhalle. Insgesamt stieg der französische Anteil am englischen Wortschatz von weniger als einem Prozent im 12. Jahrhundert auf über 30 Prozent im 14. Jahrhundert. Bei Chaucer, dem größten mittelenglischen Dichter, beträgt er 38 Prozent.

Humanistenlatein – Das Problem der *hard words*

Um die Mitte des 14. Jahrhunderts setzte auch in England jene Loslösung der Gelehrsamkeit vom kirchlichen Dogma ein, die als Humanismus bezeichnet wird und die den Boden für die Reformation bereitete. Zwar wurde diese Bewegung im 15. Jahrhundert, das als *quattrocento* in Italien zum Inbegriff von Humanismus und Renaissance wurde, in England fast ein Jahrhundert lang unterbrochen, weil das Land seine Kräfte im Hundertjährigen Krieg gegen Frankreich und nach nur fünfjähriger Ruhepause in den dreißig Jahre währenden Rosenkriegen um die englische Thronfolge verausgabte, doch bald darauf begann auf der Insel eine kulturelle Aufholjagd, die unter Heinrich VIII. ihre ersten bedeutenden Blüten trieb. Jetzt kehrten englische Gelehrte, die zuvor auf der Suche nach geistiger Nahrung nach Italien gegangen waren und an den dortigen Universitäten den Humanismus kennen gelernt hatten, in ihre Heimat zurück und legten hier den Grund für die englische Renaissance, die mit hundertjähriger Verspätung unter Elisabeth I. kulminierte. In Oxford und Cambridge entfaltete sich eine rege Gelehrsamkeit, die bald dazu führte, dass die bis dahin weitgehend unbekannten griechischen und lateinischen Klassiker ins Englische übersetzt und damit auch den Laien zugänglich gemacht wurden. Dabei stießen die Gelehrten oft an die Grenzen ihrer noch nicht voll entwickelten Muttersprache. Nicht selten wurden sie aber auch durch den schieren Stolz auf ihre Gelehrsamkeit dazu verführt, soviel lateinische Wörter wie irgend möglich ins Englische einzugliedern. Da ihre Sprache schon bei der Aufnahme des Französischen aus der Not eine Tugend gemacht und die nichtenglischen Wörter einfach durch Angleichung an die englische Aussprache anglisiert hatte, war es auch für die Humanisten nicht schwer, die neuen lateinischen Importe in die Muttersprache einzuschmelzen. Das Problem war aber, dass nur der sie verstehen konnte, der ihre lateinische Bedeutung kannte. Alle anderen mussten auf Grund der Aussprache zwar den Eindruck haben, dass es sich um englische Wörter handelte, doch verstehen konnten sie sie nicht. Deshalb kam schon im 16. Jahrhundert Kritik am übermäßigen Gebrauch solcher *inkhorn terms* auf, wie man sie damals nannte.

Das Problem der *hard words*, so die heute übliche Bezeichnung, blieb bis jetzt ein charakteristisches Merkmal des Englischen. Ihr Verstehen ist für die Gebildeten der Ausweis der Zugehörigkeit zur geistigen Elite. Umgekehrt ist das Nichtverstehen oder gar das Verwechseln der Wörter durch diejenigen, die sich einen gebildeten Anstrich geben wollen, ein unerschöpflicher Anlass für Spott. Der große Komödienschreiber Richard Brinsley Sheridan (1751–1816) schuf mit seiner Figur der Mrs. Malaprop (der Name bedeutet ‹unpassend›) den Inbegriff eines solchen Menschen, der immer nach einem hochgestochenen Wort sucht und dabei mit traumwandlerischer Sicherheit das falsche erwischt. Wenn diese Dame nach dem *pinnacle of politeness* (dem Gipfel der Höflichkeit) greift, spricht sie von *pine-apple* (Ananas). Sie verwechselt *superficial* (oberflächlich) mit *supercilious* (hochnäsig), *benevolence* (Wohlwollen) mit *malevolence* (Boshaftigkeit), *accommodation* (Unterbringung) mit *recommendation* (Empfehlung). Solche Verwechslungen nennt man seitdem *malapropisms*, und man begegnet ihnen noch heute auf Schritt und Tritt. Selbst der amerikanische Präsident George W. Bush ist nicht gegen sie gefeit. Unter der stetig wachsenden Zahl von *Bushisms*, die von Internet-Usern genüsslich gesammelt werden, befinden sich auch Malapropismen.

Wer den riesigen Bestand von *hard words* in der englischen Sprache kennt, kann sich leicht in die Lage von Mrs. Malaprop versetzen. Wörter wie die folgenden machen auch heute noch englischen Muttersprachlern, sogar akademisch gebildeten, Schwierigkeiten. So kennen sie zwar *lubrication* (Schmierung) von der Motorpflege ihres Autos, aber *lucubration* (mühsames nächtliches Studium) und *lugubrious* (kummervoll, traurig) ist vielen unbekannt. *Surreptitious* (erschlichen, betrügerisch) ist den meisten noch bekannt, doch bei *susurrant* (flüsternd, säuselnd) strecken auch englische Studenten die Waffen. Ihre deutschen Kommilitonen haben schon Mühe, *ingenious* (genial) und *ingenuous* (treuherzig) zu unterscheiden. Die folgende nach dem Zufallsprinzip zusammengestellte Liste soll das Ausmaß der Schwierigkeit weiter verdeutlichen, ohne dass dem Leser damit nahegelegt wird, diese Wörter alle zu lernen; denn selbst die meisten Engländer kommen ohne sie aus, da es für so gut wie alle einfache Wörter mit der gleichen Bedeutung gibt.

collude	unter einer Decke stecken
condone	verzeihen
conduce	förderlich sein
connive	stillschweigend dulden
corrugate	(sich) wellen
coruscate	(auf)blitzen
denigrate	anschwärzen
deprecate	missbilligen
derogate	schmälern
effervescent	sprudelnd
evanescent	schwindend
perpetrate	eine Tat begehen
perspicacious	scharfsinnig
perspicuous	deutlich, klar
rejuvenesce	sich verjüngen
regurgitate	zurückfließen, erbrechen
tergiversate	Ausflüchte machen
succulent	saftig
truculent	wild, grausam

Im 17. Jahrhundert, als auch in England eine barocke Sprechweise gepflegt wurde, liebte man die prunkvolle Sprache, die den ganzen Reichtum des Wortschatzes ausbreitet. Später setzte sich ein ganz anderes Stilideal durch, das nach Klarheit und Einfachheit strebte. Doch das hat die *hard words* nicht zum Verschwinden gebracht. In den wissenschaftlichen Fachsprachen sind sie oft unvermeidlich, da sie weniger Nebenbedeutungen haben und darum eindeutiger sind, während ihr Gebrauch im sonstigen sprachlichen Umgang von den meisten Briten als angeberisch empfunden und deshalb vermieden wird. Paradoxerweise neigen gerade die Englischlerner weit mehr als die Muttersprachler zum Gebrauch von *hard words*, weil sie sie oft schon als Fremdwörter aus der eigenen Sprache kennen und deshalb als viel weniger ‹hart› empfinden.

Neben den oben genannten, auch für viele Muttersprachler unverständlichen Wörtern gibt es eine riesige Anzahl lateinischer Entlehnungen, die in den allgemeinen Sprachgebrauch übergegangen sind, obwohl auch sie meist durch einfache angelsächsische Wörter mit gleicher Bedeutung ersetzt werden könnten. Ihr Gebrauch hängt hauptsächlich vom stilistischen Kontext ab. In wissenschaftlichen Texten wird man sich eher der lateinischen Wörter bedienen, in der Umgangssprache eher der angelsächsischen. Außerdem bietet das Nebeneinander von Wörtern gleicher Bedeutung Gelegenheit zur Variation. Die folgenden Wortpaare stellen nur eine kleine Auswahl solcher Alternativen dar.

Lateinisch	**Angelsächsisch**	
calculate	*reckon*	rechnen
collect	*gather*	sammeln
desperate	*hopeless*	verzweifelt
diligent	*eager*	eifrig
erudite	*learned*	gelehrt
express	*utter*	äußern
immaculate	*spotless*	makellos
indifatigable	*unwearying*	unermüdlich
inebriate	*drunk*	betrunken
infallible	*unerring*	unbeirrbar
infernal	*hellish*	höllisch
insipid	*tasteless*	geschmacklos, fade
insolent	*haughty*	hochmütig
invigorate	*enliven*	beleben
limpid	*clear*	klar, durchsichtig
mature	*ripe*	reif
prior to	*before*	vor (zeitlich)
promulgate	*make known*	bekannt machen
propose	*put forward*	vorschlagen
recalcitrant	*stubborn*	widerspenstig
titillate	*tickle*	kitzeln.

Bei vielen dieser Wörter lateinischen Ursprungs ist nicht eindeutig zu entscheiden, ob sie schon mit dem Französischen ins Englische kamen oder ob sie erst durch die Humanisten aus dem Lateinischen entlehnt wurden; denn diese haben frühere französische Entlehnungen oft nachträglich in der Schreibung latinisiert. Da es hier nur darum geht, den Reichtum des englischen Wortschatzes zu dokumentieren, kann die Chronologie der Entlehnungen außer Betracht bleiben.

Neuzeitliche Sprachimporte

Das Humanistenlatein war nicht die letzte Schicht fremder Herkunft, die sich auf das anglofranzösische Sprachamalgam legte. Wirtschaftsbeziehungen und Handelsaustausch sorgten dafür, dass neben Waren auch Wörter aus den Nachbarländern nach England kamen. Vor allem die Niederlande waren als Hauptabnehmer englischer Rohwolle ein wichtiger Handelspartner. Als nach der großen Pest von 1348/49 und der dadurch verursachten Entvölkerung des Landes die englische Landwirtschaft das nicht mehr benötigte Ackerland in Schafweiden umwandelte, ermunterte man Flamen und Niederländer nach England zu kommen und die Weiterverarbeitung der Wolle im Lande selbst vorzunehmen. Aus literarischen Zeugnissen geht hervor, dass es dabei schon früh zu ausländerfeindlichen Übergriffen gegenüber den *Flemings* kam, wie man die eingewanderten Flamen nannte. Diese frühen Einwanderer führten vor allem Wörter aus dem wollverarbeitenden Gewerbe in die englische Sprache ein wie z.B. *spool* (Spule) und *nap* (Flor, aufgeschnittene Noppen). Als die Engländer nach dem Sieg über die spanische Armada im Jahr 1588 zur Eroberung der Weltmeere ansetzten, übernahmen sie Techniken des Schiffbaus von den auf diesem Gebiet führenden Holländern, was zum Import von Wörtern wie *dock, hull* (Schiffsrumpf), *lighter* (Leichter, kleines Lastschiff) und *yacht* führte. Führend waren die Holländer auch in der Malerei, weshalb die Briten von ihnen die Wörter *landscape, sketch* und *easel* (Staffelei, eigentlich ‹Esel›) übernahmen.

Was die Niederländer für den Schiffbau, waren die Italiener, vor allem die aus der Lombardei, für das Finanzwesen. Von ihnen stammen Wörter wie *traffic, bank* und *risk*. In Architektur und Musik, worin sie ebenfalls die Lehrmeister Europas waren, lieferten sie Wörter wie *balcony, corridor, fresco, loggia* und *portico* bzw. *barytone, bass, concert, fugue* und *violin*. Italien war zu Shakespeares Zeiten ein Kulturspender, dessen Einfluss man sich bedenkenlos hingeben konnte, da von dem Land keine politische oder militärische Bedrohung ausging. Anders verhielt es sich mit Spanien, dem Hauptkonkurrenten zur See. Aus dem Spanischen wurden deshalb viel weniger Wörter übernommen und viele erst auf dem Umweg über die spanischen Kolonien. Beispiele sind *armada, cargo, desperado, guitar, mosquito, negro* und *renegade*. Über das Spanische kamen auch die ersten indianischen Wörter ins Englische, so aus dem karibischen Raum *barbecue, cannibal, canoe* und *potato*, aus der Andenregion *condor, llama, poncho, puma* und aus dem Amazonasgebiet *jaguar, manioc* und *piranha*.

Als England im 18. Jahrhundert die Besiedlung Nordamerikas vorantrieb und im Siebenjährigen Krieg dort den Konkurrenten Frankreich aus dem Feld schlug, nahm das Englische auch Wörter aus den nordamerikanischen Indianersprachen auf wie *skunk, squaw, tomahawk, totem* und *wigwam*. Von Mexiko her drangen Wörter wie *coyote* und *tomato* ein, während die Kanadier von den Eskimos Wörter wie *anorak, igloo* und *kayak* übernahmen. Nach der Unabhängigkeitserklärung der Vereinigten Staaten im Jahre 1776 gingen die USA politisch wie sprachlich eigene Wege, während das Mutterland im 19. Jahrhudnert sein zweites Weltreich aufbaute, dessen Herzstück nun Indien war. Schon vorher hatte die 1600 gegründete East India Company durch ihre Handelsbeziehungen zu China und Südostasien Wörter für Waren aus jenen Regionen ins Englische gebracht, so vor allem das Wort *tea* für Tee, das aus dem Chinesischen stammt. Tee war anfangs ein Luxusgetränk, das sich nur die wenigsten leisten konnten. In der aufblühenden Londoner Kaffeehauskultur des frühen 18. Jahrhunderts trank man Kaffee. *Coffee* geht auf ein türkisches Wort zurück, das über das Arabische und Niederländische nach England gelangte. Den Arabern verdankt das Englische auch Wörter wie *alchemy, alcohol, algebra, emir, harem, mohair, sherbet* (Sorbet) und *zero*. Den Aufstieg zum englischen Nationalgetränk verdankt der Tee der Tatsache, dass sich diese Pflanze in Indien, Englands wichtigster Kolonie, in Großplantagen besonders gut anbauen ließ. Aus Indien kamen aber nicht nur materielle Importe, sondern auch zahlreiche sprachliche wie z. B. *bungalow, catamaran, chutney, curry, guru, jungle, pyjamas* und *shampoo*. Da die Engländer die aus dem Hindi entlehnten Wörter ihrer eigenen Schreibweise anpassten, transkribierten sie den indischen a-Laut als kurzes u, das ja im Englischen wie a gesprochen wird. So gelangten die Wörter *cummerbund* und *punch* ins Englische, hinter denen ein Deutscher nie etwas Indisches vermuten würde. Das auch ins Deutsche übernommene ‹Kummerbund› bezeichnet den Leibgurt von Frackträgern und geht auf das indisch-persische *kamarband* zurück. Punsch, von indisch *panch*, heißt eigentlich fünf (wie Pandschab = Fünfstromland) und bezieht sich auf die fünf Bestandteile Arrak, Zucker, Limonensaft, Gewürz und Wasser.

Auch aus den übrigen Regionen des englischen Weltreichs drangen Wörter in die englische Sprache ein. Aus Südostasien und Polynesien kamen *amok, batik, sago, taboo* und *tattoo*, aus Australien *boomerang, dingo, kangaroo, koala* und *wombat*, aus Neuseeland das Maori-Wort *kiwi*, aus Zentralafrika *safari* und aus Südafrika *gnu, kraal* (von portugiesisch *corral*) und *tse-tse*. Schon früher hatte das Englische vom Spanischen das aus der Kongoregion stammende Wort *banana* übernommen. Selbst aus Sprachen außerhalb des britischen Weltreichs wurden Wörter entlehnt, so aus dem Japanischen die Begriffe *bonsai, geisha, hara-kiri, kamikaze* und *karate*. Weitere Entlehnungen kamen aus solchen Sprachen, deren Sprecher in den betreffenden Bereichen führend waren. So war Deutschland im 19. Jahrhundert führend in der Mineralogie, was Wörter wie *gneiss, quartz, kobalt, nickel* und *zinc* ins Englische eindringen ließ. Hinzu kamen kulturelle Begriffe, die aus englischer Sicht etwas typisch Deutsches bezeichneten wie ‹Weltschmerz›, ‹Weltanschauung›, ‹Wanderlust›, ‹Zeitgeist›, ‹Kapellmeister› und vor allem ‹Kindergarten›, das zu den bekanntesten deutschen Wörtern weltweit zählt. Auch der ‹Dachshund› fand seinen Weg ins Englische. Aus Kaiser Wilhelms Drohung «Gott strafe England» machten die Briten das Verb *to strafe* für ‹heftig bombardieren›. Auf gleiche Weise ging Hitlers Blitzkrieg als *blitz* in den englischen Wortschatz ein, das als Substantiv und als Verb einen überraschenden Luftangriff bezeichnet. Ein weiteres aus dem Deutschen entlehntes Verb ist ‹abseilen›. Es wird von Bergsteigern überall in der englischsprachigen Welt wie ein englisches Wort benutzt, also auch mit der Verlaufsform *abseiling*. Ein anderes sportliches Lehnverb aus dem Deutschen ist *to schuss* für Schussfahren beim Skilauf. Weitere Begriffe aus dem Wintersport stammen aus dem Norwegischen wie z.B. *ski* und *slalom*. Von dort kamen auch *fjord, krill* und *lemming*. Das Finnische steuerte *sauna*, das Russische *samovar, troika, vodka* und in jüngster Zeit *sputnik, perestroika* und *glasnost* bei.

Selbst innerhalb Großbritanniens kam es zu Entlehnungen. Als nach der Niederschlagung der letzten Rebellion der schottischen

Jakobiten im Jahr 1745 die Gefahr im Norden endgültig gebannt war, konnte man sich nun der Romantisierung alles Schottischen hingeben, was Wörter wie *clan, glen* (Tal), *loch* (See), *haggis* (das schottische Nationalgericht), *kilt* (Schottenrock), *slogan, tartan* und natürlich *whisky* ins Englische brachte. *Whisky* kommt von dem gälischen *uisgebeatha* und bedeutet ‹Wasser des Lebens›, wobei der Kenner weiß, dass das Getränk mit der Endung -y aus Schottland und mit der Endung -ey aus Irland kommt. Das amerikanische Englisch hat darüber hinaus eine Anzahl von jüdischen Wörtern übernommen, die entweder aus dem Hebräischen oder dem Jiddisch stammen. Hebräischen Ursprungs sind religiöse Begriffe wie *bar mitzvah, menorah, shalom* und *yom kippur*, während Wörter wie *mishmash, schlepp* (sich langsam und ungeschickt bewegen), *schlock* (von schlechter Qualität), *schmaltz* (sentimentale Musik), *schmooze* (plaudern) und *schnozzle* (Nase; von Schnauze) aus dem Jiddischen stammen. Das sch- wird in Angleichung an die englische Orthographie oft auch sh- geschrieben. Das aus dem Hebräischen stammende Chuzpe schreibt man im Englischen *chutzpah*. Für das ebenfalls hebräische ‹meschugge› gibt es vier Schreibweisen: die genannte sowie *meshuga, meshugah* und *meshuggah*.

Entlehnungen aus dem Französischen gab es auch noch in der Neuzeit. So waren seit dem 17. Jahrhundert die französische Mode und die französische Küche auch für England Vorbilder, weshalb neben den importierten Kleidungstypen und Speiserezepten oft auch der Name dafür übernommen wurde. Dabei kam es gelegentlich zu kuriosen Re-Importen. So hatten beispielsweise die Franzosen germanische Wörter übernommen, bei denen sie ein anlautendes h vor einem Konsonanten wegen der Schwierigkeit der Aussprache durch ein f ersetzten. Aus *hrock* (Rock) machten sie *froc*, woraus im Englischen *frock* und im Deutschen Frack wurde. Die Engländer re-importierten sogar ein Wort, das die Franzosen zuvor aus dem Englischen entlehnt und mit einer französischen Schreibung versehen hatten. So wurde aus englisch *riding-coat* das französische *redingote*, das in dieser Form sowohl vom Englischen wie vom Deutschen übernommen wurde. Bei unserm Gang durch die jüngeren und jüngsten Schichten des englischen Wortschatzes sind wir über hundert Wörtern begegnet, die aus ca. dreißig verschiedenen Sprachen stammen und die – mit wenigen Ausnahmen – trotzdem keiner Übersetzung ins Deutsche bedurften, weil wir sie in gleicher oder sehr ähnlicher Form ebenfalls besitzen, wobei viele davon auf dem Umweg über das Englische zu uns gelangten. Das deutet bereits daraufhin, dass mit der zunehmenden Globalisierung der Weltwirtschaft eine sprachliche Globalisierung einhergeht, die von Sprachpuristen vielfach beklagt wird, aber sicher nicht aufzuhalten ist. Der große Unterschied zwischen dem Englischen und dem Deutschen ist aber, dass bei uns die Fremdwörter immer als solche erkennbar sind, während das Englische sie durch die Anpassung an die muttersprachlichen Aussprachekonventionen so eingeschmolzen hat, dass ihre Fremdheit kaum auffällt.

Dank seiner enormen Assimilisationsfähigkeit wächst der englische Wortschatz von Jahr zu Jahr weiter. Viele der Neuerwerbungen sind dabei ebenso überflüssig wie viele der deutschen Entlehnungen aus dem Englischen. Doch viele füllen auch semantische Lücken und erhöhen die Ausdrucksfähigkeit der Sprache. Bei manchen solcher Lücken wundert man sich, dass sie so lange bestanden haben. So hatte das Englische bis vor wenigen Jahrzehnten keine Entsprechung für das deutsche ‹hoffentlich›, bis man diese Lücke mit *hopefully* schloss, was anfangs von vielen als falsch empfunden wurde, weil es das Adverb zu ‹hoffnungsvoll› ist und somit etwas anderes bedeutet. Falls hier das deutsche Wort als Vorbild fungierte, würde es sich um eine Lehnbildung der Art handeln, wie es sie in großer Zahl zur Zeit der Chrsitianisierung gab, als die Angelsachsen theologische Begriffe in ihrer eigenen Sprache auszudrücken versuchten. Als Beispiel sei nur das Wort *gospel* genannt, das aus *god spel* entstand, was dem griechisch-lateinischen *evangelium*, d.h. ‹gute Botschaft›, entspricht. Solche Analogiebildungen zu Vorbildern anderer Sprachen – sei es in Form direkter Lehnübersetzungen oder als freie Nachahmung eines fremden Wortbildungsschemas – sind am Wortschatz nicht ohne weiteres abzulesen. Man erkennt sie erst beim Studium der frühen schriftlichen Überlieferung. Mit weiteren Möglichkeiten der Wortschatzerweiterung befasst sich das nächste Kapitel.

Wortbildung – ein sprudelnder Quell

Im Laufe der Jahrtausende sahen sich die Sprecher der indogermanischen Sprachen immer wieder neuen Sachverhalten gegenüber, für die ihre Sprache noch keine Wörter hatte. Es gab zwei Möglichkeiten, die Lücken zu füllen: entweder neue Wörter zu bilden oder vorhandene so abzuwandeln, dass sie ohne Gefahr von Missverständnissen die neue Sache bezeichnen konnten. Da bei der beschränkten Anzahl von Vokalen und Konsonanten nur eine begrenzte Anzahl von Wortstämmen möglich war, wurde die Abwandlung der vorhandenen Wortstämme zur ergiebigsten Quelle neuer Wörter. Viele englische Wortbildungen haben im Deutschen ihre Entsprechung. So werden in beiden Sprachen aus Substantiven Adjektive abgeleitet, indem man die Endungen *-y*, *-ly* und *-ish* bzw. -ig, -lich und -isch anhängt.

wind-y	*friend-ly*	*child-ish*
wind-ig	freund-lich	kind-isch

Da im Englischen die Endung *-ly* zum Erkennungsmerkmal des Adverbs wurde, gibt es dort nur wenig Adjektive mit ihr. An ihre Stelle trat – und tritt bei Neubildungen – die Endung *-like*. Durch Anhängen von *-ful* und *-less* lassen sich weitere Adjektive aus Substantiven bilden:

child-like	*wonder-ful*	*child-less*
kind-lich	wunder-voll	kinder-los

Neben den germanischen Endungen hat das Englische die französischen und lateinischen, die wir in ähnlicher Form aus Fremdwörtern kennen, so dass Wörter wie *classic, regular, ordinary, malicious, picturesque, puerile, phenomenal, European, feminine, Freudian* und *Chinese* keiner Übersetzung bedürfen.

Wie aus Substantiven Adjektive, lassen sich aus Adjektiven Substantive bilden. Sie bezeichnen dann keine konkreten Gegenstände, sondern deren abstrakte Eigenschaft. Hier hat das Englische eine Bildung auf -th entwickelt, wo das Deutsche meist die Endung -e, aber auch -ung, -heit, -keit und -nis hat.

broad	/	*breadth*	breit	/	Breite
deep	/	*depth*	tief	/	Tiefe
long	/	*length*	lang	/	Länge
strong	/	*strength*	streng	/	Strenge
true	/	*truth*	treu	/	Treue
warm	/	*warmth*	warm	/	Wärme
wide	/	*width*	weit	/	Weite
dear	/	*dearth*	teuer	/	Teuerung
merry	/	*mirth*	heiter	/	Heiterkeit
slow	/	*sloth*	träge	/	Trägheit
foul	/	*filth*	faul	/	Fäulnis

Die Bildung auf -th wurde schon früh zugunsten der Endung *-ness* aufgegeben:

hardness	Härte	*thickness*	Dicke
shortness	Kürze	*thinness*	Dünne

Auch Substantive lassen sich zu Abstrakta verallgemeinern:

boy	/	*boyhood*	Knabe	/	Knabenalter
martyr	/	*martyrdom*	Märtyrer	/	Martyrium, Märtyrertum
friend	/	*friendship*	Freund	/	Freundschaft
slave	/	*slavery*	Sklave	/	Sklaverei

Mit französischen, lateinischen und griechischen Endungen lassen sich weitere Abstrakta bilden, wobei einige dieser Endungen auch an angelsächsische Wörter angefügt werden.

aus Substantiven:	*aristocrat*	/	*aristocracy*	Aristokratie
	patron	/	*patronage*	Patronage
	acre	/	*acreage*	Ackerfläche
	patriot	/	*patriotism*	Patriotismus
aus Adjektiven:	*false*	/	*falsity*	Falschheit
	archaic	/	*archaism*	Archaismus
aus Verben:	*amaze*	/	*amazement*	Erstaunen
	exploit	/	*exploitation*	Ausbeutung
	deny	/	*denial*	Leugnung
	baptize	/	*baptism*	Taufe

Aus Adjektiven lassen sich auch Verben ableiten:

to broaden	verbreitern	*to shorten*	kürzen
to deepen	vertiefen	*to thicken*	verdicken

Aus Substantiven und Adjektiven lateinischen Ursprungs werden Verben durch die Endungen *-ate*, *-ify* und *-ize/ise* abgeleitet:

designate	designieren	*modernize*	modernisieren
certify	zertifizieren	*popularize*	popularisieren

Umgekehrt lassen sich Adjektive aus Verben ableiten. Bei den germanischen Wörtern geschieht dies bereits durch Bildung von Partizipien, die sowohl verbalen als auch adjektivischen Charakter haben, wobei letzterer sich vielfach verfestigt hat. Von vielen Verben lässt sich durch das aus dem Französischen stammende Suffix *-able* ein Adjektiv bilden. Diese Bildung hat das Englische auf Wörter germanischen Ursprungs übertragen.

drink-able	*think-able*	*wash-able*
trink-bar	denk-bar	wasch-bar

Bei Verben lateinischen Ursprungs werden Adjektive außerdem durch *-ible* und *-ive* abgeleitet, wobei das erste passivische und das zweite aktivische Bedeutung hat:

inexpressible / unaussprechlich *inexpressive* / nichtssagend

Für die Bildung von Substantiven aus Verben gab es zwei germanische Endungen: die *ing*-Form, die dem deutschen -ung entspricht, und die Bildung auf *-er*, die den Agenten des betreffenden Verbs bezeichnet.

clothe	*clothing*	*sing*	*singer*
kleiden	Kleidung	singen	Sänger

Bei Wörtern französischen und lateinischen Ursprungs wird der Agent durch die Endungen *-ant*, *-eer*, *-or* und *-ist* bezeichnet:

contest-ant	Wettkämpfer	*surviv-or*	Überlebender
profit-eer	Gewinnler	*pian-ist*	Pianist

Gruppenzugehörigkeit wird durch *-ster*, *-ese*, *-ian*, *-ite* ausgedrückt.

gangster	Mitglied einer Gang	*Parisian*	Pariser
Chinese	Chinese	*Jacobite*	Anhänger Jakobs II.

Als echte Lücke im ansonsten so großen englischen Wortschatz empfinden deutsche Lerner das Fehlen von Diminutivformen. Wo wir bei fast jeder Sache die Kleinheit durch Anhängen von -chen oder -lein ausdrücken können, gibt es im Englischen nur wenige Wörter, bei denen das durch eine entsprechende Endung möglich ist. So lässt sich zwar aus *duck* ein *duckling* (Entlein), aus *book* ein *booklet* (Büchlein) und aus *kitchen* eine *kitchenette* (Kochnische) machen, doch in den meisten anderen Fällen muss man vor das Wort ein verkleinerndes Adjektiv setzen.

Das Gleiche gilt für Endungen, die das weibliche Geschlecht bezeichnen. Auch hier lässt sich im Deutschen durch Anhängen von -in bei den meisten Wörtern, die sich auf Lebewesen mit einem natürlichen Geschlecht beziehen, die weibliche Form markieren, während dies im Englischen nur in wenigen Fällen möglich ist, z.B. bei *waitress*, ‹Kellnerin›, und *usherette*, ‹Platzanweiserin›. In der Mehrzahl der Fälle muss man das Geschlecht aber durch ein hinzugefügtes Wort ausdrücken wie in *girlfriend* (Freundin), *boyfriend* (Freund), *she-wolf* (Wölfin), *tom-cat* (Kater) und *lady-teacher* (Lehrerin). Alle bisher besprochenen Wortbildungen geschahen durch das Anfügen eines Suffixes.

Ein zweiter Quell neuer Wörter ist das Voranstellen eines Präfixes. Er sprudelt im Deutschen sehr viel reicher als im Englischen, wo es nur wenige Wörter gibt, die den zahlreichen deutschen Wörtern mit be- und ver- entsprechen:

belie	(belügen), Lügen strafen	*forget*	vergessen
bereave	berauben	*forgive*	vergeben

Anders als *be-* und *for-* sind die Vorsilben *un-*, *out-*, *over-*, *de-*, *anti-*, *ex-*, *pre-*, *post-*, *co-*, *dis-*, *pan-*, *multi-*, *super-* und viele andere noch immer produktiv, was bedeutet, dass man sie mit vielen Wörtern kombinieren kann. Nur die ersten drei der genannten sind germanischen Ursprungs, während die anderen aus dem Lateinischen oder Griechischen stammen. Sie werden im Englischen weit häufiger eingesetzt als im Deutschen und auch viel häufiger auf germanische Wörter angewendet.

Eine eigentümliche Form der Wortbildung ist das, was die Philologen als Rückbildung oder *back-formation* bezeichnen. Man versteht darunter die fälschliche Rekonstruktion eines Ausgangswortes zu einem vorhandenen. Auf diese Weise entstanden zu den Substantiven *editor* und *donator* die Verben *edit* und *donate* und zu *difficulty* das Adjektiv *difficult*, das nach seinem lateinischen Ursprung eigentlich *difficile* hätte heißen müssen. Zu den Substantiven *relation*, *intuition* und *enthusiasm* wurden die Verben *relate*, *intuit* und *enthuse* rückgebildet. Auch bei germanischen Wörtern kam es zu *back-formations*, so bei *greed*, das aus dem Adjektiv *greedy* (gierig), rückgebildet wurde. Die alten Adverbien *sideling*, *groveling* und *darkling* hielt man wegen ihrer obsolet gewordenen Adverb-Endung *-ling* fälschlich für Partizipien und gebrauchte *sidle* (sich schlängeln), *grovel* (am Boden kriechen) und *darkle* (dunkeln) als Verben. Umstritten ist, ob *to beg* (betteln) von *beggar* und dieses vom Namen der Begharden, einer religiösen Laienbruderschaft, kommt, so wie *to burgle* (einbrechen) nachträglich und anfangs nur scherzhaft als Verb zu *burglar*, ‹Einbrecher›, gebildet wurde.

Neben der Wortbildung mit Präfixen und Suffixen gibt es eine für das Englische charakteristische Möglichkeit der Übertragung eines Wortes von einer Wortart in eine andere. Man spricht hier von Konversion. Während im Deutschen Verben, die von Substantiven abgeleitet wurden, die Endung -en haben, steht im Englischen z.B. für ‹Fisch› und ‹fischen› das gleiche Wort *fish*. Diese endungslose Umwandlung von Substantiven in Verben ist weitverbreitet und weiterhin produktiv, so dass immer neue Verben gebildet werden. Aus diesen Verben können durch Anhängen der Endung *-ing* wiederum neue Verbalsubstantive gebildet werden. So kann aus *space*, ‹Raum›, das Verb *to space*, ‹Zwischenraum herstellen›, werden, und dieses wiederum macht die anschauliche Wortbildungen *child-spacing* für ‹Familienplanung› möglich. Obwohl das für die deutsche Sprache so typische Zusammensetzen von mehreren Wörtern zu einem einzigen im Englischen viel weniger weit verbreitet ist und noch seltener bis zur völligen Zusammenfügung der beteiligten Wörter führt, gibt es doch eine Fülle von Komposita mit einem Bindestrich, dessen Verwendung allerdings nicht immer streng geregelt ist und oft im Belieben des Schreibers steht. So schreibt man zwar *window-shopping* (‹Schaufensterbummel›), aber *window dressing* (‹Schaufensterdekoration›). Im zweiten Fall ist *window* das Objekt zum Gerundium *dressing*, deshalb fehlt hier der Bindestrich, während er im ersten Fall steht, weil dort nur eine räumliche, aber keine grammatische Verbindung zwischen den Wörtern vorliegt. Das Prinzip wird aber nicht konsequent gehandhabt. Das Englische ist reich an höchst anschaulichen Wortverbindungen, die zu festen Begriffen geworden sind. Wenn beispielsweise der amerikanische Präsident auf Reisen geht, um außenpolitische Partner zu beruhigen, sagt man: *he goes on a fence-mending tour*, wörtlich ‹er geht auf eine Zaunflicktour›. Dabei hält er dann vielleicht eine *off-the-cuff speech* (Rede aus dem Stegreif), die zu einer *storm-in-a-teacup crisis* (einer Sturm-im-Wasserglas-Krise) führt. Wie man sieht, nutzt das Englische auch ohne vollständige Wortverbindungen die Möglichkeit von Komposita weidlich aus.

Die wohl charakteristischste Form englischer Wortbildung ist das so genannte *portmanteau word*. Popularisiert wurde es durch Lewis Carroll, den Autor von *Alice im Wunderland*, der die Sache selber und das Wort dazu erfand. Er bildete aus je einer Hälfte zweier Wörter ein neues Wort, das wie ein Faltkoffer (*portmanteau*) aus zwei Teilen bestand und die Bedeutung beider Ausgangswörter in sich vereint. Manche seiner Worterfindungen sind in den heutigen englischen Wortschatz eingegangen, so z.B. *to chortle*, das aus *chuckle* (glucksend kichern) und *snort* (grunzen) gebildet ist und ein grunzendes Kichern bezeichnet. Seitdem wurden im Englischen viele neue Wörter dieses Typs gebildet wie *smog* aus *smoke* und *fog* und *Bakerloo line* für die U-Bahn-Linie von Bakerstreet nach Waterloo Station; aus *breakfast* und *lunch* wurde *brunch*, aus *motor* und *hotel* wurde *motel*. Auch *Chunnel* für *Channel tunnel* und *sitcom* für *situation comedy* gehören hierher. Seit die Angehörigen der Beatgeneration im Zeitalter des Sputnik sich als Beatniks bezeichneten, ist die Endung -nik vor allem in Amerika für zahlreiche weitere Neubildungen wie z.B.

jazznik verwendet worden. Das gleiche geschah und geschieht mit der Endung von *alcoholic*, die zu *workaholic* und weiteren Ableitungen führte. Es ist übrigens durchaus nicht verwunderlich, dass ausgerechnet der Verfasser eines Kinderbuches das *portmanteau word* kreiert hat. Kinder sind die originellsten Erfinder solcher Wörter. Der Verfasser erinnert sich, wie sein dreijähriger Sohn einen zylindrischen Bauklotz, den er sowohl als Rolle wie als Säule benutzen konnte, ‹Räule› nannte. Ganz offensichtlich sind hier uralte sprachschöpferische Mechanismen am Werk.

Auffällig ist in der englischsprachigen Welt auch die Vorliebe für Abkürzungen. Hier scheint sich die seit fast tausend Jahren wirksame Tendenz zur Verkürzung sprachlicher Äußerungen fortzusetzen. Manche dieser Abkürzungen wie z.B. VIP für *very important person* sind inzwischen sogar in den deutschen Wortschatz eingegangen. Andere wie TESL für *Teaching English as a Second Language* werden als handliche Formeln benutzt. Für den fortgeschrittenen Lerner ist das Entziffern von Abkürzungen in englischen Texten oft schwerer als das Verstehen der *hard words*. Die üppigsten Blüten treibt die britische Abkürzungsmanie bei den Titeln prominenter Menschen. Berühmtheiten haben oft so viele davon, dass ihrem Namen zwei Zeilen mit abgekürzten Titeln folgen wie KCB für Knight Commander of the Order of Bath, CBE für Commander of the Order of the British Empire, DFC für Distinguished Flying Cross und viele andere. Manche Abkürzungen wurden zuerst von Spaßvögeln erfunden und haben sich dann eingebürgert wie *yuppy* für *young urban* (oder *upwardly mobile*) *professional*, *dinky* für kinderlose Doppelverdiener (*double income, no kids*) und T.G.I.F für *Thank God it's Friday*. Dass viele dieser Neubildungen rasch von anderen Sprachen, zumal von der deutschen, aufgenommen werden, ist ein Beweis für die produktive Lebendigkeit, durch die sich das Englische vor allen anderen Sprachen der westlichen Welt auszeichnet.

Dissoziierter Wortschatz

Für einen Schriftsteller bedeutet die Größe des englischen Wortschatzes, dass er aus dem Vollen schöpfen kann. Für den Normalbürger bedeutet der Reichtum, dass er sich oft mit Wörtern konfrontiert sieht, die er nicht kennt, aber eigentlich kennen sollte, da sie ja der eigenen Sprache entstammen. Ein Deutscher versteht selbst dann, wenn er Wörter wie Hirnhautentzündung, gleichschenkliges Dreieck oder Schmiermittel zum erstenmal hört, was sie bedeuten. Der Engländer muss *meningitis, isosceles triangle* und *lubricant* vorher gelernt haben, um zu wissen, was es ist. Bei den ersten beiden Wörtern kann man noch einwenden, dass sie einer Fachsprache entstammen; und Fachsprachen werden auch in den übrigen europäischen Sprachen von lateinischen und griechischen Wörtern beherrscht. Allerdings haben die Deutschen aus sprachpatriotischen Gründen versucht, die Fremdwörter, wo immer es möglich war, einzudeutschen. So heißen bei uns die Telefone im Amtsdeutsch Fernsprechanlagen, und Briefe werden nicht mit Marken frankiert, sondern mit Postwertzeichen freigemacht. Englische Muttersprachler wären vielleicht froh darüber, wenn es in ihrem Land eine ähnliche sprachpuristische Bewegung gegeben hätte. Dann brauchten sie sich nicht mit ihren *hard words* herumzuschlagen. Doch auch rechts und links von diesen Stolpersteinen ist das sprachliche Material im Englischen so reich, dass schon die Wahl zur Qual werden kann, zumindest für den, der die Sprache zu lernen versucht. So gibt es z.B. für das, was im Deutschen mit dem Adjektiv ‹groß› bezeichnet wird, im Englischen die Wörter *great, big, tall* und *large*. Das angelsächsische *great* bezeichnet Größe im übertragenen Sinne, z.B. *a great poet*; das vermutlich aus dem Skandinavischen stammende *big* bedeutet physische Größe in allen Richtungen, aber auch im übertragenen Sinn, z.B. *a big animal, a big success*; das westgermanische *tall*, das ursprünglich ‹hervorragend› im ethischen Sinne bedeutete, bezeichnet jetzt körperliche Größe in vertikaler Richtung, z.B. *a tall man, a tall tree*, während das französische *large* eher die horizontale Ausdehnung betont, z.B. *a large country*. Weitere Wörter für Größe sind *grand* (großartig), *bulky* (sperrig), *spacious* (geräumig), *huge* (riesig) und *vast* (weit). Für jedes der fünf zuletzt genannten Wörter gibt es allerdings auch im Deutschen ein eigenes Wort. Doch bei ‹Großbuchstaben› (*capital letter*) und ‹Vergrößerungsglas› (*magnifying glass*) spielt das Englische unter Zuhilfenahme des Lateinischen erneut seinen größeren Reichtum aus. In *megalomania* für ‹Größenwahn› ist sogar das Griechische vertreten. Eine ähnliche Differenzierung finden wir bei dem Sachverhalt, der im Deutschen mit dem Wort ‹springen› bezeichnet wird. Hierzu bieten englische Wörterbücher die folgenden Übersetzungen an: *spring, jump, leap, vault, bound* und *bounce*. Das westgermanische *spring* bedeutet ‹springen› in einem sehr allgemeinen und meist übertragenen Sinn, z. B. *he sprang from his seat; he sprang to his assistance*. Das vermutlich lautmalerisch entstandene *jump* bezeichnet einen hohen und weiten Sprung, z. B. in der Leichtathletik *high jump* und *long jump*. Das westgermanische *leap*, das mit dem deutschen ‹laufen› etymologisch identisch ist, wird hauptsächlich für eine sprunghafte Vorwärtsbewegung verwendet, während *bound* und *bounce* das elastische Auf-und-ab-springen z. B. eines Balles bezeichnet. Für den Stabhochsprung schließlich gibt es das aus dem Französischen stammende *vault*.

Nicht immer ist die Bedeutungsdifferenzierung so, dass man sie einem Lerner problemlos erklären kann. Oft kann nur das Sprachgefühl des Muttersprachlers entscheiden, wann welches Wort angemessen ist. So gibt es für das deutsche ‹still› mindestens fünf englische Übersetzungen: *still, quiet, silent, tranquil* und *calm*. Alle fünf bezeichnen sowohl äußere als auch innere Ruhe. Doch *still* betont die Reglosigkeit, *tranquil* eher die äußere und *calm* eher die innere Ruhe. *Silent* ist jemand, der nicht spricht; *quiet* ist jemand, der außerdem ein ruhiges Verhalten an den Tag legt. Oben sagten wir, dass die englische Sprache einem Schriftsteller schier unerschöpfliche Möglichkeiten bietet. Aber auch das bedarf der Einschränkung. Die extreme Ausdifferenzierung bewirkt zugleich, dass die einzelnen Wörter in der Regel nicht so viele Deutungsmöglichkeiten enthalten wie die entsprechenden im Deutschen. Wenn Eichendorff in einem seiner bekanntesten Gedichte sagt

> Es war, als hätt der Himmel / Die Erde still geküsst,

dann bringt das Wort ‹still› im deutschen Leser rein quantitativ wahrscheinlich mehr zum Klingen als das englische *still*, das den gleichen Bedeutungsraum mit vier anderen Wörtern teilt. Auf der anderen Seite erreichen englische Lyriker dank ihrer Sprache eine kaum zu übertreffende Konkretheit der Wirklichkeitsbeschwörung. Der Großmeister auf diesem Felde ist John Keats. Sein berühmtes Herbstgedicht beginnt mit der Zeile

Season of mists and mellow fruitfulness.

Hier bezeichnet *mist* etwas, das dichter als *haze* (Dunst), aber nicht so dicht wie *fog* (Nebel) ist. *Mellow* ist *ripe* (reif) mit der engeren Bedeutung von ‹saftig›, ‹mürbe›, ‹weich› und evoziert damit eine konkretere Vorstellung als das deutsche ‹reif›, ‹mild› oder ‹zart›. An zahlreichen Beispielen ließe sich zeigen, wie das Englische seinen riesigen Wortschatz dazu benutzt, einzelnen Wörtern einen engeren Bedeutungsraum zuzuweisen, als z.B. ihre deutschen Entsprechungen haben. So gibt es für die Bedeutung ‹Schatten› zwei Wörter: *shadow* und *shade*, die beide auf die gleiche etymologische Wurzel zurückgehen. *Shadow* ist der geworfene Schatten und betont somit die Anwesenheit von etwas Dunklem. *Shade* bezeichnet den dunklen Raum hinter dem schattenwerfenden Gegenstand und betont damit die Abwesenheit von Licht. Man sagt *light and shade*, aber *he follows him like his shadow* oder *he is a shadow of himself.* Exakt lässt sich der Unterschied wahrscheinlich nicht definieren, doch für die muttersprachliche Intuition ist er klar. Das gilt auch für den Unterschied zwischen *glance* und *glimpse*. Beide Wörter bezeichnen einen flüchtigen Blick sowie das dazugehörige Verb. Doch *a glance* ist das, was vom Blickenden ausgeht, *a glimpse* ist das, was auf ihn zukommt: *he took a glance at something* (er warf einen flüchtigen Blick auf etwas), aber *he caught a glimpse of something* (er erhaschte einen flüchtigen Blick von etwas). Viele Wortfelder, die im Deutschen durch ein einziges Wort bezeichnet werden, sind im Englischen in zwei Felder aufgeteilt. So heißt eine sich selbst antreibende Maschine *engine*, eine von fremder Kraft angetriebene *machine*. Essbare Pilze heißen *mushroom*, giftige *toadstool.* Nacktschnecken nennt man *slug*, solche mit einem Haus *snail*; die Schalen von zweischaligen Muscheln sind *shells*, die einschaligen Muschelgehäuse *conches*. Den Schnabel von Raubvögeln nennt man *beak*, den von anderen Vögeln *bill.*

Der aus mehreren Sprachen zusammengesetzte Wortschatz führt nicht nur zur Qual der Wahl, sondern auch dazu, dass die einzelnen Wörter weniger miteinander vernetzt sind. Sie sind, wie Philologen sagen, nicht so fest ‹konsoziiert› wie im Deutschen, sondern ‹dissoziiert›. Im Deutschen pflegen wir aus Grundwörtern durch Zusammensetzungen weitere Wörter zu bilden, während das Englische oft Wörter nebeneinander stellt, die nichts miteinander zu tun haben. So unterscheiden wir im Deutschen ‹Hausmaus›, ‹Spitzmaus› und ‹Wühlmaus›. Im Englischen gibt es dafür drei völlig verschiedene Wörter: *mouse, shrew* und *vole*. Lerner des Deutschen können sich bei jedem der drei Wörter ein mausartiges Tier vorstellen. Lerner des Englischen müssen die Wörter *shrew* und *vole* kennen, um zu wissen, dass es eine Art Maus ist. Im Deutschen heißen die Behausungen von Schweinen, Kühen, Pferden, Schafen und Hühnern ‹Stall›; im Englischen heißen sie *pigsty, cow-shed, horse-stable, sheep-fold* und *hen-house*. Besonders stark dissoziiert ist der Wortschatz dort, wo Spezialisierung ausgedrückt werden soll. Das ist vor allem bei Werkzeugen der Fall. So gibt es im Englischen die Wörter *tongs* (Greifzange), *pliers* (Flachzange), *pincers* (Kneifzange) und *forceps* (Geburtszange) für etwas, das im Deutschen eine Zange ist. Ähnlich verhält es sich beim Bedeutungsfeld ‹Schere›. Hier hat das englische die Wörter *shears* (große Schere für Garten und Schafschur), *scissors* (kleine Schere im Haushalt), *secateurs* (Baum- und Rosenschere) und *claws* (Scheren des Krebses). In manchen Fällen wird das Dissoziieren geradezu als Sport betrieben. So führt das *Oxford Encyclopedic Dictionary (1991)* einhundert Bezeichnungen für Gruppen von Tieren und Menschen auf, unter denen sich eine ganze Reihe scherzhafter Prägungen befinden. Von den gebräuchlicheren hier einige Kostproben: *a pack of wolves* (Wölfe), *a pride of lions* (Löwen), *a bevy of quail* (Wachteln), *a covey of partridges* (Rebhühner), *a wisp of snipe* (Schnepfen), *a game of swans* (Schwäne), *a trip of dotterel* (Regenpfeifer), *a rookery of penguins* (Pinguine), *a shoal of fish* (Fische).

Ein nicht unbeträchtlicher Teil des englischen Wortschatzes ist dem durchnittlichen Muttersprachler so unbekannt wie deutschen Nichtakademikern viele Fremdwörter. Während bei uns aber die Fremdwörter schon durch ihre anderen Betonungsmuster als Fremdkörper hervorstechen – und eben deshalb als fremd empfunden werden –, hat das Englische alle Entlehnungen den heimischen Ausssprachekonventionen unterworfen, so dass sie dem Sprecher als englische Wörter begegnen, die er eigentlich kennen sollte. Da auch Engländer nicht gern ihre Unwissenheit eingestehen, hat sich bei ihnen die Neigung ausgebildet, statt sich vom Reichtum ihrer Sprache überwältigen zu lassen, lieber auf dem sicheren Boden des Vertrauten zu bleiben, und so kombinieren sie einfache Verben wie *to get, to go, to make, to put* und *to take* mit so vielen Präpositionen, dass sie damit alles ausdrücken können, ohne von ihrem Reichtum Gebrauch machen zu müssen. Ernst Leisi nennt in seinem Buch *Das heutige Englisch* das Verb *to think*, das anstelle von *reflect, consider, reason, ponder, cogitate, deliberate, meditate* und weiteren Wörtern verwendet wird. Um das Auseinandernehmen einer Sache zu beschreiben, werden nicht Wörter wie *dissect, dismantle* oder *disassemble*, sondern das vertraute *take apart* bemüht. Diese Tendenz bei englischen Muttersprachlern bewirkt zum einen, dass das Englische im alltäglichen Sprachgebrauch immer noch als germanische Sprache erscheint, und zum anderen, dass man den Muttersprachler an eben solchen idiomatischen Wendungen erkennt. Der Nichtmuttersprachler wird sich viel häufiger für den Gebrauch eines lateinischen Wortes entscheiden. So wird er lieber *consider* sagen, als sich beim Sprechen den Kopf zu zermartern, ob er *think* mit *of, on* oder *about* verwenden soll.

Der englischen Art zu denken kommt die starke Dissoziation des Wortschatzes sehr entgegen. Der vertikale Weg vom Allgemeinen zum Speziellen entspricht der durch Descartes begründeten deduktiven Methode, die das kontinentale Denken geprägt hat, während sich die englische Philosophie schon früh für die induktive Methode des Empirismus entschied, die vom Einzelfall ausgeht. Was wir bereits im Zusammenhang mit der Orthographie sagten, wird durch das hier Gezeigte bekräftigt.

Kulturgeschichtliche Spurenlese

In Zeiten der Schriftkultur ist die Sprache das Netz, in dem die kulturelle Erinnerung eines Volkes aufgefangen wird. Vor Einsetzen der schriftlichen Überlieferung musste die Erinnerung jedoch mündlich weitergegeben werden, weshalb das meiste durch die Maschen gefallen ist. Doch manchmal verrät selbst das leere Netz noch etwas über die Denkweisen derer, die in grauer Vorzeit seine Maschen geknüpft haben. Schon unser Durchgang durch die archäologischen Schichten des englischen Wortschatzes war eine kulturgeschichtliche *tour d'horizon*. Im Folgenden soll an ausgewählten Einzelbeispielen gezeigt werden, welche Spuren vergangene Kulturen in der Sprache hinterlassen haben.

Die älteste Sprachschicht, zu der wir vom Englischen und Deutschen aus Zugang haben, ist das Indogermanische. Zwar gibt es keine schriftlichen Zeugnisse und erst recht keine lebenden Sprecher dieser Sprache, doch dank dem Scharfsinn der Philologen des 19. Jahrhunderts konnten die gemeinsamen Wurzeln dieser größten Sprachfamilie der Welt zumindest so weit freigelegt werden, dass sich für die meisten heutigen Wörter eine Art Keimzelle rekonstruieren ließ. Auf diese älteste Schicht wollen wir mit einem einzigen Beispiel Bezug nehmen. Die beiden Zahlwörter ‹vier› und ‹acht›, im Englischen *four* und *eight*, lassen sich über lateinisch *quattuor* und *octo* auf indogermanische Wurzeln zurückführen, die so ähnlich wie *oket-voro* und *oktou* gelautet haben müssen. In *oke-* steckt die Bedeutung von lateinisch *acer*, ‹spitz›, während *voro* ‹Reihe› bedeutet und in *tou* eine alte Dualendung vermutet wird, so dass ‹vier› eigentlich ‹Spitzenreihe› und ‹acht› ‹doppelte Spitzenreihe› heißt. Das lässt darauf schließen, dass die ersten Sprecher des Indogermanischen ein Zahlensystem hatten, das auf der Vier aufgebaut war. Dabci könnte man an die Spitzen der vier Finger denken, die der Daumen beim Zählen mit einer Hand nacheinander berührt. Es könnten aber auch die Handknöchel sein, an denen noch heute die Schulkinder abzählen, welche Monate 31 und welche nur 30 Tage haben. Das letzte würde erklären, weshalb die Sieben eine so prominente Stellung erlangt hat; denn die vier Handknöchel ergeben zusammen mit den drei dazwischen liegenden Vertiefungen diese Zahl.

Damit sind wir bei unserm nächsten Beispiel, den Namen der sieben Wochentage. Die Einteilung des Kalenders in Siebentage-Wochen gab es anfangs weder bei den Griechen noch bei den Römern. Eingeführt wurde sie offenbar von den Babyloniern, die die Wochentage bereits nach den damals bekannten Planeten benannten. ‹Planet› heißt ‹Wandelstern›. Davon gab es aus geozentrischer Sicht für die damaligen Astronomen insgesamt sieben: Sonne, Mond, Mars, Merkur, Jupiter, Venus und Saturn. Wie die Babylonier so benannten auch die Griechen und Römer die Planeten nach ihren Hauptgöttern. Als die Germanen die Kalendereinteilung von den Römern übernahmen, ersetzten sie nur die lateinischen Namen durch germanische Entsprechungen. Bei den Tagen der Sonne und des Mondes lagen die Entsprechungen auf der Hand. Der dritte Tag der Woche war dem Kriegsgott Mars gewidmet, wie die romanischen Sprachen noch heute erkennen lassen. So heißt der Dienstag bei den Franzosen *mardi*, bei den Italienern *martedì* und bei den Spaniern *martes*. Der germanische Kriegsgott war Tiu, dessen Name durch die hochdeutsche Lautverschiebung zu Ziu wurde, weshalb der Dienstag im Englischen *Tuesday* und im Mittelhochdeutschen *ziestac* hieß. Da Ziu der Schutzpatron der Ratsversammlung, des so genannten Thing war, wo ‹Dinge›, d.h. Streitsachen, verhandelt wurden, nannten die Deutschen den Tag auch ‹Dingstag›, was zu Dienstag wurde. Beim vierten Wochentag gingen die Deutschen einen anderen Weg. Dieser Tag war dem Merkur gewidmet (frz. *mercredi*), als dessen Entsprechung die Germanen ihren Wodan (deutsch Wotan) ansahen. Wodan hatte seinen Vorgänger Tiu als Hauptgott abgelöst und war deshalb den christlichen Missionaren ein Dorn im Auge. Um bei den frisch bekehrten Deutschen jede Erinnerung an ihren heidnischen Hauptgott auszulöschen, ersetzten sie den ‹Wotanstag› durch den unverfänglichen Mittwoch. In England, wo die Christianisierung auf geringeren Widerstand stieß, sah die Kirche keine Notwendigkeit, den *Wednesday* umzubenennen. Auch der fünfte Wochentag hat im Englischen einen anderen Namen als im Deutschen, doch rührt das nur daher, dass der Wettergott Thor als germanische Entsprechung des Jupiter (vgl. frz. *jeudi*; ital. *giovedì*) den Beinamen Donnerer hatte. So nannten die Angelsachsen den Jupitertag *Thursday* und die Deutschen ‹Donnerstag›. Beim Venustag (frz. *vendredi*, ital. *venerdì*) waren beide Sprachen wieder eins mit den Namen *Friday* und ‹Freitag›, benannt nach Freya, der germanischen Entsprechung von Venus. Beim Samstag kam es zur zweiten Abweichung. Dieser Tag war dem römischen Saturn gewidmet, der als Fruchtbarkeitsgott bei den Germanen soviel Anklang fand, dass sie ihn in ihren Pantheon aufnahmen und ihm zu Ehren heidnische Feste feierten. Da die Saturnalien nicht nur wegen ihrer sinnlichen Exzesse von den Christen als unmoralisch empfunden wurden, sondern als Fest der Wintersonnenwende auch noch zeitlich in Konkurrenz zum Weihnachtsfest standen, haben die Missionare in Deutschland auch den ‹Saturnstag› aus dem Kalender entfernt und durch ‹Sonnabend› bzw. ‹Sabbathtag› ersetzt. Für den zweiten Namen wurde die vulgärgriechische Form *sambaton* gewählt, woraus sich das heutige Samstag und das französische *samedi* entwickelten. Auch in diesem Falle sahen die Missionare bei den Angelsachsen keinen Grund, den Saturntag umzubenennen, und so haben die Engländer bis heute ihren *Saturday*.

Auf ferne Länder, z.T. sogar außerhalb Europas, verweisen manche Wörter, bei denen man das kaum vermuten würde. Wer würde ahnen, dass das Kupfer, englisch *copper*, seinen Namen von der Insel Zypern hat, die im Altertum der Hauptlieferant dieses Metalls war? Oder dass ‹Pfirsich›, englisch *peach*, auf lateinisch *persicus* zurückgeht, was ‹der Persische› heißt und die Herkunft der Frucht anzeigt. Ebenfalls aus dem Persischen kommt der Name der Orange, die im Deutschen auch ‹Apfelsine›, d.h. ‹chinesischer Apfel›, heißt. Das Englische übernahm den französischen Namen *orange*, der auf das persische *narang* zurückgeht, woraus über arabisch *narandsch* das spanische *naranja* wurde. Im Italienischen heißt die Frucht *arancia*. Hier ist wie im Französischen das n geschwunden, da es von den Sprechern offenbar als Teil des unbestimmten Artikels empfunden wurde. Aus dem Orient stammt auch die Kirsche, lateinisch *cerasus* und griechisch *kerasion*, woraus englisch *cherry* wurde. Allerdings scheint erwiesen, dass die Stadt Kerasus am Südufer des Schwarzen Meers, die als Herkunftsgebiet der Frucht gilt, erst nachträglich wegen ihrer ausgedehnten Kirschwälder so benannt wurde. Einen großen Umweg scheint das Wort ‹Aprikose› genommen zu haben. Es geht auf lateinisch *praecox*, ‹frühreif› zurück, scheint aber seinen Anfangsvokal durch das arabische *albarkok* bekommen zu haben, das im italienischen *albercocco* noch deutlicher zu erkennen ist. Auf die römische Herkunft zahlreicher technischer, landwirtschaftlicher und kulinarischer Begriffe wurde bereits im Zusammenhang mit den lateinischen Lehnwörtern eingegangen.

Kulturhistorisch aufschlussreich sind auch solche sprachlichen Prozesse, die zur Auf- oder Abwertung eines Begriffs führten. So bezeichnete das altenglische Wort *ceorl* ursprünglich im positiven Sinn einen freien Mann, während das daraus entstandene *churl* später die Bedeutung ‹ungehobelter Kerl› annahm. Umgekehrt wurde das Wort *cwena*, das ursprünglich nur ‹Frau› bedeutete, zum heutigen *queen* aufgewertet, während das etymologisch identische *quean*, ‹leichtes Mädchen, Flittchen›, mit anderer Schreibweise eine abwertende Bedeutung annahm. Eine Abwertung liegt auch in dem Wort *lewd* vor, das heute ‹lüstern, unkeusch› heißt. Ursprünglich bezeichnete es nur die Nichtzugehörigkeit zum Klerus. Deshalb wird ein etymologischer Zusammenhang mit lateinisch *laicus*, ‹Laie›, vermutet. Durch Bedeutungsübertragung entstand das Wort *girl* für ‹Mädchen›, das eigentlich ‹Stütchen› heißt; denn es geht wie das deutsche Wort ‹Göre› auf eine Bezeichnung für Stute zurück. Aufschlussreich ist die Etymologie von *Lord* und *Lady*. *Lord* kommt von altenglisch *hlaford*, was aus *hlæf* (*loaf*, ‹Brotlaib›) und *ward*, ‹Wächter›, zusammengesetzt ist. In *Lady*, das sich aus *hlæfdije* entwickelt hat, steckt ebenfalls das Wort für Brotlaib und als zweites Element ein mit *dough*, ‹Teig›, verwandtes Wort, so dass die ursprüngliche Bedeutung ‹Brotkneterin› ist. Eine semantische Aufwertung erfuhr das heutige *nice*, das auf lat. *nescius*, ‹unwissend›, zurückgeht. Demgegenüber ist *silly*, ‹töricht›, das Ergebnis einer Abwertung; denn es kommt von *saelig*, ‹selig›. Einen ähnlichen Hintergrund haben *dizzy* und *giddy*. Beide Wörter bedeuten heute ‹schwindlig›. Doch in *giddy* steckt *god* und in *dizzy* wahrscheinlich die indogermanische Wurzel von griech. *theos*, was ebenfalls ‹Gott› bedeutet, so dass beide Wörter die Bedeutung ‹von Gott besessen› hatten. Wenn die genannte Etymologie von *dizzy* zutrifft, was nicht sicher ist, dann hätte auch das deutsche ‹Dusel› die ursprüngliche Bedeutung ‹das Gottgegebene›. Eine Aufspaltung der Bedeutung wie bei *queen* und *quean* liegt auch bei den etymologisch identischen Wörtern *villein* und *villain* vor. Das erste bedeutet ‹Dorfbewohner im Sinne von Höriger, Leibeigener›, das zweite dagegen ‹Schurke›.

Villein gehört zu den Worten, die durch den Feudalismus in die englische Sprache gelangt sind. Schon der Name dieser soziopolitischen Institution ist aufschlussreich. Als Abstraktum kam das Wort erst im 18. Jahrhundert auf, während das französische *feodal* und das mittellateinische *feudum* im Mittelalter entstanden. *Feudum* ist die latinisierte Form eines fränkischen Wortes, das mit dem deutschen ‹Vieh› und dem englischen *fee* identisch ist. Alle drei haben die gemeinsame Bedeutung ‹Besitz›, wobei *feudum* die Grundeinheit des Lehnsbesitzes, ‹Vieh› die ursprünglichste Form von Besitz und *fee* die Geldabgabe bezeichnet, die der Lehnsmann an den Lehnsherrn zu zahlen hatte. Wie eng die Vorstellung von Vieh und Geld zusammengehören, lässt sich bereits an dem lateinischen Wort *pecunia* ablesen, das auf *pecus* zurückgeht, was nicht nur ‹Vieh› bedeutet, sondern mit diesem Wort etymologisch identisch ist. Auch das heutige englische Wort für Vieh, *cattle*, das auf mittellateinisch *capitale* zurückgeht, weist diesen Zusammenhang auf. Das gleiche Wort, nur in einer zentralfranzösischen Form, existiert als *chattles* und ist seit der Feudalzeit das juristische Fachwort für bewegliches Eigentum. Mit einer feudalen Form von Besitz hat auch das Wort *farm* zu tun, das über das Französische auf das lateinische *firma* zurückgeht. Eine Farm war ursprünglich ein Bauernhof, der vom Lehnsherrn gegen eine feste jährliche Abgabe einem Landwirt überlassen war.

Auch wenn eine einzelne erkannte Etymologie noch keine besondere Einsicht, sondern nur das kleine Aha-Erlebnis befriedigter Neugier vermittelt, ist es doch nicht uninteressant, hinter den Wörtern tiefere Zusammenhänge oder wenigstens die menschliche Fantasie zu entdecken. So geht z.B. das englische *daisy* für ‹Gänseblümchen› auf *day's eye* zurück. Die Blume wurde ‹Auge des Tags› genannt, weil sie sich abends schließt. Hinter dem englischen *stirrup* vermuten deutsche Lerner oft die Sporen des Reiters, weil sie das Wort auf *to stir up* (‹aufhetzen›) zurückführen. Es ging aber aus *stijrop* hervor und bedeutet ‹Stegreif, Steigbügel›. Da *rope* keinen ‹Reifen›, sondern ein Seil bezeichnet, ist anzunehmen, dass die verbreitetste Form des Steigbügels kein metallener Bügel, sondern eine Seilschlinge war. Kulturhistorisch aufschlussreich ist auch ein Vergleich des deutschen Wortes ‹Kerze› mit dem bedeutungsgleichen englischen *taper*. ‹Kerze› geht auf lat. *carta* zurück; denn Kerzen wurden durch das Rollen von wachsgetränktem

Papier hergestellt. Deshalb überrascht es nicht zu erfahren, dass *taper* aus einer so genannten Dissimilation der beiden p-Laute in *papyrus* entstand. Bei ‹Kartoffel› und *potato* wird man eine gemeinsame Wurzel kaum vermuten. Hier kommt der Unterschied dadurch zustande, dass die Deutschen die Kartoffel über den spanischen Einfuhrweg unter einem italienischen Namen kennenlernten, nämlich als *taratopholi*, was eigentlich Trüffel bedeutet. Aus den ‹Tartuffeln› wurden im 18. Jahrhundert ‹Kartoffeln›. Die Länder, zu denen die indianische Frucht auf dem englischen Einfuhrweg gelangte, gaben ihr Namen, die nach dem Inka-Wort *papas* gebildet waren.

Leser, deren detektivischer Sinn bereits durch unsern Durchgang durch die Sprachgeschichte geweckt wurde, werden keine große Mühe haben sich zu erklären, woher das englische Wort *bird* für ‹Vogel› kommt. Das der gemeinsamen Wurzel entstammende Wort *fugol* wurde zu *fowl* und bedeutet heute größere jagdbare Vögel und Geflügel. *Bird* dagegen bezeichnete ursprünglich die junge ‹Brut›, wobei das r wie bei *burn*, ‹brennen›, umgestellt wurde. Bei dem Wort *dirge*, ‹Totenklage› hilft aber auch der detektivische Scharfsinn nicht weiter. Hier muss man wissen, dass es der Anfang eines Antiphons aus der lateinischen Totenmesse ist: *Dirige, Domine, deus meus, in conspectu tuo viam meam* (Leite, o Herr mein Gott, meinen Weg in deinem Angesicht). Auch bei dem Wort *to assassinate*, ‹aus dem Hinterhalt ermorden›, lässt sich die Bedeutung nicht aus der Lautgeschichte erraten. Es kam erst im 17. Jahrhundert auf, als fanatische Moslems Christen ermordeten und sich zu diesem Zweck mit Haschisch aufputschten, weshalb man sie *assassins*, d. h. ‹Haschischesser›, nannte nach arabisch *hashshashin*. Einen fremdsprachlichen Ursprung wird man vielleicht auch bei *wanton*, ‹munter, lüstern, geil›, vermuten. Tatsächlich geht es aber auf ein altenglisches *wantogen* zurück, was soviel heißt wie ‹vom Wahn gezogen›.

Als sich im 16. Jahrhundert die so genannten Orthoepisten daran machten, die englische Rechtschreibung zu standardisieren, bewiesen sie zuweilen ähnliche Unkenntnis der Etymologie wie in jüngster Zeit die Reformer der deutschen Rechtschreibung. So wurde bei uns in ‹rauh› das h getilgt, so dass heute niemand mehr verstehen kann, wieso Pelzwaren als Rauchwaren bezeichnet werden und weshalb das englische *rough* am Ende ein gh hat.

Ähnlich gut gemeint, doch etymologisch falsch war die Schreibung *island*, die die englischen Reformer für *ejland* (Eiland, Insel) einführten. Da an die Stelle des angelsächsischen *ej* (Ei) das skandinavische *egg* getreten war, erkannte man die ursprüngliche Bedeutung von Eiland nicht mehr und führte das Wort auf französisch *isle* und damit auf lateinisch *insula* zurück. Wenn schon die Gelehrten die Etymologie ihrer Sprache nicht durchschauten, kann es erst recht nicht verwundern, wenn sich das gemeine Volk unbekannte Wörter so zurechtbog, dass sie in das vertraute Bild der Muttersprache passten. Volksetymologie nennt man solche falschen Erklärungen fremder Wörter. So haben die Deutschen aus dem norwegischen *fjeldfross*, ‹Bergkater›, einen Vielfraß gemacht und aus einer griechischen Amphore, die etwas ‹beidseitig zu Tragendes› bezeichnet, über *ambora* und *eimber* einen einhenkligen ‹Eimer›, weil man glaubte, es käme von *ein-beran*, d.h. ‹einhändig zu tragen›. Das jüngste Beispiel von Volksetymologie ist gerade im Gange; denn immer mehr Deutsche sprechen das Wort ‹ausgepowert› (von französisch *pauvre*, ‹arm›) so aus, als käme es vom englischen *power.* Das gleiche Phänomen gibt es auch im Englischen. Hier wurde *asparagus* vom Volk als *sparrow-grass*, ‹Spatzengras›, bezeichnet, auch wenn sich der lateinische Name für Spargel schließlich durchsetzte. Das aus dem Germanischen entlehnte französische *écrevisse* (von althochdeutsch *krebiz*, ‹Krebs›) verwandelte sich im Englischen in *crayfish*, was durch die Wasserumwelt des Krebses nahegelegt wurde. In der Bibel geht der Erschaffung der Frau der Satz voraus: *I will make him a help meet for him.* ‹Ich will ihm (Adam) eine Hilfe erschaffen, die zu ihm passt.› In *meet* steckt der etymologische Wortstamm von ‹angemessen›. Die Engländer machten daraus *helpmate*, was ihnen ihrerseits angemessener erschienen sein muss, da *mate* die Bedeutung ‹ständiger Begleiter› hatte. Manchmal wird durch ein etymologisches Missverständnis sogar die Bedeutung eines Wortes verändert. So hatte *auburn* ursprünglich die Bedeutung ‹gelblich-weiß›, da es von lateinisch *alburnus* hommt. In der französischen Schreibung kam es aber vielfach zu einer Umstellung des r, also zu *abrun*, so dass das Wort mit der Zeit die Bedeutung ‹goldbraun› annahm, wobei das Wort *burnish* für ‹polieren› mitgeholfen haben mag.

Auch ohne Volksetymologie kam es des öfteren zu Wortveränderungen, die dann ihre etymologische Wurzel nicht mehr erkennen lassen. Wer heute das Wort *glamour* hört, denkt an Hollywood und seine spärlich bekleideten Schönen, doch wohl kaum an ehrwürdige Mitglieder einer Universität. Tatsächlich entstand das Wort aber als eine Variante zu *grammar*, ‹Grammatik›. Schon im Spätmittelalter gab es in Cambridge den Titel *magister glomeriae*. In seiner heutigen Bedeutung von Zauber und magischer Anziehungskraft wurde das Wort aber erst durch Sir Walter Scott in Umlauf gebracht. Selbst bei so alltäglichen Wörtern wie *goodbye* sind sich die wenigsten, nicht einmal die englischen Muttersprachler, bewusst, dass es ursprünglich *God be with you*, ‹Gott sei mit dir›, heißt.

Bei nicht wenigen Wörtern ist die Etymologie ungeklärt und wird es wohl auch bleiben. Das gilt erstaunlicherweise sogar für solche, die noch sehr jung sind. So kam das Verb *to peter out* für ‹zur Neige gehen› offenbar erst im frühen 19. Jahrhundert auf, wo es bei Minenarbeitern in den USA belegt ist. Möglicherweise stammt es ursprünglich aus der Seefahrt, wo ein auslaufendes Schiff eine als *blue Peter* bezeichnete Flagge hisste. So könnte das Verschwinden des Schiffes am Horizont als *petering out* bezeichnet worden sein. Doch einen Beleg dafür oder für eine andere Deutung scheint noch niemand gefunden zu haben.

Einen unmittelbaren Bezug zur Kultur haben die Familiennamen, da es sich bei ihnen nicht um gewöhnliche Wörter handelt, die schon in grauer Vorzeit mit festen Bedeutungen belegt waren, sondern um Bezeichnungen, die erst im Spätmittelalter aufkamen, auch wenn es sich dabei um ererbtes Sprachmaterial handelt. Die große Masse der Familiennamen lässt sich in vier Gruppen einteilen, in topographische Herkunftsnamen, Verwandtschaftsnamen (in der Regel Patronyme), Spitznamen, die aus persönlichen Eigenheiten hervorgingen wie Little, Young, Fox usw. und Berufsbezeichnungen. In unserem Zusammenhang sollen nur die letzteren betrachtet werden. Wie im Deutschen so gibt es auch im Englischen Namen, die auf die verbreitetsten Berufe des Mittelalters zurückgehen. Das sind vor allem Smith (Schmidt, Schmitz), Miller (Müller), Carpenter (Zimmermann), Cartwright (Stellmacher, Wagner), Wheelright (Rademacher), Cooper (Böttcher), Mason (Maurer), Cook (Koch), Hunter (Jäger), Sheppard (Schäfer), Chapman (Kaufmann, Krämer), Taylor (Schneider), Webster

(Weber) und andere mehr. In der großen Zahl dieser alten Berufsnamen gibt es im Englischen aber zwei, deren etymologische Entsprechung im Deutschen selten ist. Es sind die Namen Fuller und Walker, die den Beruf des Walkers bezeichnen. Das Walken, das dem Wollstoff durch absichtliche Verfilzung ‹Fülle› gibt, wurde deshalb meist als *fulling* bezeichnet. England, das seit dem frühen Mittelalter eine stetig expandierende Wollproduktion hatte, produzierte in Heimarbeit und in Manufakturen einen in ganz Europa geschätzten Wollstoff, das *broadcloth*, das sich durch hohe Strapazierfähigkeit auszeichnete, eben weil es durch den Prozess des Walkens zu einem dichten Tuch verfilzt wurde. Kein Wunder also, dass es in England eine Menge Fullers und Walkers gibt.

Wir könnten unsere kulturhistorische Spurenlese noch lange fortsetzen. Dass sich hinter dem englischen *town* das deutsche ‹Zaun› verbirgt, dass *team* mit ‹Zaum› identisch ist und ‹Gespann› bedeutet, dass *cup* das deutsche ‹Kopf› ist, was diesen zur ‹Hirntasse› macht, dass in *body* (Körper) ‹Bottich› steckt und dass *curfew*, ‹Abendglocke, Sperrstunde›, von französisch *couvrefeu*, ‹bedecke das Feuer›, kommt, alles dies und vieles mehr sind kleine Erleuchtungen, die einen nicht unbedingt klüger machen, die aber alle zusammen ein Mosaik der in der Sprache abgelagerten Kulturgeschichte sichtbar werden lassen. Außerdem zählt das Aufspüren von Etymologien, wie dem Verfasser vielfach bestätigt wurde, zu den süchtig machenden Zeitvertreiben. Wer ein etymologisches Wörterbuch erst einmal aufschlägt, legt es so bald nicht aus der Hand. Zudem ist jede erkannte Etymologie für den Lerner eine Eselsbrücke, die das betreffende Wort mit dem schon bekannten Wortschatz verbindet; und das Aha-Erlebnis des Durchschauens sorgt dafür, dass das Wort mit seinen Verknüpfungen im Gedächtnis bleibt.

Geburt einer modernen Grammatik

Deutsche Studenten der Anglistik, die an einer englischen Universität studierten, werden die Erfahrung gemacht haben, dass ihnen die Lektüre altenglischer Texte aus dem achten bis elften Jahrhundert leichter fiel als ihren englischen Kommilitonen. Kein Wunder; war das Angelsächsische doch eine rein germanische Sprache mit dem gleichen Flexionssystem, das wir in etwas abgeschliffener Form noch heute im Deutschen haben. Als nach 1066 das Angelsächsische vom Französischen der normannischen Eroberer überlagert wurde, bildete sich innerhalb von etwas mehr als hundert Jahren eine neue Sprache aus, das Mittelenglische, das mit der früheren Landessprache nur noch wenig gemein hat, dafür aber dem heutigen Englisch so ähnlich ist, dass Engländer, wenn auch mit einiger Mühe, ihren mittelenglischen Klassiker Chaucer durchaus lesen können, was ihnen bei dem altenglischen Epos *Beowulf* schwerlich gelingen wird. Das Mittelenglische hatte sich vom Altenglischen so weit entfernt, dass seitdem – wie schon mehrfach betont – die Frage berechtigt ist, ob Englisch noch eine germanische Sprache ist. Zwar machten die germanischen Wörter im alltäglichen Sprachgebrauch weiterhin die Mehrheit aus, doch zahlenmäßig waren sie im Gesamtwortschatz neben den Wörtern französischen und lateinischen Ursprungs in der Minderheit, woran sich bis heute nichts geändert hat, außer dass der germanische Anteil noch weiter zurückgegangen ist. Am einschneidendsten waren aber die Veränderungen auf dem Gebiet der Grammatik. Das Angelsächsische hatte wie das Althochdeutsche und in etwas abgeschliffener Form auch noch das heutige Hochdeutsch drei grammatische Geschlechter und ein voll ausgebautes Flexionssystem, das die grammatische Funktion von Substantiven, Adjektiven, Pronomina und Verben durch Endungen markierte. Das ‹Beugen› dieser Wortarten, das man bei den ersten dreien ‹Deklinieren› und bei der vierten ‹Konjugieren› nennt, lernen deutsche Kinder in ihrer Muttersprache intuitiv, während sie es im Lateinunterricht als eine schikanöse Erfindung der alten Römer empfinden. Von all dem ist im heutigen Englisch nur noch ein spärlicher Rest geblieben.

Vom Geschlechtswort zum Determinator

Die drei grammatischen Geschlechter oder *genera* (lat. *genus* = Geschlecht), die man auf Englisch im Unterschied zu *sex* als *gender* bezeichnet, waren nach der Herausbildung des mittelenglischen Sprachamalgams weitgehend geschwunden. Alle Substantive hatten jetzt den gleichen Artikel, und mit Ausnahme derjenigen, die Lebewesen mit natürlichem Geschlecht bezeichnen, wurden alle als Neutrum behandelt. Bei den Personifizierungen muss man allerdings wissen, ob der betreffende Gegenstand im Englischen als männlich oder weiblich gedacht wird. Als weiblich werden poetische Abstrakta wie *Liberty* (Freiheit), *Nature* und *Peace* (Frieden) sowie bei literarischer Verwendung auch die Namen von Ländern konstruiert. Für eine Seefahrernation ist bezeichnend, dass sie nicht nur dem Mutterland England, sondern auch allen Schiffen weibliches Geschlecht zuschreibt. Auch andere Fahrzeuge wie Busse und Flugzeuge werden als *she* (sie) betrachtet. Wenn ein Brite seinem Auto bei stotterndem Motor gut zuredet, sagt er zu ihm: *Come on, old lady*. Männlich werden in der Poesie die Sonne, große Flüsse und Berge sowie die Abstrakta Tod, Liebe, Zeit und Krieg konstruiert.

Im Deutschen erkennt man das Geschlecht eines Wortes am Artikel, weshalb dieser als Geschlechtswort bezeichnet wird. Im Englischen haben alle Wörter, auch diejenigen mit einem natürlichen männlichen oder weiblichen Geschlecht, den gleichen Artikel, entweder den bestimmten *the* oder den unbestimmten *a*, der vor Vokalen aus Gründen der leichteren Aussprechbarkeit zu *an* erweitert wird. Aus dem gleichen Grund wird *the* vor Vokalen mit einem i-Laut gesprochen, während es sonst den für das Englische charakteristischen *schwa*-Laut hat. Da der Artikel nicht mehr das Geschlecht anzeigt, ist eine zweite grammatische Funktion in den Vordergrund getreten, die er auch im Deutschen, doch in weniger ausgeprägter Form, hat, die des Determinators. Determinatoren sind Wörter, die ein Nomen begleiten und dieses näher bestimmen. So gibt in ‹der König› der Artikel an, dass ein bestimmter König oder der König als solcher gemeint ist, weshalb ‹der› als bestimmter Artikel bezeichnet wird. ‹Ein König› dagegen bezeichnet einen beliebigen, nicht näher bestimmten aus einer größeren Zahl. Deshalb ist ‹ein› ein unbestimmter Artikel. Als Determinator fungieren aber auch Wörter, die – grammatisch unzutreffend – als Demonstrativpronomen bezeichnet werden. In ‹dieser König› und ‹jener König› stehen ‹dieser› und ‹jener› nicht stellvertretend für das Nomen. Sie sind also keine Pro-nomina, sondern sie bestimmen als Determinatoren, welcher König gemeint ist bzw. wo er sich im grammatischen Bezugssystem befindet, wobei ‹dieser› das nähere und ‹jener› das fernere Nomen bezeichnet. Auch die Possessivpronomina haben vor dem Nomen nicht die Funktion von Pronomina, sondern von Determinatoren.

Alles bisher Gesagte gilt für das Deutsche und das Englische gleichermaßen. Auch im Englischen ist *the king* ein bestimmter König oder der König schlechthin und *a king* ein unbestimmter beliebiger König, was die Gesamtheit aller Könige einschließt. Da aber die Artikel keine Geschlechtsbezeichnung mehr enthalten, steht ihre Funktion als Determinator stärker im Vordergrund. Das hat zur Folge, dass auch die Abwesenheit des Artikels eine andere Rolle spielt. Bei Sammelbegriffen, Abstrakta und Stoffbezeichnungen, die eine Gesamtheit bezeichnen, erübrigt sich die Unterscheidung zwischen bestimmt und unbestimmt. Im Deutschen steht dennoch in der Regel ein Artikel, weil durch ihn das Geschlecht bezeichnet wird. Im Englischen fehlt er dagegen, weil es nichts zu determinieren gibt. In Sätzen wie ‹Das Königtum (oder die Königswürde) bedeutet ....› steht im Deutschen der bestimmte Artikel. Im Englischen muss er weggelassen werden, es sei denn, dass es sich um eine bestimmte Königswürde handelt. Deshalb heißt es: *Kingship is a form of government*, ‹das Königtum ist eine Regierungsform›, aber *The kingship of Britain differed widely from that on the continent.* ‹Das Königtum von Britannien unterschied sich wesentlich von dem auf dem Kontinent›. Wenn aber die Basis des Vergleichs, nämlich das Königtum ganz allgemein, betont werden soll, sagt man: *In Britain, kingship was different from what it was on the continent.* ‹In Britannien war das Königtum anders als auf dem Kontinent›. Weitere Besonderheiten im Gebrauch des Artikels werden wir im Zusammenhang mit den Stolpersteinen der englischen Grammatik betrachten.

Der Fall der Fälle

Noch viel mehr als das Verschwinden des grammatischen Geschlechts hat das Verschwinden der Flexionsendungen zur Vereinfachung des Englischen beigetragen. Bis zur normannischen Eroberung hatte das Englische wie das Deutsche ein hochkompliziertes Flexionssystem sowohl bei Substantiven und Pronomina wie bei Verben. Zwar war es nicht ganz so kompliziert wie im Lateinischen; denn dort gab es bei Substantiven sechs Deklinationsklassen mit jeweils fünf bis sechs Fällen im Singular und im Plural, was insgesamt über 60 Endungen ausmachte. Doch im Deutschen müssen sich Ausländer noch heute mit einer starken, einer schwachen und einer gemischten Beugung der Hauptwörter herumschlagen. Da hier auch noch die Artikel der drei Geschlechter und die attributiv verwendeten Adjektive durch vier Fälle gebeugt werden, addiert sich das alles zu einer staatlichen Anzahl von Endungen, die das Deutsche zu einer nicht leicht zu lernenden Sprache machen. Selbst wenn viele Endungen identisch sind, muss man zumindest lernen, wo die Endung sich ändert und wo nicht. Zudem muss man beim Deutschen auch noch lernen, ob der Plural mit einem Umlaut oder ohne einen solchen gebildet wird.

Im Englischen gibt es seit der Verschmelzung des Angelsächsischen mit dem Französischen außer der Grundform nur noch zwei Substantiv-Endungen, das Genitiv-s und das Plural-s. Beim Genitiv-s, das nur bei Personen und in beschränktem Umfang bei personalisierbaren Sachen zum Einsatz kommt, ist sogar fraglich, ob es sich hier überhaupt um eine Flexionsendung handelt; denn das s wird nicht immer direkt mit einem Apostroph an das betreffende Substantiv, sondern manchmal an das Ende einer zusammenhängende Phrase angehängt. So heißt es z.B. *the queen of England's throne*. Hier gehört die Endung eigentlich zu *queen*, wird aber als eine besitzanzeigende Markierung an das Ende des zusammengehörigen Ausdrucks *queen of England* gehängt. Der Status des Genitivs als eines echten Falls wird zudem dadurch in Frage gestellt, dass das Kasus-s nur bei Personen und personalisierten Sachen angewendet wird, während bei allen übrigen Substantiven die Genitivfunktion analog zum Französischen durch *of* ausgedrückt wird. So heißt es zwar

	the child's doll (die Puppe des Kindes)
aber	*the hair of the child's doll* (das Haar der Puppe des Kindes)

Das **Plural-s** ist allerdings ein echtes Überbleibsel des alten Flexionssystems. Doch es gilt für alle einstigen Deklinationsklassen und für alle vier Fälle. Die einzigen Ausnahmen sind einige wenige Substantive, die noch wie früher den Plural mit einem Umlaut, endungslos oder mit einer Endung auf -n bilden:

mouse	(Maus)	–	*mice*	*ox*	(Ochse)	–	*oxen*
louse	(Laus)	–	*lice*	*child*	(Kind)	–	*children*
goose	(Gans)	–	*geese*	*sheep*	(Schaf)	–	*sheep*
foot	(Fuß)	–	*feet*	*man*	(Mann)	–	*men*
tooth	(Zahn)	–	*teeth*	*woman*	(Frau)	–	*women*

Bei den Pronomina gibt es außer dem Genitiv noch eine zweite Kasusmarkierung für das, was einst der Dativ und der Akkusativ war.

I	Ich	*we*	wir
my/mine	mein/s	*our/ours*	unser/s
me	mir	*us*	uns
me	mich	*us*	uns
you	du	*you*	ihr
your/yours	dein/s	*your/yours*	euer/s
you	dir	*you*	euch
you	dich	*you*	euch

he	er	*she*	sie	*it*	es	*they*	sie
his	sein(s)	*her/s*	ihr/s	*its*	sein/s	*their/theirs*	ihr/s
him	ihm	*her*	ihr	*it*	ihm	*them*	ihnen
him	ihn	*her*	sie	*it*	es	*them*	sie

Das lässt zumindest erkennen, dass es im Englischen noch so etwas wie einen Fall gibt, der anzeigt, dass ein Wort nicht im Nominativ, sondern in einem sogenannten *casus obliquus*, einem abhängigen Fall, gebraucht wird.

Im Deutschen sind wir gewohnt, dass Wörter in drei verschiedenen Fällen abhängig sein können.

Genitiv:	Ich gedenke des Tages / seiner
Dativ:	Ich danke meinen Eltern / ihnen
Akkusativ:	ich lese den Brief / ihn

Wichtig ist die Unterscheidung der Fälle vor allem dort, wo mehrere Objekte auf unterschiedliche Weise von einem Prädikat abhängig sind, wie z. B.

> Mein Freund schrieb mir den Brief.
> Er schrieb ihn mir / Mir schrieb er ihn / Ihn schrieb er mir.

Wer mir und mich verwechselt, gilt bei uns als ungebildet; denn die Unterscheidung zwischen Akkusativ und Dativ ist für die Verständigung unerlässlich. Entbehrlicher ist da schon der Genitiv. Statt ‹ich gedenke seiner› sagen die meisten ‹ich denke an ihn›. Im Englischen ist fraglich, ob man überhaupt von einem Dativ sprechen kann. Streng genommen gibt es nur einen, noch dazu unmarkierten Fall, einen einheitlichen *casus obliquus*, der durch Hinzufügen von *of* oder *to* die Funktion übernimmt, die im Deutschen der Genitiv oder Dativ hat.

> Viele gedachten der furchtbaren Tragödie.
> *Many thought of the terrible tragedy.*
>
> Reiche Bürger gaben der Stadtbücherei Geld.
> *Rich citizens gave money to the local library.*

Den zweiten Satz kann man im Englischen auch so formulieren:

> *Rich citizens gave the local library money.*

Hier empfindet der deutsche Leser *the local library* als Dativ. Im Passiv würde der deutsche Satz lauten:

> Der Stadtbücherei wurde von reichen Bürgern Geld gegeben.

Im Englischen gibt es dafür zwei Übersetzungen:

> *Money was given to the local library by rich citizens.*
> *The local library was given money by rich citizens.*

Äußerlich beginnt der zweite Satz wie der deutsche. Doch dort steht die Stadtbücherei im Dativ, im Englischen dagegen im Nominativ. Im Englischen lässt sich das vermeintliche Dativobjekt ebenso wie das Akkusativobjekt zum Subjekt des Passivsatzes machen, was im Deutschen nicht möglich ist. Deshalb haben neuere Grammatiken den Begriff ‹Dativobjekt› im Englischen ganz aus dem Verkehr gezogen. Sie nennen es statt dessen ‹indirektes› oder ‹persönliches Objekt›. An der zweifachen Möglichkeit der Passivierung des englischen Satzes erkennt man, dass es in dieser Sprache eigentlich nur einen *casus obliquus* gibt.

Auch das vermeintliche Genitivobjekt im ersten Beispielsatz ist nur ein mit einer Präposition angeschlossener Einheitskasus, wie ihn alle anderen Präpositionen auch haben, so dass auch hier die Umwandlung in ein Passivsubjekt möglich ist:

The terrible tragedy was thought of by many.

Damit dürfte klar geworden sein, dass sich das traditionelle System der vier Fälle im Englischen aufgelöst hat und dass an seine Stelle ein Zwei-Fall-System getreten ist, wobei der zweite Fall bei Substantiven nicht einmal markiert wird, sondern nur an der Satzstellung zu erkennen ist. Die Pronomina scheinen zwar nahezulegen, dass es als weiteren Fall noch den Genitiv gibt. Doch die Genitivformen können nur als Possessivpronomina, nicht wie im Deutschen als Genitivobjekte verwendet werden. An deren Stelle steht im Englischen die mit *of* angeschlossene Objektform.

Er gedachte seiner / ihrer / unser.
He thought of him / them / us.

Mit dem fast vollständigen Wegfall der Fälle entfällt auch das Problem, das Ausländern beim Lernen des Deutschen die größten Schwierigkeiten macht, nämlich die Abstimmung der Endungen bei Artikeln, Adjektiven und Substantiven. Dass es ‹mit groß*em* Aufwand›, aber ‹mit ein*em* groß*en* Aufwand› heißt, kann einen Lerner an der Aufwändigkeit der deutschen Grammatik schier verzweifeln lassen.

Syntaktische Ersatzstrategien

Das komplizierte Flexionssystem, das die englische Sprache abgelegt hat, war nicht der sinnlose Wildwuchs einer primitiven Sprache, sondern diente der Vermeidung von Missverständnissen. Im Deutschen können wir leicht nachprüfen, wie sehr die Flexionsendungen die Verknüpfung von Wörtern erleichtern. Der beliebte Beispielsatz «Der Hund biss den Briefträger ins Bein» besteht aus sieben Wörtern, von denen zwei als Artikel und eins als Präposition plus Artikel fest an Substantive gebunden sind, so dass wir es mit vier Elementen zu tun haben. Diese lassen sich auf die verschiedensten Weisen verknüpfen, je nachdem worauf die Betonung gelegt werden soll. Jede der folgenden Fragen zwingt zu einer veränderten Anordnung der Wörter unseres Satzes:

Wer biss den Briefträger ins Bein?
    Der Hund biss den Briefträger ins Bein.

Wen biss der Hund ins Bein?
    Den Briefträger biss der Hund ins Bein.

Wohin biss der Hund den Briefträger?
    Ins Bein biss der Hund den Briefträger.

oder: Ins Bein biss den Briefträger der Hund.

In jedem der vier Sätze bleibt die syntaktische Beziehung der Elemente zueinander die Gleiche. ‹Der Hund› ist das Subjekt, ‹der Briefträger› das Objekt, ‹biss› das Prädikat und ‹ins Bein› ein zweites präpositionales Objekt, das man auch als Umstandsbestimmung bezeichnen könnte, da es die Zielrichtung des Beißens angibt. Diese syntaktischen Funktionen erkennen wir in jedem der Sätze nur deshalb, weil es ‹der Hund› und nicht ‹den Hund›, ‹den Briefträger› und nicht ‹der Briefträger›, ‹ins Bein› und nicht ‹im Bein› heißt. Obwohl die drei beteiligten Substantive selber keine Endungen haben, wird der grammatische Fall, in dem sie verwendet werden, unmissverständlich durch die Flexion des Artikels angezeigt.

Im Englischen wäre unser Permutationsspiel nicht möglich; denn hier haben alle Substantive den gleichen Artikel, der sich niemals verändert. Wenn also die grammatische Funktion der Satzelemente nicht mehr an einem Flexionsmerkmal abzulesen ist, muss es dafür einen Ersatz geben, sonst würden englische Sätze ständig missverstanden. Dieser Ersatz ist die Wortstellung. An ihr erkennt man, was in einem englischen Satz Subjekt, Objekt und Prädikat ist. Auch in diesem Falle tut das Englische dem Lerner den Gefallen, besonders einfach zu sein; denn das Grundprinzip der Wortstellung lautet: S–P–O. Das Subjekt steht im Englischen vor dem Prädikat und das Prädikat vor dem Objekt. Nur wenn ein Satz kein Objekt hat, kann gelegentlich das Subjekt hinter dem Prädikat stehen. Das ist z. B. bei Ausrufen wie *There comes the bus!* der Fall. Was zwischen den drei Säulen eines Satzes stehen darf, ist verhältnismäßig streng geregelt. Unmittelbar vor dem Prädikat darf ein einfaches Adverb stehen. Zwischen Prädikat und Objekt ist nur ein so genanntes indirektes Objekt möglich, das wir im Deutschen als Dativobjekt empfinden, was aber, wie wir sahen, im Englischen unzutreffend ist. Alle sonstigen Satzelemente müssen entweder vor dem Subjekt oder hinter dem Objekt stehen. Wenn sie trotzdem zwischen Subjekt und Prädikat oder zwischen Prädikat und Objekt stehen sollen, müssen sie durch Kommata als Einschub kenntlich gemacht werden. Im Deutschen sind wir gewohnt, dass das Prädikat in Hauptsätzen zwischen Subjekt und Objekt bzw. Objekt und Subjekt und in Nebensätzen am Ende steht. Im Englischen müssen in allen Satztypen die Satzteile so angeordnet sein, dass die S-P-O-Wortstellung eingehalten wird. Unser obiger Satz lautet auf Englisch:

The dog bit the postman in the leg.

Im Deutschen liegt das Hauptgewicht je nach Betonung auf dem Satzanfang oder dem Satzende. Bezieht man sich auf das Vorhergehende, wird man mit dem betonten Teil beginnen, verweist man auf das Folgende, wird man ihn ans Ende stellen. Das gilt auch für das Englische. Nur besteht dort nicht immer die Möglichkeit, das betonte Wort an den Anfang zu setzen. Deshalb muss es durch eine Hilfskonstruktion dorthin gebracht werden, z. B. so:

It was the postman (that) the dog bit in the leg;
Es war der Briefträger, den der Hund gebissen hat,

Ein besonderes Problem stellen im Englischen die Verneinungen dar. Damit eindeutig klar ist, dass das Prädikat – und nicht das Subjekt oder Objekt – verneint wird, muss das Verneinungsadverb *not* gewissermaßen in die Verbphrase verpackt werden. Bei einer zusammengesetzten Zeit ist das einfach, da steckt man es zwischen Hilfsverb und Vollverb:

The dog has not (oder: *would not have) bitten the postman.*
Aber: *The dog has bitten not the postman, but his bag.*

Bei einer einfachen Zeitform muss man die ‹Verpackung› aber erst schaffen, und zwar durch die Umschreibung mit *to do*.

The dog does (did) not bite the postman.
Aber: *The dog bit not the postman, but his bag.*

Die gleiche Hilfskonstruktion wird bei Fragesätzen eingesetzt. In Fragen wie ‹Biss der Hund den Briefträger?› oder ‹Wen biss der Hund?› steht im ersten Fall das Verb vor dem Subjekt und im zweiten Fall sogar das Verb mitsamt dem Objekt. Beides darf im Englischen nicht sein. Also setzt man die Umschreibung mit *to do* ein und bringt die Satzteile in die vorgeschriebene Ordnung.

Did the dog bite the postman?
Who (oder *whom) did the dog bite?*
Where did the dog bite the postman?

Wenn allerdings das einleitende Fragewort selber das Subjekt ist, dann steht dieses bereits am richtigen Platz und muss nicht erst mit *to do* dorthin gestellt werden. Also heißt es:

Who bit the postman?

Bei der häufigen Frage «Wie kommt es, dass ...», «*How does* (oder *did) it come that ...*», haben die Amerikaner anstelle der umständlichen Umschreibung die Wendung *How come that ...* eingeführt, bei der *come* als ein subjektloses Partizip der Vergangenheit aufgefasst wird. Diese Konstruktion ist jetzt auch im britischen Englisch üblich.

Kombination statt Konjugation

Noch drastischer als bei den Substantiven und Pronomina wirkte sich die Reduktion der Flexionsendungen auf die Konjugation der englischen Verben aus. Hier gab es im Lateinischen bei sechs Konjugationsklassen für je sechs Personen je sechs Zeiten im Indikativ, im Konjunktiv und das ganze noch einmal im Passiv. Zählt man alle Partizipien, Gerundien und sonstigen Formen sowie die Ausnahmen dazu, kommt man auf fast tausend Verbformen. Im heutigen Deutschen sind es sehr viel weniger. Aber auch hier gibt es neben den so genannten schwachen Verben noch sieben Klassen starker Verben und für die sechs Personen jeweils im Indikativ und Konjunktiv für Präsens und Imperfekt eigene Formen. Wie muss da ein Englischlerner aufatmen, wenn er erfährt, dass es hier außer der unmarkierten Form nur noch das -s in der dritten Person Einzahl sowie das -ed für die Vergangenheitsform der regelmäßig gebildeten Verben gibt. Einen Wermutstropfen muss er aber trotzdem hinnehmen; denn auch im Englischen gibt es die aus den sieben alten Ablautreihen hervorgegangenen unregelmäßigen Verben, die man nolens volens lernen muss. Damit der Leser das ganze Ausmaß der Vereinfachung ermessen und als Lerner auch genießen kann, wollen wir ihm in groben Zügen die Entwicklung besagter starker Verben kurz vorführen.

Bevor die germanischen Sprachen dazu übergingen, die Verbformen nach dem Muster

to land	*landed*	*had / is landed*
landen	landete	hat / ist gelandet

zu bilden, hatten sie sieben Verbklassen entwickelt, die die Abstufung zwischen Infinitiv, Präsens, Imperfekt und Partizip Perfekt durch einen so genannten Ablaut, das heißt durch eine Veränderung des Vokals im Innern des Verbs anzeigen. Fünf dieser Verbklassen benutzten als Ablaut den Wechsel von e zu o. Einen späten Nachklang dieses Ablauts spüren wir in

to steal	*stole*	*stolen*
stehlen	stahl	gestohlen

to bind	*bound*	*bound*
binden	band	gebunden
to give	*gave*	*given*
geben	gab	gegeben

Der e-o-Wechsel konnte durch Hinzufügen eines i-Infixes zu einem ei-oi-Wechsel verändert werden. Daraus sind Verben wie das folgende hervorgegangen:

to ride	*rode*	*ridden*
reiten	ritt	geritten

Das i in ‹ritt›, geritten› sowie in *ridden* ist das eingefügte Infix, das übrig blieb, wenn auf den e-o-Wechsel eine so genannte Schwundstufe folgte, bei der weder e noch o auftritt. Wenn statt des i ein u-Infix eingefügt wurde, entstand ein eu-ou-Ablaut, aus dem das folgenden Verb hervorgegangen ist:

to fly	*flew*	*flown*
fliegen	flog	geflogen

Außer dem e-o-Ablaut gab es noch einen a-o-Ablaut, der im folgenden Verb nachklingt:

to slay	*slew*	*slain*
schlagen	schlug	geschlagen

Eine siebente Ablautreihe war nur scheinbar eine solche; denn sie benutzte anstelle des Vokalwechsels die Verdoppelung der Stammsilbe. So lautete das deutsche Wort ‹heißen› im Gotischen *haitan* und hatte die Formen *haihait, haihaitun* und *haitans.* Zu den Überbleibseln dieser reduplizierenden Verben gehört:

to hold	*held*	*held*
halten	hielt	gehalten

Von diesem komplizierten System ist das übrig geblieben, was man im Deutschen die starken und im Englischen die unregelmäßigen Verben nennt. Während aber im Deutschen noch fast alle

Personalendungen erhalten geblieben sind, gibt es davon im Englischen nur noch drei.

Präsens		Präteritum	
I / you / we / they	*slay*	I / *you* / he	
he	*slays*	*we / you / they*	*slew*

Ihnen stehen im Deutschen 15 verschiedene Formen gegenüber:

a) Indikativ:

ich schlage	wir schlagen	ich schlug	wir schlugen
du schlägst	ihr schlagt	du schlugst	ihr schlugt
er schlägt	sie schlagen	er schlug	sie schlugen,

b) Konjunktiv:

ich schlage	wir schlagen	ich schlüge	wir schlügen
du schlagest	ihr schlaget	du schlügest	ihr schlügt
er schlage	sie schlagen	er schlüge	sie schlügen.

Unsere Vorfahren brauchten dies komplizierte Konjugationssystem, um ohne Missverständnis miteinander kommunizieren zu können. Wenn also die Engländer das System aufgaben, mussten sie dafür einen Ersatz schaffen; sonst wären sie ständigen Missverständnissen ausgesetzt. Der Ersatz war zum einen eine strenger geregelte Wortfolge im Satz und zum anderen die Kombination der Verben mit Hilfsverben. So gut wie alles, was im Deutschen der Konjunktiv leistet (oder leisten kann), besorgen im Englischen Hilfsverben we *can, could, will, would, shall, should* und *may, might*. Auch im Deutschen ist der Konjunktiv auf dem Rückzug und wird oft durch ‹würde› oder ‹möge› ersetzt; aber auch das sind Konjunktive, nämlich solche der Hilfsverben, während die oben genannten englischen Hilfsverben in der Indikativ-Form verwendet werden. Es sind so genannte modale Hilfsverben, die den Modus des Verbs verändern, indem sie diesem die Färbung eines Wunsches, einer Möglichkeit, des Zweifelhaften oder Unwahrscheinlichen geben. Aus seinem Mangel an Konjugationsformen hat das Englische eine Tugend gemacht und an ihrer Stelle eine Fülle von Kombinationsmöglichkeiten entwickelt, die feinste Bedeutungsnuancen ausdrücken können.

Die Verlaufsform – eine grammatische Gummilinse

Die Verlaufsform gehört zu den grammatischen Phänomenen der englischen Sprache, für die es im Deutschen keine direkte Entsprechung gibt. Während der englische Satz *I read books* im Deutschen die gleiche Form hat, nämlich ‹ich lese Bücher›, müssen wir bei dem Satz *I am reading a book* ein anderes Wort einschieben, um den Sinn des englischen Satzes wiederzugeben: ‹Ich lese gerade ein Buch›. Das Englische hat dagegen die Möglichkeit, die gerade andauernde Handlung durch das Partizip wie mit einem Zoom-Objektiv aus dem allgemeinen Zeitfluss herauszuheben. Da das Partizip nicht bloß ein Zeitwort, sondern zugleich ein Eigenschaftswort ist, lässt es die Aktualität des gerade ablaufenden Sachverhalt gewissermaßen als Eigenschaft erscheinen.

Wenn wir sprechen, bilden wir in unseren Sätzen Zeitabläufe ab, die in unterschiedlichem Verhältnis zur aktuellen Sprechzeit stehen können. Die Gesamtheit dieser Zeitabläufe lässt sich grob in drei Klassen einteilen: 1. in zeitlose Sachverhalte und lang andauernde Abläufe, bei denen man nicht an das Ende denkt, 2. in punktuelle Abläufe, die im Nu vorbei sind, und 3. in zeitlich begrenzte Abläufe, die in einem bestimmten Verhältnis zur Sprechzeit stehen. In den ersten beiden Fällen verfährt das Englische wie das Deutsche:

1. *London lies on the Thames.*
‹London liegt an der Themse.›

Water freezes at temperatures below zero.
‹Wasser gefriert bei Temperaturen unter Null.›

Im zweiten Fall haben wir es mit einem zeitlosen Sachverhalt, im ersten mit einem Sachverhalt von unbegrenzter Dauer zu tun.

2. Punktuelle Ereignisse, die man sich kaum als Ablauf vorstellen kann, werden im Englischen wie im Deutschen in einer der einfachen Zeitformen ausgedrückt.

A bomb exploded in a car.
‹Eine Bombe explodierte in einem Auto.›

The boxer was knocked out.
‹Der Boxer wurde k. o. geschlagen.›

Hier handelt es sich um Ereignisse, bei denen es nur auf das Ergebnis ankommt, ohne dass man sich den Ablauf vorstellt.

3. Den dritten der oben genannten Fälle behandelt das Englische anders als das Deutsche. Letzteres unterscheidet bei zeitlich begrenzten Abläufen nicht, ob der Ablauf selber oder das Ergebnis des Ablaufs im Vordergrund steht. Das Englische hingegen setzt die Gummilinse der Verlaufsform ein, wenn es ein Geschehen nicht nur als Faktum benennen, sondern als Verlauf heranzoomen will.

> *A thunderstorm destroyed some of London's oldest trees.*
> ‹Ein Unwetter zerstörte einige von Londons ältesten Bäumen.›
>
> *A thunderstorm was raging over London, when we arrived.*
> ‹Ein Unwetter tobte über London, als wir dort ankamen.›

Im ersten Fall kommt es nur auf das Faktum an, im zweiten wird der Vorgang als solcher aktualisiert. Dazu bedarf es allerdings eines zeitlichen Bezugspunktes, von dem aus der Ablauf als Zeitkontinuum gesehen wird. Bei Sätzen im Präsens ist dieser Bezugspunkt gewöhnlich der Sprechzeitpunkt. In der Vergangenheit oder Zukunft muss dagegen ein solcher Bezugspunkt hinzugefügt, zumindest hinzugedacht werden. So sagt man zwar *The telephone is ringing*, wenn das Telefon gerade klingelt, doch bei dem Satz *the telephone was ringing* erwartet man, dass er weitergeht, z.B. so ... *when she entered the room* (‹als sie das Zimmer betrat›). Das Verhältnis von Zeitpunkt und Zeitkontinuum kann aber auch so aussehen: *The phone rang while she was having a bath* (‹Das Telefon klingelte, als sie gerade ein Bad nahm.›). Hier ist das Baden der Ablauf, in den das Telefonklingeln hineinplatzt. Es können aber auch beide Ereignisse als parallele Abläufe vorgestellt werden, z.B. so *The phone was ringing, while she was having a bath*. Hier stellt man sich ein anhaltendes Klingeln vor, auf das nicht reagiert wurde.

Diese Zoom-Technik begegnet einem im Englischen auf Schritt und Tritt. Sagt man zu einem Kind *you are naughty*, so heißt das ‹du bist frech› im Sinne von ‹du hast einen frechen Charakter›. Um auszudrücken, dass das Kind sich nur im Augenblick frech verhält, muss man sagen *You are being naughty*. Engländer setzen diese Zoom-Technik auch dann ein, wenn sie einen Sachverhalt näher heranholen wollen, um den Gesprächston persönlicher zu gestalten. Statt *I'll see you in London* sagt man lieber *I'll be seeing you in London.* In der Mehrzahl der Fälle hängt die Wahl der Verlaufsform davon ab, ob der Sprecher den Sachverhalt heranzoomen will oder nicht. In einigen Fällen aber schreibt die Grammatik das Zoomen vor oder verbietet es. Die Grundregel lautet: Die Verlaufsform wird *nicht* verwendet, wenn ein Dauerzustand oder ein ununterbrochener Ablauf ohne zu erwartendes Ende gemeint ist, und sie *muss* verwendet werden, wenn durch ein Zeitadverb oder auf andere Weise ein fester Zeitpunkt vorgegeben ist, von dem aus das Geschehen als Zeitkontinuum gesehen wird.

In den meisten anderen Fällen hängt die Wahl der Verlaufsform davon ab, ob der Sprecher den Sachverhalt vergegenwärtigen will oder nicht. Oft ist sie dabei nur ein Mittel, um einer Sache entweder besonderen Nachdruck oder einen persönlichen *touch* zu geben. So sind die folgenden drei Beispiele allesamt grammatisch richtig:

I wish I had never agreed to that.
I am wishing I had never agreed to that.
I do wish I had never agreed to that.

Jeder dieser Sätze bedeutet: ‹Ich wünschte, ich hätte dem nie zugestimmt›. Im ersten Fall aber wird der Wunsch neutral ausgesprochen, im zweiten mit einem Seufzer des Bedauerns, im dritten mit deutlichem Ärger.

Deutsche Englischlerner tun sich am Anfang schwer mit dem Gebrauch der Verlaufsform, weil sie sie von ihrer Muttersprache her nicht kennen. Später neigen sie dann oft dazu, sie zu häufig einzusetzen in der irrigen Annahme, dass ihr Englisch damit idiomatischer klingt. (Weiteres über die Verlaufsform im Kapitel «Die *-ing*-Form»).

Synthetische und analytische Steigerung

Neben der Deklination von Substantiven, Adjektiven und Pronomina und der Konjugation von Verben ist in den indogermanischen Sprachen die Steigerung von Adjektiven und Adverbien die dritte grammatische Abwandlung, die durch Endungen ausgedrückt wird. Die gemeingermanische synthetische Bildung des Komparativs und des Superlativs, die im Deutschen in den Endungen -er und -st weiterlebt, hat sich auch im Englischen erhalten, allerdings nicht bei allen Adjektiven; denn mit dem Französischen war auch die romanische oder analytische Form mit *plus* und *le plus* eingedrungen, wofür die Engländer *more* und *most* einsetzten. Man hätte vermuten können, dass die angelsächsischen Adjektive synthetisch und die aus dem Französischen stammenden analytisch gesteigert werden. Statt dessen richteten die Sprecher des Mittelenglischen ihre Wahl aber an der Länge und am Betonungsmuster der Adjektive aus. Dabei bildeten sich im Laufe der Zeit die folgenden Regeln aus: Nach dem synthetischen Muster von

rich	*richer*	*richest*
reich	reicher	am reichsten

werden alle einsilbigen Adjektive gesteigert sowie zweisilbige, wenn sie entweder auf -y enden oder auf der zweiten Silbe betont werden wie *happier, happiest* und *politer, politest*. Nach dem analytischen Muster von

beautiful	*more beautiful*	*most beautiful*
schön	schöner	am schönsten

werden alle Adjektive mit mehr als zwei Silben gesteigert sowie zweisilbige, wenn sie auf der ersten betont werden. Bei Adjektiven mit sehr schwach betonter zweiter Silbe wie *common, handsome, pleasant, quiet* und *stupid* ist auch die synthetische Steigerung üblich. Auch sonst ist bei zweisilbigen Adjektiven die analytische Form zulässig. Adverbien auf -ly werden grundsätzlich mit *more* und *most* gesteigert.

Ähnlich wie im Deutschen gibt es auch im Englischen einige Adjektive, bei denen zur Steigerung ein anderer Wortstamm herangezogen wird. Bei

good better best // gut besser am besten

passt die erste Form nicht zu den beiden anderen. Eigentlich müsste dort *boot* bzw. ‹buß› stehen. Tatsächlich gibt es ‹buß› im Deutschen, nämlich in ‹Buße›, was eigentlich ‹etwas wieder gut machen› bedeutet. Auch das englische *boot* existiert in der altertümlichen Wendung *it is no boot*, ‹es ist nicht gut, hat keinen Sinn› oder in der heute noch gebräuchlichen Formel *to boot*, ‹obendrein› wie in *she is pretty, and intelligent to boot*, ‹Sie ist hübsch, und intelligent obendrein›. Beim Gegenteil von ‹gut› hat nur das Englische eine unregelmäßige Steigerung. Komparativ und Superlativ zu *bad* (und *ill*) sind *worse* und *worst*. Die Grundform von *worse* ist mit dem deutschen ‹wirr› verwandt, das mit hoher Wahrscheinlichkeit auch dem deutschen ‹Wurst› zugrunde liegt. Wurst ist das wirr Zusammengemengte. Ähnlich wie mit *good* und *bad* verhält es sich mit *much/many* und *little*.

much/many	*more*	*most*	//	viel	mehr	am meisten
little	*less*	*least*	//	wenig	weniger	am wenigsten

Die etymologische Wurzel von *less* und *least* steckt auch in den deutschen Wörtern ‹los›, ‹lösen› und ‹Verlust›. Eine weitere Unregelmäßigkeit gibt es bei der Steigerung von *old*. Hier sind neben den regelmäßigen Formen *older* und *oldest* noch die mit Umlaut gebildeten *elder* und *eldest* gebräuchlich, die bei Verwandtschaftsbeziehungen verwendet werden: *my elder brother, his eldest child*.

Schwierigkeiten für den deutschen Lerner bieten ansonsten nur noch Zusammensetzungen wie *kindest-hearted*, ‹am weichherzigsten› oder *best-looking*, ‹am bestaussehenden›. Hier entscheidet das Sprachgefühl, ob man den qualifizierenden Teil der Zusammensetzung als einzelnes und damit steigerungsfähiges Adjektiv empfindet oder ob man wie in *most narrow-minded*, ‹am engstirnigsten›, oder *most old-fashioned*, ‹am altmodischsten› den ganzen Ausdruck als Adjektiv versteht.

«Gartenwege»

Wer einen deutschen Satz mit ineinander geschachtelten Nebensätzen hört, wird ihn, sofern er konzentriert zuhört, selten missverstehen; denn im Deutschen weiß man so gut wie immer, wann der eingefügte Nebensatz beginnt und wann er endet. Nebensätze haben das Prädikat grundsätzlich am Ende, während im Hauptsatz das Verb – bei zusammengesetzten Zeiten das mit der Personalendung markierte Hilfsverb – im Innern des Satzes steht. Diese leichte Unterscheidbarkeit von Haupt- und Nebensätzen macht den für die deutsche Sprache charakteristischen hypotaktischen Satzbau, also die Schachtelsätze, überhaupt erst möglich. Ganz anders im Englischen. Hier haben Haupt- und Nebensätze die gleiche syntaktische Struktur. Bei gedruckten Texten lassen sie sich noch durch die Satzzeichen unterscheiden. Da aber auch diese im Englischen sparsamer als im Deutschen verwendet werden, kommt es selbst beim Lesen zu Missverständnissen. Erst recht treten diese beim Hören auf, wo die Trennlinie zwischen Haupt- und Nebensatz höchstens durch eine kurze Pause angezeigt wird. Da ein hypotaktischer Satzbau im Englischen unweigerlich die Gefahr von Missverständnissen erhöht, wird er nach Möglichkeit vermieden. Ganz auf ihn zu verzichten geht aber nicht; denn ohne temporale und kausale Nebensätze und ohne Relativsätze lässt sich kaum stringent argumentieren. Das geschilderte Dilemma führt zu einer für das Englische typischen Form von Missverständnissen, die von Muttersprachlern sofort und mehr oder weniger automatisch korrigiert wird. Hier ein Beispiel:

> *He left home without his wife knowing that he would never come back.*

Dieser Satz kann zwei Bedeutungen haben, je nachdem, ob *knowing* als Partizip zu *he* oder als Gerundium zu *wife* gehört:

a) Er verließ das Haus ohne seine Frau, wohl wissend, dass er nie zurückkehren würde.
b) Er verließ das Haus, ohne dass seine Frau wusste, dass er nie zurückkehren würde.

Im nächsten Beispiel kommt zur eben betrachteten Irritation die Doppeldeutigkeit von *one* hinzu, das sowohl ‹man› als auch ‹eins› heißen kann:

With so many books missing one doesn't bother ...

Bis zu den Pünktchen weiß man nicht, welche der folgenden Bedeutungen zu erwarten ist:

a) Wenn so viele Bücher fehlen, regt man sich darüber nicht mehr auf. (In Erwartung von ... *anymore*).
b) Bei so einer Menge Bücher regt dich das Fehlen eines einzigen nicht auf. (In Erwartung von ... *you*).
c) Bei so viel fehlenden Büchern regt dich eins nicht mehr auf (in Erwartung von *you anymore*).

Hatte man im Sinne von a) *missing* als nachgestelltes Partizip zu *books* und *one* als ‹man› aufgefasst und liest nun, wie der Satz mit ... *you* weitergeht, wird man im Geiste zurückgehen und die sprachliche Weiche neu stellen; denn jetzt muss *one* als ‹eines› gelesen werden. In dieser Bedeutung kann es nun aber das Subjekt zu *bother* oder das Objekt zum Gerundium *missing* sein, so dass sich zwei weitere Lesarten ergeben, nämlich entweder mit *missing* oder mit *one* als Subjekt. Klarheit muss hier im Schriftlichen ein Komma und im Mündlichen die Betonung schaffen.

Dieses Zurückgehen und Neustellen der sprachlichen Weiche ist ein für das Englische charakteristisches Phänomen, für das sich die Bezeichnung *garden path sentences* eingebürgert hat. Es ist so, als steuerte man schnurstracks auf die Haustür eines freistehenden Hauses zu, erwischt aber den Pfad, der in den Garten führt, so dass man zurückgehen muss, um den Zugang zur Haustür zu finden. Natürlich versuchen englische Sprecher und Schreiber solche Missverständnisse nach Möglichkeit zu vermeiden. Doch um sie ganz auszuschließen, müsste das Englische auf all das verzichten, was es gegenüber anderen Sprachen so knapp und effizient macht. In unserem ersten Beispiel war die Fehlerquelle das *missing*, das als nachgestelltes Partizip, aber auch als Gerundium verstanden werden kann. Eine andere Fehlerquelle sind Relativsätze, bei denen das Relativpronomen *that* auch als die Konjunktion ‹dass› aufgefasst werden kann. Zu Missverständnissen kann auch der Wegfall des Relativpronomens führen (s. Kapitel Relativsätze). Da ein solcher Relativsatz mit dem Subjekt beginnt und durch keine Markierung als Relativsatz ausgewiesen ist, weiß man als Hörer zunächst nicht, ob man es mit dem Subjekt des nun beginnenden Hauptsatzes oder mit dem eines Relativsatzes zu tun hat. Hier ein Beispiel (bei dem allerdings in gedruckter Form dem Missverständnis durch ein Komma entweder nach *diseases* oder vor *smallpox* entgegengewirkt werden wird):

> *As for infectious diseases doctors advise you to have yourself vaccinated against smallpox ....*

Der Satz könnte mit ... *immediately* oder mit ... *is not among them* weitergehen. Im ersten Fall meint er:

> Was Infektionskrankheiten betrifft, so empfehlen die Ärzte sich unverzüglich gegen Pocken impfen zu lassen.

Im zweiten Fall sagt er:

> Was die Infektionskrankheiten betrifft, gegen die man sich auf Empfehlung der Ärzte impfen lassen soll, so sind die Pocken nicht darunter.

Beim ersten Hören oder Lesen weiß man nicht mit Sicherheit, ob *doctors* das Subjekt eines Relativsatzes oder eines Hauptsatzes ist. Im Deutschen sind solche Missverständnisse seltener; denn hier bleibt der Sinn eines Satzes bis zum vollständigen Abschluss des Prädikats offen. Abgeschlossen ist das Prädikat im Nebensatz aber erst mit dem letzten Wort, was bei zusammengesetzten Zeiten auch für den Hauptsatz gilt. Deshalb wartet man bis zum letzten Wort, bevor man die Bedeutung als verstanden abspeichert, während man im Englischen gewöhnlich schon vorher eine Hypothese über die zu erwartende Bedeutung bildet, die danach womöglich korrigiert werden muss.

Grammatische Stolpersteine

Der Plural

Im Regelfall ist die Bildung des englischen Plurals einfach; denn sie besteht im Anhängen eines -s, das nach Vokalen und stimmhaften Konsonanten stimmhaft und nach stimmlosen Lauten meist stimmlos gesprochen wird. Wenn das Substantiv bereits auf -s endet, wird die Pluralendung zu -es erweitert. In diesem Fall wird die Endung |iz|, d.h. mit einem stimmhaften s, gesprochen. Das gilt auch für Wörter auf s, die danach noch ein stummes e haben wie *house*. Auch hier wird der Plural *houses* mit |iz| gesprochen. Bei einigen Wörtern wird bei der Pluralbildung ein stimmloses f am Ende zu v, weshalb die Endung dann stimmhaft mit |z| gesprochen wird:

calf	/	*calves*	Kalb	*shelf*	/	*shelves*	Regalbrett
half	/	*halves*	Hälfte	*self*	/	*selves*	Selbst
knife	/	*knives*	Messer	*leaf*	/	*leaves*	Blatt
life	/	*lives*	Leben	*thief*	/	*thieves*	Dieb
wife	/	*wives*	Weib	*wolf*	/	*wolves*	Wolf

Auch bei einigen Wörtern, die mit einem stimmlosen -th enden, wird dieses im Plural stimmhaft, ohne dass es im Schriftbild erkennbar ist. Das ist bei *mouth* und *path* der Fall, während bei *death* und *faith* das th stimmlos bleibt. Bei *bath, oath, truth* und *youth* ist beides möglich. Da es hierfür keine Regel gibt, muss man die Aussprache für jeden Einzelfall lernen. Einige wenige Wörter haben die germanische Pluralbildung mit Umlaut beibehalten, wie sie im Deutschen oft vorkommt. Diese Pluralformen wurden bereits im Zusammenhang mit dem Wegfall der Fälle aufgeführt.

Schwierig ist es, bei Wörtern aus anderen Sprachen die richtige Pluralbildung zu erraten. So heißt es zwar *virus/virusses*, aber *bacterium/bacteria* und *fungus/fungi* (Pilz). Bei manchen Fremdwörtern wird das englische Plural-s angefügt, bei anderen kann es alternativ zur authentischen Form angefügt werden, und bei einer dritten Gruppe muss die authentische Form gewählt werden. Bei

Wörtern griechischen Ursprungs auf is wird diese Endung in der Regel im Plural durch -es ersetzt, das |iz| gesprochen wird.

analysis	/ *analyses*	*hypothesis*	/ *hypotheses*
crisis	/ *crises*	*oasis*	/ *oases*
diagnosis	/ *diagnoses*	*thesis*	/ *theses*

Bei manchen Tieren wird der Plural nur dann verwendet, wenn man eine Mehrzahl von Einzeltieren meint. Spricht man aber von einer Anzahl einer Spezies, z.B. auf der Jagd oder beim Fischfang, wird die Singularform gebraucht. Auch dies muss man von Fall zu Fall lernen. So heißt es zwar *I shot ten rabbits*, aber *How many duck did you shoot?*; ebenso *I have ten fishes in my aquarium*, aber *I caught several fish*. Werkzeuge und Kleidungsstücke, die aus zwei zusammengehörigen Teilen bestehen, werden im Englischen in der Pluralform verwendet und meist auch so konstruiert.

bellows	Blasebalg	*glasses*	Brille
binoculars	Fernglas	*pants*	lange Hose
pliers	Flachzange	*pyjamas*	Pyjama
scissors	Schere	*shorts*	Shorts
shears	Heckenschere	*tights*	Strumpfhose
tongs	Greifzange	*trousers*	lange Hose

Darüber hinaus gibt es zahlreiche Wörter, die im Plural eine etwas andere Bedeutung als im Singular haben. So heißt *to have pain* ‹Schmerzen haben›, aber *to take pains* ‹sich Mühe geben›. Weitere Beispiele sind:

colour	Farbe	*colours*	Flagge
custom	Gewohnheit	*customs*	der Zoll
drawer	Schublade	*drawers*	Unterhose
glass	Glas	*glasses*	Brille, Fernglas
letter	Buchstabe, Brief	*letters*	Literatur
minute	Minute	*minutes*	Protokoll
picture	Bild	*pictures*	Kino
spectacle	Schauspiel	*spectacles*	Brille
work	lit. Werk	*works*	(Gas)werk u. ä.

Jede der hier aufgeführten Pluralformen könnte aber auch der reguläre Plural des Singularwortes sein. Was von beiden zutrifft, muss sich aus dem Zusammenhang ergeben.

Ob ein Nomen grammatisch als Singular oder Plural konstruiert wird, hängt im Englischen nicht allein von der Pluralendung ab; denn oft wird ein formaler Singular wie ein Plural behandelt, wenn er mit der Vorstellung von einer Mehrzahl von Individuen verbunden ist. So wird *the police* grundsätzlich immer als Plural verwendet, während *the Government, the Cabinet, the press, the public* usw. als Singular oder als Plural konstruiert werden können, je nachdem, ob man das Ganze oder die Vielzahl von Individuen im Sinn hat. Während viele Wörter ohne Plural-s trotzdem wie ein Plural gebraucht werden, gibt es umgekehrt einige, die trotz des Plural-s als Singular konstruiert werden. Prominentestes Beispiel sind die *United States of America*. Aber auch *the United Nations* und Wörter wie *news* und *measles* gehören hierher. Beispiele: *The United States fights terrorism. No news is good news. Measles is not always harmless.* Wörter wie *earnings* (Einkommen), *wages* (Lohn), *lodgings* (Unterkunft), *surroundings* (Umgebung), *premises* (Haus plus Grundstück), *bowels* (Gedärm), *entrails* (Eingeweide) werden dagegen in diesen Bedeutungen stets im Plural verwendet, ebenso *the Middle Ages* (das Mittelalter) und *the Commons* (das Unterhaus). Die Namen von Wissenschaften wie *mathematics, physics, economics* usw. haben immer das Plural-s. Wenn sie das Fach allgemein bezeichnen, werden sie als Singular konstruiert, im konkreten Fall (meist in Verbindung mit einem Possessivpronomen) oft auch als Plural. *Mathematics is not his favourite subject.* Aber: *His mathematics are poor.* Verwirrend sind auch Mengenangaben bei Geldbeträgen und Entfernungen. So heißt es trotz des Plural-s

Where is that ten pounds I had in my pocket?
(Wo sind die zehn Pfund, die ich in meiner Tasche hatte?)
und *Don't tell me that five miles is a long walk.*
(Erzähl mir nicht, dass 5 Meilen ein langer Marsch sind.)

Kein Plural-s steht bei *a ten-pound note*
und *a five-mile walk.*

Der Artikel und andere Determinatoren

Die Funktion des Artikels als Determinator wurde bereits an früherer Stelle erörtert. Deshalb sollen hier nur noch die Punkte betrachtet werden, in denen sich das Englische vom Deutschen unterscheidet. Der bestimmte Artikel fehlt im Englischen oft, wo er im Deutschen erwartet wird. Wir sagen: ‹Er liebt die Musik (die Mathematik, den Wein, den guten Geschmack usw.). Im Englischen muss es heißen: *He loves music (philosophy, wine, good taste etc.)*. Hier wird der bestimmte Artikel nur dann eingesetzt, wenn er – seinem Namen entsprechend – eine bestimmte Auswahl aus einer Gesamtheit trifft, z. B.:

He loves the music of Bach (the philosophy of Aristotle, the wine from Italy, the good taste of his wife).

Kein Artikel steht vor Eigennamen. Hierzu gehören auch die Namen der Wochentage und Monate sowie die von Straßen. Das gilt aber nur, wenn der Namensträger allgemein und insgesamt gemeint ist. Wird eine bestimmte oder unbestimmte Auswahl getroffen, muss der bestimmte oder unbestimmte Artikel stehen.

July is normally the warmest month.
Der Juli ist normalerweise der wärmste Monat.

This is the coldest July I can remember.
Dies ist der kälteste Juli, an den ich mich erinnern kann.

I don't remember a colder July.
An einen kälteren Juli kann ich mich nicht erinnern.

Bristol Road ohne Artikel ist der Name einer Straße in irgendeiner Stadt. *The Bristol road* mit bestimmtem Artikel ist dagegen die Straße nach Bristol.

Beim **unbestimmten Artikel** ist der wohl häufigste Fehler, den deutsche Englischlerner machen, dass sie ihn wie im Deutschen vor Berufsbezeichnungen weglassen. Während wir sagen: ‹Er ist Bauer (Bergmann, Handelsvertreter, Lehrer usw.)›, muss es im Englischen heißen:

He is a farmer (a miner, a salesman, a teacher).

Im Englischen wird durch das Fehlen des Artikels eine Gesamtheit (ein Abstraktum wie ‹Freiheit› oder ein Stoff wie ‹Holz›) bezeichnet. Berufliche Tätigkeiten wie *farming, mining, teaching* sind ebenfalls Gesamtheiten, nicht aber die Ausübenden dieser Tätigkeiten. Deshalb heißt es *His profession is teaching*, Aber: *He is a teacher.*

Die zweite große Gruppe von Determinatoren sind die besitzanzeigenden *my, your, his, her, our, their.* Der typische Fehler, den deutsche Lerner hier machen, ist das Weglassen des Determinators vor Körperteilen. Das hat etwas damit zu tun, dass im Deutschen Reflexivität eine größere Rolle spielt als im Englischen. In dem Satz ‹Er brach sich den Arm› braucht vor dem Objekt kein Possessivdeterminator zu stehen, weil der Bezug zum Besitzer bereits durch das Reflexivpronomen ‹sich› ausgedrückt wird. Da das Englische das Reflexivpronomen viel seltener einsetzt, muss hier der Possessivdeterminator einspringen: *He broke his arm.* Wenn aber das Posssivverhältnis eindeutig klar ist, erübrigt sich der Determinator: *The bullet hit him in the arm* (Die Kugel traf ihn in den Arm).

Die dritte Gruppe von Determinatoren sind die Demonstrativpronomina *this/these* und *that/those.* Bei ihrem Gebrauch wird im Englischen stärker als im Deutschen darauf geachtet, dass *this* auf ein Hier und *that* auf ein Dort verweist. Während wir im Deutschen sagen können: ‹Siehst du diesen Mann dort drüben?›, muss es im Englischen heißen: *Do you see that man over there?* Im geschriebenen Text weist *this* entweder voraus oder auf das, was gerade Gegenstand der Betrachtung ist. Auf Zurückliegendes und Entfernteres muss mit *that* Bezug genommen werden. In gewissem Sinne sind auch *the one* und *the other* Determinatoren. Ihre Verwendung ähnelt der von *this* und *that.*

Die vierte Gruppe von Determinatoren bilden Wörter, die man auch als unbestimmte Zahlwörter oder Quantifikatoren bezeichnen könnte, wie *all, none, some, any, either, neither, every, each* und *both. All* und *none* bereiten wenig Schwierigkeiten, außer dass man wissen muss, dass *none* immer mit *of* konstruiert wird, während dies bei *all* fehlen kann: *None of my friends/all (of) my friends.* Verwirrend ist für den Lerner dagegen der Gebrauch von *some* und *any*, der vom linguistischen Standpunkt aus so schwer zu klassifizieren ist, dass darüber eine ganze Dissertation geschrieben wurde. Beide Wörter bezeichnen eine unbestimmte kleinere Menge. Während aber bei *some* die Vorstellung vom Vorhandensein dieser Menge im Vordergrund steht, ist dies bei *any* fraglich. Deshalb wird *any* bei Verneinungen und *some* in Positivsätzen verwendet. In Fragesätzen ist beides möglich. Erwartet man eine positive Antwort, wird man *some* sagen, im anderen Fall *any*. Faustregel: Wo man im Deutschen ‹etwas› sagen kann, ist eher *some* angebracht, wo man ‹irgend-› oder ‹überhaupt› sagen würde, dürfte *any* richtiger sein.

I have some money in the bank.
Ich habe etwas Geld auf der Bank.

I don't have any money in the bank.
Ich habe (überhaupt) kein Geld auf der Bank.

Could you give me some more detailed information, please?
Können Sie mir eine etwas genauere Auskunft geben?

Have you got any more detailed leaflet?
Haben Sie irgendeine detailliertere Broschüre?

Either und *neither* gehören eng zusammen. Das erste heißt ‹der eine oder andere von zweien›, das zweite ‹keiner von beiden›. Beide Wörter können sich immer nur auf zwei Gegenstände beziehen. Da *either* einen beliebigen Gegenstand von zweien bezeichnet, hat er die Bedeutung von ‹jeder von beiden› und wird deshalb oft im Sinn von ‹beide› gebraucht, wobei allerdings zu beachten ist, dass nicht beides gleichzeitig eintreten kann oder soll. In diesem Fall müsste man *both* verwenden.

Do you want tea or coffee?	Möchten Sie Tee oder Kaffee?
Either will do.	Beides ist mir recht.

Auch mit *every* und *each* hat der Lerner anfangs Schwierigkeiten. Beide bedeuten ‹jeder›, doch *each* ist ‹jeder von mindestens zweien›, *every* ‹jeder von mindestens dreien›. Darüber hinaus betont *each*, dass jeder einzelne gemeint ist, während *every* die Gesamtheit betont. Beispiel: *He spends every summer on the beach, and each year he finds it more boring*. (Er verbringt jeden Sommer am Meer, und jedes Jahr findet er es langweiliger).

Pronomina

Die meisten Pronomina werden im Englischen so ähnlich gebraucht wie im Deutschen, doch mit dem Unterschied, dass sie anstelle der Dativ- und Akkusativform nur eine einzige Objektform haben. Ein weiterer Unterschied bei den Personalpronomina ist, dass das Pronomen der zweiten Person Singular mit dem der zweiten Person Plural identisch ist. Deutsche schließen daraus, dass sich englische Muttersprachler automatisch duzen. Tatsächlich reden sie sich aber mit Ihr an, wie es früher einmal im Deutschen üblich war, bevor sich das Sie durchsetzte. Ein wirkliches Du gibt es im Englischen nur im Dialekt und in der Sprache der Bibel. So wird z.B. Gott mit Du angeredet, mit *thou. Thy kingdom come* heißt ‹Dein Reich komme›. Die heute gebräuchlichen Personalpronomina sind

	Singular	**Plural**
1. Pers.	*I, my/mine, me*	*we, our/ours, us*
2. Pers.	*you, your/yours, you*	*you, your/yours, you*
3. Pers.	*he, his, him* *she, her/hers, her* *it, its, it*	*they, their/theirs, them*

Zu ihrer Verwendung gibt es wenig zu sagen mit Ausnahme dessen, was bereits über die Possessivpronomina in ihrer Funktion als Determinatoren gesagt wurde. Als echte Pronomina, d.h. als Stellvertreter eines Nomens, werden Possessivpronomina nur in den Formen *mine, yours, his, hers, ours* und *theirs* gebraucht.

Whose book is this?	Wessen Buch ist das?
Is it yours?	Ist es deins?
It is mine.	Es ist meins.

Eine sächliche Form gibt es hier nicht. Zu den Eigentümlichkeiten des Englischen gehört, dass anders als im Deutschen vor dem Possivdeterminator kein weiterer Determinator stehen darf. Wenn man im Deutschen sagen kann: ‹Einer deiner Freunde›, muss es im Englischen heißen *a friend of yours*. Der Ausdruck *a friend of you* bedeutet dagegen: ‹Jemand, der dir freundschaftlich zugetan ist›. Auf ähnliche Weise unterscheiden sich:

A picture of the Queen's.
Ein Bild, das der Königin gehört.

A picture of the Queen.
Ein Porträt der Königin.

Auch die Fragepronomina bereiten dem Lerner kaum Schwierigkeiten, zumal es davon nur drei gibt, nämlich *which* (welcher), *who* (wer) und *what* (was). Flexionsformen gibt es nur für *who*, und zwar *whose* und *whom*. Der einzige auffällige Unterschied zum Deutschen ist, dass *who* als Subjekt auch mit Pluralbedeutung gebraucht werden kann: *Who of you are coming?* ‹Wer von Euch kommt?› (Über die Relativpronomina wird im Zusammenhang mit den Relativsätzen zu sprechen sein.)

Der größte Unterschied zwischen dem Deutschen und dem Englischen besteht bei den Reflexivpronomina. Reflexive Verben gibt es im Deutschen in großer Zahl, während sie im Englischen viel seltener sind. Hier wird die Reflexivform durch Anhängen von *self* an die Objektform der Personalpronomina gebildet. Dadurch entstehen etwas umständliche Wörter, so dass schon deswegen verständlich ist, dass die Reflexivkonstruktion möglichst vermieden wird. Hier einige Beispiele:

Brush your teeth!	Putz dir die Zähne!
He broke his arm.	Er brach sich den Arm.
The book reads well.	Das Buch liest sich gut.
She dresses with taste.	Sie kleidet sich geschmackvoll.
Aber:	
He hurt himself.	Er verletzte sich.
They asked themselves …	Sie fragten sich, …
Please, help yourself.	Bitte, bedienen Sie sich.

Bei Präpositionalphrasen, die eine räumliche Beziehung ausdrücken, wird statt des Reflexivpronomens die Objektform des Personalpronomens verwendet: *He looked about him.* ‹Er sah um sich›.

Die *ing*-Form

Die auffälligste Erscheinung in der englischen Grammatik ist die große Zahl von Wörtern auf *-ing*. Das rührt zum einen daher, dass im Englischen zwei Formen zusammengefallen sind, die sich im Deutschen durch die Endungen -end und -ung klar unterscheiden. So kann englisch *reading* sowohl ‹lesend› als auch ‹Lesung› heißen. Zum anderen wird die Form *reading* auch dort eingesetzt, wo im Deutschen ‹das Lesen› oder der Infinitiv ‹lesen› steht. Bevor wir uns mit den einzelnen Verwendungsweisen näher befassen, wollen wir erst einmal alle unterschiedlichen Möglichkeiten anhand von Beispielsätzen vorstellen.

1. *The reading child*
   Das lesende Kind
2. *The child is reading.*
   Das Kind liest gerade.
3. *A child reading a book is a pleasant sight.*
   Ein Kind, das ein Buch liest, ist ein erfreulicher Anblick.
4. *While reading a book the child fell asleep.*
   Während das Kind ein Buch las, schlief es ein.
5. *The child began reading the book.*
   Das Kind fing an, das Buch zu lesen.
6. *Reading books is fun.*
   Bücher lesen macht Spaß.
7. *The reading of books is fun.*
   Das Lesen von Büchern macht Spaß.
8. *The child took part in a reading competition.*
   Das Kind nahm an einem Lesewettbewerb teil.
9. *The books are in the reading-room.*
   Die Bücher sind im Lesesaal.
10. *It takes three readings for a bill to become law.*
    Drei Lesungen sind erforderlich, um aus einer Gesetzesvorlage ein Gesetz werden zu lassen.

Zu 1: Hier ist *reading* ein Partizip Präsens. Als solches ‹partizipiert› es an den Eigenschaften eines Adjektivs und eines Verbs. In unserm Fall steht es in attributiver Position, d.h. vor einem Substantiv als dessen Attribut. Im Deutschen ist der Verbcharakter in dieser Position stärker ausgeprägt; denn hier kann das Partizip ein Objekt bei sich führen, auch wenn das meist sehr gestelzt klingt: z.B. ‹das Zeitung lesende Kind›. Im Englischen ist ein Objekt nicht möglich, weil dieses, wie wir sahen, hinter dem Verb stehen muss.

Zu 2: In diesem Satz steht das Partizip in prädikativer Position. Hier kann im Englischen ein Objekt folgen, da es dann hinter dem Prädikat steht. Im Deutschen ist die prädikative Verwendung von Partizipien nur möglich, wenn diese als Adjektiv verwendet werden: z.B. ‹Ein Vokal ist selbstklingend›, aber nicht ‹der Sänger ist singend›. Im Englischen ist dagegen der Verbcharakter so dominant, dass die prädikative Verwendung des Partizips Präsens zu einer festen Verbform, der Verlaufsform, wurde, mit der wir uns bereits befasst haben.

Zu 3: Die Partizipialkonstruktion ersetzt hier einen Relativsatz, wobei das *reading* so gut wie ausschließlich die Funktion eines Verbs hat. Diese Form ist im Englischen sehr häufig, während sie im Deutschen selten und dann nur in poetischer Sprache anzutreffen ist.

Zu 4: Hier ersetzt das Partizip einen Temporalsatz. Auch diese Form ist im Englischen sehr häufig, während sie im Deutschen zwar nicht so selten wie die relativische ist, aber wie diese nur in literarischer Sprache auftaucht: z.B. ‹Das Buch lesend, schlief das Kind ein.›

Zu 5: *Reading* hat hier neben der verbalen eine substantivische Bedeutung, wenn man es als Objekt zu *began* auffasst: ‹Das Kind begann mit dem Lesen des Buchs›. Dass aber der Verbcharakter im Vordergrund steht, erkennt man daran, dass man *reading* auch durch *to read* ersetzen kann. ‹Das Kind begann das Buch zu lesen›. Diese substantivische Verwendung eines Verbs nennt man Gerundium (engl. *gerund*). Da der Substantivcharakter in unserm Beispiel nur schwach ausgeprägt ist, sprechen manche Grammatiken von *half-gerund*. Gerundialkonstruktionen sind für das Englische ebenso typisch wie die Verlaufsform, weshalb sie später gesondert betrachtet werden sollen.

Zu 6: Hier ist der verbale Charakter von *reading* an dem nachfolgenden Objekt zu erkennen. Daneben hat das Wort aber auch substantivische Funktion, da es das Subjekt des ganzen Satzes ist.

Zu 7: Dieses Beispiel hat die gleiche Bedeutung wie das vorherige, doch steht hier der Substantivcharakter im Vordergrund, was man an dem Artikel erkennt, der dem *reading* vorausgeht. Außerdem folgt *the book* nicht wie bei einem Verb als direktes Objekt, sondern wird mit *of* angeschlossen. Fasst man dies als Genitiv auf, wie es in traditionellen Grammatiken getan wird, so handelt es sich hier um einen *genitivus objectivus*, woraus zu ersehen ist, dass das Substantiv *reading* doch einen Rest des Verbcharakters behalten hat.

Zu 8: In *reading competition* steht das Element *reading* wie ein attributives Partizip vor *competition*, doch es bezeichnet keinen ‹lesenden Wettbewerb›, sondern einen ‹Wettbewerb im Lesen›. Ein schwacher Nachklang der verbalen Bedeutung ist noch zu spüren; denn man könnte den Ausdruck zu *book reading competition* erweitern, dann hätte *reading* ein Objekt und der verbale Charakter träte deutlicher hervor. Trotzdem ist das Wort eher ein Bestandteil eines zusammengesetzten Substantivs wie im Deutschen, nur mit dem Unterschied, dass die beiden Elemente nicht zusammengeschrieben werden.

Zu 9: In *reading-room* ist die verbale Bedeutung so gut wie ganz verschwunden. Man denkt zwar noch an die Tätigkeit des Lesens, doch die zentrale Vorstellung ist die eines Saals, der mit dem Substantiv *reading-room* bezeichnet wird. Der Bindestrich ist das im Englischen übliche Anzeichen dafür, dass zwei Wörter zu einem so genannten *compound word* zusammengefügt wurden. Die vollständige Zusammenschreibung zweier Wörter ist selten. Man findet sie nur dort, wo das zusammengesetzte Wort einen Gegenstand vollständig bezeichnet, ohne dass es konkurrierende Alternativen gibt. Eine Bibliothek hat z.B. neben dem *reading-room* noch andere Räume, mit *courtroom* hingegen ist der zentrale Raum eines Gerichtsgebäudes gemeint, dem alle anderen untergeordnet sind.

Zu 10: Hier ist das *readings* endgültig zum Substantiv geworden und hat den letzten Rest seines Verbalcharakters abgelegt, was daran zu erkennen ist, dass das Wort im Plural verwendet werden kann. Bei einem Gerundium wäre das nicht möglich.

Satzverkürzendes Partizip: Das Partizip Präsens spielt im Englischen eine weit größere Rolle als im Deutschen. Es trägt viel dazu bei, dass englische Sätze meist kürzer sind als entsprechende deutsche. Hier einige Beispiel:

Feeling tired, he went to bed.
Da er sich müde fühlte, ging er zu Bett.

Having finished the paper he went to work.
Nachdem er die Zeitung zu Ende gelesen hatte, ging er zur Arbeit.

In Sätzen wie diesen hat das Partizip in seiner Funktion als Verb das gleiche Subjekt wie der nachfolgende Hauptsatz. Es gibt aber auch Satztypen, wo dies nicht der Fall ist, wie die folgenden Beispiele zeigen:

The fog getting denser, they could hardly find their way.
Da der Nebel dichter wurde, konnten sie kaum ihren Weg finden.

The rain having stopped, they continued their walk.
Nachdem der Regen aufgehört hatte, setzten sie ihre Wanderung fort.

Gerundialkonstruktionen: Auch die verschiedenen Abstufungen des substantivierten Verbs, die wir oben als Gerundium bzw. *half-gerund* bezeichneten, erlauben satzverkürzende Konstruktionen. Von den folgenden zwei Beispielen ist die jeweils erste Version ein Gerundium mit substantivischem Charakter, während die zweite als *half-gerund* dem Partizip nahe steht, wobei die Bedeutung die Gleiche ist. Allerdings wird die erste Form allgemein als förmlicher empfunden. Man findet sie in der Schriftsprache, während im mündlichen Verkehr die zweite vorherrscht.

Do you mind my smoking a cigar?
Do you mind me smoking a cigar?
Macht es Ihnen etwas aus, wenn ich eine Zigarre rauche?

I was surprised at his not being invited.
I was surprised at him not being invited.
Ich war überrascht, dass er nicht eingeladen war.

Infinitiv oder Gerundium?

Es gibt Verben, die zwar wie andere Verben ein Nomen oder Pronomen als Objekt haben können, bei denen die Objektposition aber auch mit einem anderen Verb besetzt sein kann. Im Deutschen wird dieses Verb in aller Regel mit dem Infinitiv angeschlossen, während im Englischen drei Möglichkeiten gegeben sind: entweder nur der Infinitivanschluss oder nur das Gerundium oder beides nach Wahl des Sprechers. Was damit gemeint ist, zeigen die folgenden Beispiele:

	yelling		
He started		*for help.*	Er begann um Hilfe zu rufen.
	to yell		

Wie hier ist auch bei den folgenden Verben sowohl der Anschluss mit Infinitiv als auch der mit der *ing*-Form möglich.

to advise	raten	*to like*	gern haben
to allow	erlauben	*to love*	lieben
to attempt	versuchen	*to permit*	erlauben
to begin	beginnen	*to prefer*	vorziehen
to continue	fortfahren	*to propose*	vorschlagen
to forbid	verbieten	*to regret*	bedauern
to hate	hassen	*to try*	versuchen

Bei manchen Verben ist zwar beides möglich, doch mit unterschiedlicher Bedeutung:

He stopped smoking.
Er hörte auf zu rauchen.

He stopped to smoke a cigarette.
Er hielt an, um eine Zigarette zu rauchen.

He remembered having seen him.
Er erinnerte sich, ihn gesehen zu haben.

Please, remember to see him.
Denk daran, ihn zu besuchen.

I'll never forget shaking hands with the president.
Ich werde nie vergessen, wie ich dem Präsidenten die Hand schütteln durfte.

Don't forget to call me.
Vergiss nicht, mich anzurufen.

Bei Verben der Sinneswahrnehmung wie *to hear, to see, to notice* kann das Gerundium oder der Infinitiv ohne *to* stehen:

I saw her leave (leaving) the office.
Ich sah sie aus dem Büro gehen.

I heard her lock (locking) the door.
Ich hörte, wie sie die Tür zuschloss.

Wenn aber diese Sätze ins Passiv umgewandelt werden, muss der Infinitiv wieder das *to* haben:

She was heard to leave the office / to lock the door.

Nach den folgenden Verben steht immer das Gerundium (und nicht der Infinitiv):

to avoid	vermeiden
to delay	verschieben, verzögern
to have done with	fertig sein mit
to finish	beenden
to go on	fortfahren etwas zu tun
to keep	weitermachen mit
to give up	aufgeben
to leave off	ablassen von
to put off	aufschieben

Auch bei den folgenden Verben, bei denen das Objekt mit einer Präposition angeschlossen wird, ist nur das Gerundium (und kein Infinitiv) möglich:

to complain of	sich beklagen über / darüber, dass
to depend on	sich verlassen auf / darauf, dass
to delight in	sich erfreuen an / daran, dass

to despair of	verzweifeln an / daran, dass
to look forward to	sich freuen auf / darauf, dass
to object to	sich widersetzen / dagegen, dass
to prevent from	hindern an / daran, dass
to rely on	sich verlassen auf / darauf, dass
to succeed in	erfolgreich sein bei / dabei, dass
to thank for	danken für / dafür, dass
to trouble about	sich sorgen um / darum, dass

Das Gleiche gilt für die folgenden Verbindungen mit *to be*, die ebenfalls nur das Gerundium haben können:

to be accustomed to	gewöhnt sein an / daran, dass
to be disappointed at	enttäuscht sein über / darüber, dass
to be fed up with	etwas satt haben
to be fond of	gern haben
to be keen on	begierig sein auf / darauf, dass
to be sick of	überdrüssig sein
to be in danger of	in Gefahr sein zu
to be in the habit of	gewöhnt sein zu
to be on the brink of	kurz davor sein zu
to be on the point of	im Begriff sein zu

He was sick of being asked the same questions all over.
Er war es leid, noch einmal die gleichen Fragen zu hören.

Der Infinitiv (und nicht das Gerundium) steht nach Verben, die eine Absicht, eine Forderung, einen Befehl, eine Erwartung oder einen starken Wunsch ausdrücken:

to command	befehlen	*to mean*	beabsichtigen
to direct	anweisen	*to order*	anordnen
to expect	erwarten	*to request*	verlangen
to instruct	Weisung erteilen	*to require*	fordern
to intend	bezwecken	*to urge*	drängen

I intend you to go in my stead.
Ich möchte, dass Sie an meiner Stelle gehen.

Aber:
I intend going (oder to go) myself.
Ich beabsichtige selber zu gehen.

Das *present perfect*

Die zweite Eigentümlichkeit der englischen Verbgrammatik nach der Verlaufsform ist die strenge Unterscheidung zwischen der einfachen und der zusammengesetzten Vergangenheitsform. Die Sätze ‹Ich besuchte meine Tante› und ‹Ich habe meine Tante besucht› sind im Deutschen so gut wie bedeutungsgleich. Nur stilistisch unterscheiden sie sich. Der erste Satz klingt nach Schriftdeutsch; den zweiten würde man im mündlichen Verkehr erwarten. Es gibt nur wenige grammatische Situationen, in denen die zusammengesetzte Form als richtig und die andere als falsch empfunden wird. Das ist in Nebensätzen der Fall, die gegenüber dem Präsens eines Hauptsatzes eine unmittelbare Vorzeitigkeit ausdrücken, wie in dem Satz: «Nachdem er gefrühstückt hat, liest er die Zeitung». In diesem und ähnlichen Sätzen kann man die zusammengesetzte Vergangenheitsform nicht durch die einfache ersetzen, in den meisten anderen Fällen dagegen sehr wohl. Im Englischen ist das ganz anders. Hier steht die zusammengesetzte Form immer da, wo das Vergangene einen unmittelbaren Bezug zur Gegenwart hat, während die einfache Form anzeigt, dass etwas in der Vergangenheit abgeschlossen ist. Wenn ein englischer Muttersprachler die Frage hört

Have you seen ‹Romeo and Juliet›?,

wird er annehmen, dass der Film (oder das Theaterstück) noch auf dem Spielplan ist. Hört er dagegen die Frage

Did you see ‹Romeo and Juliet›?,

heißt das für ihn, dass der Film (oder das Stück) abgesetzt ist und bis auf weiteres keine Aussicht besteht es zu sehen. Im Deutschen pflegen wir – nach dem Vorbild der lateinischen Grammatik – die einfache Vergangenheitsform als Imperfekt und die zusammengesetzte als Perfekt zu bezeichnen, obwohl die damit ausgedrückte Unterscheidung von ‹unvollendet› und ‹vollendet› keinen Sinn macht. Im Englischen wären diese Bezeichnungen aber nicht nur sinnleer, sondern irreführend; denn hier bezeichnet gerade das

Imperfekt die vollendete und das Perfekt die unvollendete Vergangenheit. Deshalb wird in englischen Grammatiken die einfache Form als *past* und die zusammengesetzte als *present perfect* bezeichnet.

Die Verwendung des *present perfect* hängt wie die der Verlaufsform ganz wesentlich von der Sichtweise des Sprechers ab. Auch hier gibt es Situationen, wo es stehen **muss**, wo es **nicht stehen darf** und wo der Sprecher wählen kann, ob er das, was er zu sagen beabsichtigt, unmittelbar auf die Gegenwart beziehen will oder nicht. Während die Verlaufsform einen Sachverhalt fokussiert, wird durch das *present perfect* etwas aus der Vergangenheit aktualisiert. Wie in dem oben genannten deutschen Beispiel muss das *present perfect* im Nebensatz stehen, wenn dieser etwas enthält, was dem Präsens des Hauptsatzes unmittelbar vorausgeht.

After he has had breakfast he reads the paper.

Im Hauptsatz selber muss das *present perfect* stehen, wenn durch entsprechende Signalwörter eine unmittelbare Vorzeitigkeit zur Sprechgegenwart angedeutet wird. Solche Signale sind

this morning / evening	*today*	*for* + Zeitangabe
this week / month / year	*tonight*	*since*
This is the first time that	*recently*	

I've heard it on the radio this morning.
Ich habe es heute morgen im Radio gehört.

He has lived in London for many years.
Er lebt seit vielen Jahren in London.

He has lived in London since he was born.
Er lebt in London seit seiner Geburt.

This is the first time that I've been in London.
Dies ist das erste Mal, dass ich in London bin.

Wenn ein Ereignis oder Geschehen so weit zurückliegt, dass es für die Sprechergegenwart nicht mehr aktualisiert werden kann, wird das *present perfect* als falsch empfunden. Das bedeutet, dass alle historischen Sachverhalte im *past* berichtet werden müssen. Nur wenn von ihnen eine Wirkung ausgeht, die für die Gegenwart aktuell ist, kann das *present perfect* stehen. Zur Unterscheidung zwei Beispiele:

Shakespeare lived from 1564 to 1616.
Shakespeare lebte von 1564 bis 1616.

Shakespeare has contributed more to the modern stage than any other writer.
Shakespeare hat mehr zur modernen Bühne beigetragen als irgendein anderer Autor.

Im zweiten Fall könnte auch das einfache *past* stehen, wenn der Sprecher nicht Shakespeares Aktualität, sondern bloß seine Produktivität ausdrücken wollte. Bei weniger weit zurückliegenden Sachverhalten gibt es Signalwörter, die eine Aktualisierung unmöglich machen:

last night / week / month / year	*formerly*
in the past week / month etc.	*ago*

Will man sagen, dass jemand viele Jahre in London verbracht hat, aber jetzt nicht mehr dort lebt, muss es heißen: *He lived in London for many years.* Wenn dieser Satz aber auf einen Zeitpunkt in der Vergangenheit bezogen wird, zu dem er ein Verhältnis unmittelbarer Vorzeitigkeit hat, muss das *past perfect* stehen, das die lateinische Grammatik als Plusquamperfekt bezeichnet.

He had lived in London for many years before he moved to Paris.
Er hatte viele Jahre in London gelebt, bevor er nach Paris ging.

In vielen Fällen hängt es von der Sicht des Sprechers ab, ob bei einem Sachverhalt aus der Vergangenheit die Auswirkung auf die Gegenwart betont werden soll oder nicht. Viele Ereignisse, die nicht allzu weit zurückliegen, lassen sich irgendwie auf die Gegenwart beziehen. Die folgenden Beispielsätze geben einen Überblick über die möglichen Sichtweisen auf ein und denselben Sachverhalt.

a) *Last week I painted the house.*
Letzte Woche habe ich das Haus angestrichen.

Durch das Signalwort *last* wird die Handlung in den Kontext einer abgeschlossenen Vergangenheit versetzt. Deshalb muss hier das *past* stehen.

b) *When (I was) painting the house last week, I fell from the ladder.*
Als ich letzte Woche das Haus anstrich, fiel ich von der Leiter.

Hier gilt, was unter a) gesagt wurde. Darüber hinaus muss aber der Nebensatz in der Verlaufsform stehen, weil er in der Vergangenheit einen *Zeitablauf* auf den *Zeitpunkt* des Hauptsatzes heranzoomt und diesen in sich einbettet.

c) *Look, I have painted the house.*
Schau, ich habe das Haus frisch gestrichen.

Hier muss das *present perfect* stehen, weil der Satz nicht die in der Vergangenheit abgeschlossene Handlung, sondern ihr in der Gegenwart vorliegendes Ergebnis ausdrücken will.

d) *I've been painting the house all day.*
Ich bin schon den ganzen Tag dabei das Haus anzustreichen.

Hier wird eine Handlung beschrieben, die in der jüngsten Vergangenheit begonnen hat und in der Gegenwart andauert. Das Andauern wird durch die Verlaufsform und der vorzeitige Beginn durch das *present perfect* angezeigt.

e) *Do you have a painter? No, I paint the house myself.*
Haben Sie einen Maler? Nein, ich streiche das Haus selber.

Hier muss das einfache Präsens stehen; denn das Anstreichen soll nicht als gerade ablaufende Handlung, sondern als bloße Tatsache beschrieben werden, auch wenn die Handlung schon vor einiger Zeit begonnen hat.

Futur

Das Englische hat wie das Deutsche und anders als das Lateinische und die romanischen Sprachen keine Möglichkeit, einem Verb durch eine besondere Endung futurische Bedeutung zu geben. Deshalb muss bei Sachverhalten, die aus der Sicht des Sprechers in der näheren oder ferneren Zukunft liegen, das grammatische Futur durch Umschreibungen kenntlich gemacht werden. Im Englischen steht dafür eine ganze Reihe von Möglichkeiten zur Auswahl, die wir hier vorstellen wollen. Zuvor aber muss gesagt werden, dass das Englische die futurische Bedeutung eines Satzes im allgemeinen konsequenter ausdrückt als das Deutsche. Im Deutschen genügt es, wenn die futurische Bedeutung aus dem Satzzusammenhang ersichtlich ist wie in den folgenden Sätzen:

Heute abend gehe ich ins Kino.
In diesem Sommer fahre ich nach Griechenland.
Sehe ich dich nächste Woche auf der Konferenz?

Das Englische ist da weniger großzügig. Zwar kann auch hier das Präsens futurische Bedeutung haben, aber nur, wenn das zukünftige Ereignis so gewiss wie eine gegenwärtige Tatsache ist. Das ist z. B. bei Geburtstagen und Fahrplänen der Fall:

Tomorrow is my birthday.
Morgen ist mein Geburtstag.
My train leaves on Friday morning.
Mein Zug geht Freitag früh.

In den drei oben aufgeführten deutschen Sätzen müsste dagegen das Futur im Englischen kenntlich gemacht werden, z. B. so:

Tonight I'm going to the cinema.
This summer, I'll go to Greece.
Will I be seeing you at the conference next week?

Neben dem einfachen Präsens kann auch die Verlaufsform etwas Zukünftiges ausdrücken.

Aunt Betty is coming tonight.
Tante Betty kommt heut Abend.

Diese Form des Futurs wird vor allem bei unmittelbar bevorstehenden Ereignissen verwendet. Dabei muss eine Absicht oder ein geplantes Handeln erkennbar sein.

Noch vor wenigen Jahrzehnten stand in allen Lehrbüchern des Englischen, dass das Futur mit *shall* und *will* gebildet wird, wobei *shall* für die erste Person reserviert sein sollte, mit Ausnahme von Fragesätzen, wo es auch für die zweite Person verwendet werden durfte. Inzwischen ist diese Regel längst außer Kraft gesetzt. Heute kann man beide Hilfsverben für alle Personen verwenden, wobei die Wahl durch kleine Bedeutungsnuancen bestimmt wird. Sagt man statt *I shall*, wie es früher gelehrt wurde, *I will*, dann erhält das Zukünftige etwas mehr die Bedeutung des Gewollten. Sagt man andererseits nicht *he will*, sondern *he shall*, dann wird dadurch ein klein wenig mehr Sollen ausgedrückt. Doch diese Nuancen sind so gering, dass nur sehr stilsichere Sprecher zwischen ihnen unterscheiden. Der Lerner wird der Qual dieser Wahl schon dadurch enthoben, dass bei den Pronomina von *shall* und *will* sowieso nur *'ll* übrigbleibt. Nur in der Verneinung, wo *shall not* zu *shan't* und *will not* zu *wont't* wird, ist das gewählte Wort zu erkennen. Statistisch gesehen ist *will* von allen Formen des Futurs die meistgebrauchte.

Auch zukünftige Sachverhalte können durch die Verlaufsform so herangezoomt werden, dass sie gewissermaßen als vergrößerter Zeitausschnitt wahrgenommen werden.

I shall be seeing you at the conference.
Ich werde Sie auf der Konferenz sehen.

Die Verlaufsform muss gewählt werden, wenn bei zwei zukünftigen Ereignissen das eine einen Zeitpunkt angibt, von dem aus das andere als Zeitausschnitt wahrgenommen wird.

It'll be raining by the time you come back.
Es wird (bereits) regnen, wenn ihr zurückkommt.

Die zweithäufigste Form des Futurs nach *shall/will* ist die Umschreibung mit *going to*. Sie wird gebraucht, wenn der Entschluss zu einer Handlung bereits in der Gegenwart gefasst ist oder im Falle eines unpersönlichen Ereignisses das Eintreten kurz bevorsteht.

I'm going to see my mother tomorrow.
Morgen besuche sich meine Mutter.

It's going to rain.
Es wird bald regnen.

Beim zweiten Satz könnte man den Zeitpunkt nicht auf *tomorrow* verschieben. In diesem Fall müsste man sagen: *It'll rain tomorrow*. Wenn der Regen unmittelbar bevorsteht und die ersten Tropfen bereits fallen, kann man auch sagen:

It's about to rain.
Gleich regnet es.

Eine andere Formel, die unmittelbare Zukunft ausdrückt, ist *to be on the point of*. Hier erwartet man ein persönliches Subjekt, d.h. ein Wesen, das im Begriff ist etwas zu tun.

Während die fünf zuvor genannten Umschreibungen die reine Zukünftigkeit eines Sachverhalts ausdrücken, gibt es noch andere Konstruktionen, die das Zukünftige als etwas darstellen, was geschehen sollte, was möglicherweise geschehen könnte oder wozu man jemanden einlädt.

You should go to the exhibition.
Du solltest die Ausstellung besuchen.

It may rain tomorrow.
Es könnte morgen regnen.

You can come and see me on Friday.
Sie können mich am Freitag besuchen.

Abschließend sei noch bemerkt, dass deutsche Lerner – und übrigens auch Lehrer – oft dazu neigen, das Futur mit *going to* für besonders idiomatisch zu halten, weshalb sie es auch dort einsetzen, wo es falsch ist. Bei *will* bzw. *'ll* ist das Fehlerrisiko geringer.

Formales Subjekt und formales Objekt

Wie im Deutschen so wird auch im Englischen die grammatische Position des Subjekts bzw. des Objekts oft durch eine Art Platzhalter gefüllt. Im Deutschen ist es das Wort ‹es›. Auch im Englischen tritt *it* oft als unpersönliches Subjekt auf: *It is raining* – Es regnet. Eine besondere Verwendung von *it* in der Funktion eines formalen Subjekts ergibt sich aus der Tatsache, dass im Englischen das Objekt nicht vor dem Subjekt stehen darf. Will man es trotzdem nach vorn ziehen, weil es besonders betont werden soll, muss man eine Hilfskonstruktion verwenden:

It's the headmaster you must apply to.
An den Direktor müssen Sie sich wenden (nicht an mich).

Wenn man im Deutschen auf etwas Vorausgegangenes Bezug nehmen will, setzt man dafür ‹es› ein. Im Englischen nimmt man oft *so*. Dieses *so* steht als formales Objekt nach dem Verb. Nur wenn etwas Vorausgegangenes ausdrücklich bekräftigt werden soll, steht es am Anfang.

Will he come in time?	*I hope so.*
Wird er rechtzeitig kommen?	Ich hoffe es.

He'll stay for a while, won't he? – So he told me.
Er wird eine Weile bleiben, nicht wahr? – Das hat er mir jedenfalls gesagt.

Wenn auf etwas Vorausliegendes Bezug genommen wird, tritt *there* an die Stelle von *so*. Vorausliegend muss nicht heißen, dass es noch nicht geschehen ist, sondern nur, dass im Gespräch noch nicht darauf Bezug genommen wurde. Deshalb beginnen viele englische Sätze mit *there is*:

There is something I want to talk to you about.
Da ist etwas, worüber ich mit dir sprechen will.

There was an earthquake in Sicily.
Es gab ein Erdbeben in Sizilien.

Adverb und Adverbial

Beim Adverb geht die grammatische Terminologie oft etwas durcheinander. Strenge Grammatiken bezeichnen mit ‹Adverb› nur die Wortart der Adverbien, während sie die von diesen ausgeübte Funktion innerhalb des Satzes ‹Adverbial› nennen. Der Einfachheit halber wollen wir Einwort-Adverbiale als Adverbien und diejenigen aus mehreren Wörtern als Adverbiale bezeichnen. Adverbien und Adverbiale sind Umstandsbestimmungen, die den Ort, die Zeit, die Art und Weise, den Grad, die Häufigkeit, den Aspekt, den Fokus eines Geschehens oder ein Urteil darüber angeben. Das Hauptproblem für den Englischlerner ist dabei die Position im Satz. Wie an früherer Stelle ausgeführt, darf im englischen Satz das Objekt nur unter sehr eingeschränkten Bedingungen vom Prädikat getrennt werden, da sonst wegen der fehlenden Kasusendung die Objektfunktion nicht erkannt oder missverstanden werden kann. Folglich bleiben für das Adverb/Adverbial nur drei mögliche Positionen: die Mittelposition zwischen Subjekt und Prädikat, die Frontposition und die Endposition.

Die Mittelposition: Zwischen Subjekt und Prädikat können folgende Einwort-Adverbien stehen:

Zeitadverbien:	*already, just, now, soon, still, then.*
Gradadverbien:	*almost, barely, entirely, hardly, nearly, quite, scarcely, totally, utterly.*
Häufigkeitsadverbien:	*always, never, often, seldom, sometimes, frequently, generally, occasionally, rarely, usually.*
Wahrscheinlichkeits-adverbien:	*certainly, definitely, hopefully, maybe, possibly, presumably, probably.*
Fokus-Adverbien:	*also, chiefly, especially, mainly, mostly, notably, particularly, primarily, principally, specially.*
Emphase-Adverbien:	*absolutely, certainly, just, quite, really, simply.*

Die genannten Adverbien stehen
(1) bei einfachen Verbformen unmittelbar vor dem Verb;
(2) bei zusammengesetzten Formen nach dem ersten Hilfsverb;
(3) bei Passivformen auch vor *been* plus Partizipialform des Vollverbs.

(1) *She soon (hardly* etc.*) recognized him.*
Sie erkannte ihn bald (kaum etc.).

(2) *She would soon (hardly* etc.*) have recognized him.*
Sie hätte ihn bald (kaum etc.) erkannt.

(3) *You would nearly (easily* etc.*) have been run over.*
You would have nearly (easily etc.*) been run over.*
Du wärst beinahe (leicht etc.) überfahren worden.

Adverbien der Art und Weise, also vor allem solche, die durch die Endung -ly von Adjektiven abgeleitet sind, können unter bestimmten Bedingung ebenfalls in der Mittelposition stehen. Wann dies möglich ist und wann nicht, ist logisch schwer zu erklären. Möglich ist es bei solchen, die man auch als Emphase-Adverbien bezeichnen könnte:

badly	*heavily*	*severely*
completely	*little*	*strongly*
greatly	*seriously*	*totally*

Dagegen stehen die Adverbien der folgenden Gruppe am Satzende, obwohl es sich auch hier z.T. um Emphase handelt.

a bit	*hard*	*remarkably*
a great deal	*hugely*	*terribly*
a little	*immensely*	*tremendously*
a lot	*moderately*	

Als eine – nicht allzu verlässliche – Faustregel gilt, dass Adverbien, deren Aussage erst am Schluss überprüfbar ist, am Satzende stehen, während solche, deren Aussage von Anfang an zutrifft, in der Mittelposition stehen können:

Deshalb: *She silently rehearsed the song.*
Im Stillen ging sie das Lied durch.

Aber: *She sang the song beautifully.*
Sie sang das Lied schön.

Eine andere Mittelstellung gibt es bei intransitiven Verben, die kein direktes Objekt haben können. Wenn diese im einfachen Präsens oder Präteritum stehen, kann das Adverb unmittelbar auf das Verb folgen:

He listened silently to the speaker.
Er lauschte still dem Redner.

Aber: *He silently watched the speaker.*
Oder: *He watched the speaker silently.*
Er beobachtete den Redner schweigend.

Endposition: Emphatische Adverbien und die große Masse der Mehrwort-Adverbiale stehen meist am Satzende. Dabei kommt bei mehreren Adverbialen zuerst das der Art und Weise, dann das des Ortes und zuletzt das der Zeit.

The storm raged fiercely over London all night.
Der Sturm tobte wild über London die ganze Nacht.

Frontposition: Hier stehen vor allem Zeitadverbien wie *today, tomorrow, yesterday, last night, next year* und Adverbien, die einen Aspekt oder ein Urteil anzeigen:

Surprisingly, he won the match.
Überraschend(erweise) gewann er das Match.

In literarischen Erzähltexten können auch Adverbien der Art und Weise am Anfang stehen:

Gently he tiptoed out of the sickroom.
Leise schlich er auf Zehenspitzen aus dem Krankenzimmer.

Die beiden Hauptregeln sind: 1. Orts- vor Zeitadverbien und 2. kein Adverb zwischen Prädikat und direktem Objekt.

Relativsätze

Relativsätze sind Nebensätze, die sich auf etwas Vorausgegangenes beziehen. Im Deutschen beginnen sie immer mit einem Relativpronomen, das stellvertretend für das steht, worauf sich der Satz bezieht. Im Englischen ist das anders. Hier gibt es auch Relativsätze, die ohne Relativpronomen angeschlossen werden. Die englische Grammatik unterscheidet zwei Arten von Relativsätzen: bestimmende, die zum Verständnis des Satzes notwendig sind, und ergänzende, die etwas hinzufügen, was auch weggelassen werden kann, ohne dass der Satz unverständlich wird. In gedruckten Texten erkennt man den Unterschied daran, dass die ergänzenden Relativsätze in Kommata eingeschlossen sind, während die bestimmenden durch kein Satzzeichen vom Hauptsatz getrennt sind, was ihre notwendige Zugehörigkeit zu diesem ausdrückt. Hier einige Beispiele:

Bestimmende (oder notwendige) Relativsätze:
The man who wrote this book is still alive.
Der Mann, der dieses Buch schrieb, lebt noch.

The book that made him famous is his autobiography.
Das Buch, das ihn berühmt machte, ist seine Autobiographie.

The book I'm talking about is his latest novel.
Das Buch, über das ich hier spreche, ist sein jüngster Roman.

The author whose book I'm talking about. ...
Der Autor, über dessen Buch ich hier spreche, ...

Ergänzende Relativsätze:
The author of the novel, who became famous by his autobiography,...
Der Autor des Romans, der durch seine Autobiographie berühmt wurde,

His autobiography, which came out two years ago, made him famous.
Seine Autobiographie, die vor zwei Jahren herauskam, machte ihn berühmt.

His first novel, the title of which (oder: *whose title) I do not remember, was mediocre.*
Sein erster Roman, an dessen Titel ich mich nicht erinnere, war mittelmäßig.

Der inhaltliche Unterschied zwischen den beiden Typen dürfte damit klar sein. Erläuterungsbedürftig ist aber noch der Gebrauch der Relativpronomen. Zur Wahl stehen *who, whom, whose, which, of which* und *that. Who* bezieht sich auf Personen und personalisierte Sachen. Ursprünglich wurde diese Form nur im Nominativ gebraucht, also dort, wo das Relativpronomen Subjekt ist. Inzwischen wird sie oft auch als Objekt verwendet, wo früher *whom* stehen musste. Der Genitiv dazu ist *whose*. Er kann sich auch auf Sachen beziehen. *Which* bezieht sich immer auf Sachen. Es hat als Subjekt und Objekt die gleiche Form, während der Genitiv mit *of* gebildet wird. Damit ergeben sich für den Possessivfall folgende Möglichkeiten.

The author whose book I'm talking about …
His first book, whose title I do not remember, …
His first book, of which I do not remember the title …
His first book, the title of which I do not remember …

Wenn das *of* kein Possessivverhältnis anzeigt, sondern zu einem *phrasal verb* gehört, z. B. zu *to be fond of* (gern haben), ergibt sich eine weitere Möglichkeit: *This book, which I am particularly fond of, …* Hier handelt es sich um einen ergänzenden Relativsatz, da die bestimmende Auswahl des Buches schon durch das *this* angezeigt wird. Wird die Bestimmung aber erst durch den Relativsatz getroffen, wird daraus ein bestimmender: *The book (which, that) I am particularly fond of … That* kann für Personen und Sachen verwendet werden, doch beides nur in notwendigen Relativsätzen. Wenn es dabei die Funktion eines Objekts hat, kann es ganz weggelassen werden wie im letztgenannten Beispiel.

Eine besondere Form des Relativsatzes ist die, die sich nicht auf ein Substantiv oder Pronomen, sondern auf den Inhalt eines ganzen Satzes bezieht. Im Deutschen werden solche Relativsätze mit ‹was› angeschlossen, während im Englischen *which* steht. Dabei handelt es sich immer um einen ergänzenden Relativsatz, der durch ein Komma abgetrennt werden muss:

He is never on time, which makes me angry.
Er ist nie pünktlich, was mich wütend macht.

Indirekte Rede

Beim Gebrauch der indirekten Rede gibt es zwischen dem Deutschen und dem Englischen einen klaren Unterschied, der allerdings von vielen nicht so klar gesehen wird, weil die Deutschen in diesem Punkt oft die eigene Grammatik nicht kennen. Die Regel lautet: Unabhängig davon, ob im Hauptsatz das Präsens oder eine Vergangenheitsform steht, muss in der indirekten Rede immer der Konjunktiv Präsens stehen, wenn die Rede als direkte im Präsens steht; steht sie in der Vergangenheit, muss die indirekte Form den Konjunktiv Perfekt haben. Nur wenn der Konjunktiv Präsens mit dem Indikativ identisch ist, steht der Konjunktiv des Imperfekts. Beispiele:

Er sagt (sagte), er gehe gern ins Kino.
Aber: Sie sagten, sie gingen gern ins Kino (weil ‹sie gehen› nicht als Konjunktiv erkennbar ist).

Nicht selten hört man jedoch: ‹Er sagt (oder sagte), er ginge gern ins Kino›. Nach diesem Satz erwartet man aber, dass er so weitergeht: … wenn er die Zeit dazu hätte›. Der Konjunktiv Imperfekt ‹ich ginge› wird im Deutschen als Konditional verwendet, deshalb erwartet man danach einen Bedingungssatz. Im Englischen, das den Konjunktiv kaum noch gebraucht, weil er in den meisten Fällen nicht erkennbar ist, lautet die Regel: Steht der Hauptsatz im Präsens, muss auch die indirekte Rede im Präsens Indikativ (oder *present perfect*) stehen. Steht der Hauptsatz im *past*, steht auch die indirekte Rede im *past* Indikativ (oder *past perfect*).

He says he likes going to the cinema.
He says he has been ill.
He said he liked going to the cinema.
He said he had been ill.

Von dieser Regel darf bei einem Hauptsatz im *past* abgewichen werden, wenn das, was in der indirekten Rede steht, auch noch für die Gegenwart gültig ist: z.B. *Galilei said that the earth moves round the sun* oder *He said he likes going to the cinema*, wenn er das immer noch gern tut.

Konditionalsätze

Als Konditionalsatz bezeichnet man einen Satztyp, bei dem ein mit *if* oder *in case* (im Deutschen mit ‹wenn› oder ‹falls ›) eingeleiteter Nebensatz eine Bedingung angibt, unter der das im Hauptsatz Gesagte eintritt. Dabei gibt es unterschiedliche **modi** der Erfüllbarkeit. Beim **modus realis** ist die Bedingung erfüllbar und wird als real vorgestellt. Beim **modus potentialis** ist sie ebenfalls erfüllbar, wird aber als ungewiss vorgestellt, während der **modus irrealis** eine bloß hypothetische und in der Regel unerfüllbare Bedingung ist. Den Begriff Konditional verwenden die Grammatiken für die Formen *should* und *would* der modalen Hilfsverben *shall* und *will.*

Im **modus realis** stehen Bedingungssatz und Hauptsatz im Indikativ. Steht ersterer im Präsens, hat der Hauptsatz im Regelfall das Futur. Nur wenn dieser eine feststehende Tatsache oder ein regelmäßiges Ereignis enthält, steht er im Präsens.

If it rains, we'll go to the hut.
Falls es regnet, gehen wir zur Hütte.

If it rains, there is a hut to shelter us.
Für den Fall, dass es regnet, gibt es dort eine Hütte.

Steht der Bedingungssatz im Präteritum, muss auch der Hauptsatz diese Zeitform haben.

In case it rained there was a hut.
Für den Fall, dass es regnete, gab es dort eine Hütte.

Beim **modus potentialis** steht im Bedingungssatz das Konditional *should* und im Hauptsatz das Konditional *would*:

If it should (oder: *should it*) *rain, we would go to the hut.*

Nur wenn es sich um eine höfliche Aufforderung handelt, steht auch im Bedingungssatz *would*:

If you would tell me where the hut is, I would feel easier.
Wenn Sie mir sagen würden, wo die Hütte ist, wäre mir wohler.

Beim **modus irrealis** steht der Bedingungssatz im so genannten modalen Präteritum (*past*) oder Plusquamperfekt (*past perfect*) und der Hauptsatz hat das Konditional *would*:

If it were raining, we would now be in the hut.
Falls es jetzt regnete, wären wir in der Hütte.

If it had rained, we would have gone to the hut.
Falls es geregnet hätte, wären wir zur Hütte gegangen.

Das modale Präteritum ist für das deutsche Sprachgefühl ein Konjunktiv. Im Englischen ist das Konjunktivische daran aber weitgehend geschwunden. Nur bei *were* statt *was* in der ersten und dritten Person Singular ist es noch zu erkennen:

If I were you I wouldn't do it.
Wenn ich du wäre, würde ich es nicht tun.

Aber auch hier hat sich der Indikativ schon fast durchgesetzt; denn die meisten sagen *If I was you ...* Das modale Präteritum kann im Konditionalsatz auch auf etwas Zukünftiges hinweisen, das noch nicht eingeleitet wurde, aber möglich und in der Regel erwünscht ist:

If you sent her an invitation, she would be overjoyed.
Wenn du ihr eine Einladung schicktest, wäre sie überglücklich.

Faustregeln:

1. Im **modus realis** steht im *if*-Satz kein *should* und im Hauptsatz kein *would*.
2. Im **modus potentialis** steht im *if*-Satz *should* und im Hauptsatz *would*.
3. Im **modus irrealis** steht im if-Satz das modale *past* oder *past perfect* und im Hauptsatz *would*.
4. Modales *would* (oder auch *will*) steht im *if*-Satz nur, wenn eine höfliche Aufforderung ausgedrückt werden soll.
5. Futurisches *will* steht im *if*-Satz nur, wenn dessen Inhalt das Resultat des Hauptsatzes ist: *If it will help you, I'll talk to the boss.* (Falls dir das hilft, rede ich mal mit dem Chef.)

Präpositionalphrasen und *phrasal verbs*

Zu den charakteristischsten Eigentümlichkeiten der englischen Sprache gehört das für den Lerner oft verwirrende Nebeneinander von Verben mit Präpositionen und den äußerlich ganz ähnlichen *phrasal verbs*. In dem Satz *He is wandering about the streets* (Er wandert durch die Straßen) haben wir es mit dem Erstgenannten zu tun, in dem Satz *He is wandering about* (Er wandert umher) mit dem Zweiten. Um das Prinzip besser verständlich zu machen, soll auch hier erst einmal das Entsprechende im Deutschen betrachtet werden. Die ebenso charakteristische deutsche Eigentümlichkeit ist das Abwandeln eines Verbs durch ein vorangestelltes Präfix. So lassen sich aus dem Verb ‹nehmen› rund 35 verschiedene neue Verben bilden, indem man die folgenden Präfixe davorsetzt: ab-, an-, auf-, aus-, be-, durch-, ein-, ent-, fort-, her-, heraus-, herein-, herunter-, hervor-, hin-, hinaus-, hinein-, hinüber, hinunter-, hinzu-, mit-, nach-, über-, unter-, ver-, vor-, vorweg-, wahr-, zu-, zurück-. Vier dieser Präfixe kommen nur in Verbindung mit anderen Wörtern vor, nämlich be-, ein-, ent- und ver-. Elf weitere sind Präpositionen; die übrigen vierzehn sind Adverbien. Das entsprechende englische Verb *to take* hat dagegen nur zwei heute noch gebräuchliche Formen mit einem Präfix, nämlich *overtake* (überholen) und *undertake* (unternehmen). Eine dritte Ableitung ist *betake*, ‹sich begeben›, die aber kaum noch verwendet wird. Statt dessen werden im Englischen die abgeleiteten Bedeutungsnuancen durch das Verb mit nachfolgenden Präpositionen oder Adverbien gebildet. Dabei ergeben sich z. B. folgende Ausdrücke:

a) mit Präposition

to take after	=	nach jemandem schlagen, ihm ähneln
to take from	=	jemandem etwas wegnehmen
to take into	=	hineinbringen in
to take upon oneself	=	auf sich nehmen

b) mit Adverb

to take aback	=	überraschen
to take about	=	herumführen
to take along	=	mitnehmen

to take apart	=	auseinandernehmen
to take aside	=	beiseite nehmen
to take away	=	wegnehmen
to take back	=	zurücknehmen
to take down	=	herunternehmen (auch notieren)
to take forward	=	weiterführen
to take in	=	u. a. (Geld) einnehmen, etwas in sich aufnehmen, (Kleider) kürzen; aber auch: jemanden durch Täuschung für sich einnehmen

Die zweite, aus *phrasal verbs* bestehende Gruppe ist bei den meisten englischen Verben mit Abstand die Größte. Während die Zahl der Präpositionen, mit denen ein Verb verwendet werden kann, sehr eingeschränkt ist, gibt es eine Fülle von Adverbien, die sich mit einem Verb so fest verbinden können, dass die Kombination wie ein einziges Verb verwendet wird. Bei Präpositionen deutet schon der lateinische Name an, dass sie etwas ‹Davorgestelltes› sind, dass sie also enger auf das bezogen sind, wovor sie gestellt sind. Die Adverbien der *phrasal verbs* dagegen gehören zu den Verben nur sinngemäß. Dieser Unterschied hat Auswirkungen auf die grammatikalische Verwendung der beiden Typen. So lassen sich z.B. *phrasal verbs* wie einzelne Verben mit einer Präposition verwenden, wobei diese hinter dem adverbialen Bestandteil stehen muss. Einige Beispiele mögen dies verdeutlichen. *To put up* heißt ‹sich abfinden›. Das, womit man sich abfindet, wird mit der Präposition *with* angeschlossen, also *You must put up with bad weather*. Da die Präpositionen enger an die darauffolgende Nominalphrase gebunden sind, können nur sie im Relativsatz vor dem Relativpronomen stehen, während das Adverb am Schluss auf das Verb folgen muss. Churchill soll einmal aus Ärger über das gespreizte Englisch in einem Schriftstück an den Rand die absichtlich ungrammatische Bemerkung geschrieben haben: *This is the kind of English up with which I will not put*. Richtig wäre entweder *This … with which I will not put up* oder *This … (which) I will not put up with*.

Die Verwirrung für den Englischlerner wird noch dadurch vergrößert, dass viele Präpositionen auch als Adverbien verwendet werden. Allerdings ist das auch im Deutschen der Fall, z.B. da, wo eine als Präfix verwendete Präposition vom Verb getrennt wird. In ‹Der Strom kommt aus der Steckdose› ist ‹aus› eine Präposition; in ‹er schaltet das Licht aus› hat ‹aus› adverbiale Funktion. Die meistgebrauchten englischen Präpositionen, die zugleich Adverbien sein können, sind die folgenden:

about	*before*	*by*	*on*	*since*
above	*behind*	*down*	*opposite*	*through*
across	*below*	*in*	*outside*	*under*
after	*beneath*	*inside*	*over*	*underneath*
against	*beside*	*near*	*past*	*up*
along	*beyond*	*off*	*round*	*within*

Da Präpositionalphrasen und *phrasal verbs* zu den Stolpersteinen des Englischen zählen, sollen einige Beispiele genannt werden, die sich als häufige Fehlerquellen erwiesen haben.

a) Präpositionalphrasen mit Verben

to agree with	übereinstimmen mit jemandem
to agree about	(über eine Sache) einer Meinung sein
to agree on	sich (auf einen Beschluss) einigen
to agree to	(einem Vorschlag) zustimmen
to aim at	zielen auf
to depend on	abhängen von
to dream of	träumen von (sich wünschen)
to dream about	träumen von (im Traum)
to laugh at	jemanden auslachen
to look at	jemanden oder etwas ansehen
to look after	sich kümmern um
to look for	sich suchend umschauen nach
to participate in	teilnehmen an
to run into	zusammenstoßen mit
to shoot at	schießen auf
to suffer from	leiden an
to succeed in (at)	bei etwas Erfolg haben

b) Präpositionalphrasen mit Adjektiven

angry with	verärgert über jemanden
angry about	verärgert über etwas
different from	verschieden von
good / bad at	gut / schlecht (in einer Fertigkeit)

c) Präpositionalphrasen mit Substantiven

belief in	Glaube an
care for	Sorge um
congratulations on	Gratulation zu
explanation of / for	Erklärung für
fear of	Furcht vor
influence on	Einfluss auf
interest in	Interesse an
proof of (nicht *for*)	Beweis für
reason for (nicht *of*)	Grund für

d) Phrasal verbs

to be in for	zu erwarten haben
to be up to	im Schilde führen
to bring up	zur Sprache bringen
to do in	1. umbringen; 2. reinlegen
to do up	aufmöbeln
to give in	nachgeben
to give up	aufgeben
to hurry up	sich beeilen
to put down	u. a. zum Schweigen bringen
to put forward	u. a. eine Meinung unterbreiten
to put off (with)	jemanden mit etwas vertrösten
to put on	u. a. vorspielen, heucheln
to throw up	sich erbrechen
to turn down	u. a. ablehnen
to turn out	sich herausstellen
to turn up	auftauchen
to walk out on someone	jemanden im Stich lassen

Zum Schluss seien noch drei der häufigsten Fehler genannt, die deutsche Lerner beim Gebrauch von Präpositionen machen:

typical of (nicht *for!*)	typisch für
an example of (nicht *for!*)	ein Beispiel für
to my mind, aber: *in my opinion*	meiner Meinung nach

«Falsche Freunde» und andere Fehlerquellen

Als *false friends* bezeichnen Didaktiker des Englischen solche Wörter, die deutschen Wörtern ähneln, aber etwas anderes bedeuten. Das typische Beispiel dafür ist *to become*, das ‹werden› bedeutet, aber von deutschen Lernern oft mit ‹bekommen› verwechselt wird. Weitere solcher «falschen Freunde» sind:

barracks	nicht ‹Baracke›, sondern ‹Kaserne›
chancel	nicht ‹Kanzel›, sondern ‹Altarraum›; ‹Kanzel› ist *pulpit*
cloister	nicht ‹Kloster›, sondern ‹Kreuzgang›
closet	nicht ‹Klosett›, sondern ‹Wandschrank›
confession	nicht ‹Konfession›, sondern ‹Geständnis›
costume	‹Theaterkostüm›; das Jackenkleid ist *suit*
decent	nicht ‹dezent›, sondern ‹anständig›
delicate	nicht ‹delikat›, sondern ‹zerbrechlich›; ‹delikat› heißt *delicious*
gracious	nicht ‹graziös›, sondern ‹gnädig›; ‹graziös› ist *graceful*
lust	nicht ‹Lust›, sondern ‹wollüstiges Verlangen›
marmalade	nicht ‹Marmelade› im Sinn von Konfitüre, sondern nur Brotaufstrich aus Zitrusfrüchten; ‹Konfitüre› ist *jam*
pathetic	nicht ‹pathetisch›, sondern ‹mitleiderregend›
salad	nicht ‹grüner Salat›, sondern ‹zubereiteter Salat›; ‹grüner Salat› ist *lettuce*
self-conscious	nicht ‹selbstbewusst›, sondern ‹verlegen›; ‹selbstbewusst ist *self-confident*
sensible	nicht ‹sensibel›, sondern ‹vernünftig›; ‹sensibel› ist *sensitive*
shawl	nicht ‹Schal›, sondern ‹großes Schultertuch› ‹Schal› ist *scarf*
shellfish	nicht ‹Schellfisch›, sondern ‹Schalentier›
sticky	nicht ‹stickig›, sondern ‹klebrig›
stool	nicht ‹Stuhl›, sondern ‹Hocker, Schemel›, auch ‹Stuhl› im Sinne von ‹Stuhlgang›
stream	nicht ‹Strom›, sondern ‹kleiner Bach›
sympathetic	nicht ‹sympathisch›, sondern ‹mitfühlend›, ‹einfühlsam›

Weitere kleine Stolpersteine, die oft zu Fehlern führen, sind die folgenden:

Almost / nearly
Beide Wörter bedeuten ‹annähernd, beinahe, fast›, doch *almost* bedeutet etwas mehr Nähe als *nearly*. Bei messbarer oder zumindest verifizierbarer Annäherung können beide Wörter gebraucht werden, bei einer subjektiven Einschätzung dagegen nur *almost*: z.B. *it's almost unbelievable* (es ist beinahe unglaublich). *Nearly* wird so gut wie nie in Verneinungen gebraucht. ‹Beinahe nie› heißt *almost never* oder, besser noch, *hardly ever*.

Already / yet
Already wird in assertorischen, d.h. feststellenden Sätzen gebraucht; im Fall der Verneinung heißt es *not yet*:

She has already arrived.	*She hasn't arrived yet.*
Sie ist schon angekommen.	Sie ist noch nicht angekommen.

In einem nicht-assertorischen Satz, z.B. einer Frage, sagt man im Deutschen auch ‹schon›, während das Englische hier *yet* gebraucht: *Has she arrived yet?* ‹Ist sie schon angekommen?›

As / how
Die Konjunktion *as* bedeutet immer eine Gleichsetzung, *how* dagegen bezieht sich auf die Art und Weise.

He told me how to do it.
Er sagte mir, wie es zu machen ist.

I did as he told me.
Ich machte es (genau) so, wie er mir gesagt hatte.

To ask / to ask for
To ask for bedeutet immer ‹etwas erbitten› (*to ask for help, money* etc.). ‹Etwas erfragen› (z.B. die Zeit, den Weg usw.) heißt *to ask* (*the time, the way* etc.). Bei genauerem Erfragen sagt man *to ask about* (*the trains*), *to ask after* (*someone's health*).

To bath / to bathe
Das Baby baden heißt *to bath the baby*. Den wunden Fuß im Wasser baden heißt *to bathe one's sore foot*. Baden im Sinne von schwimmen heißt *to bathe*, im Sinne von ‹ein Bad nehmen› *to bath*.

Before / in front of
Before bedeutet ‹vor› im zeitlichen und allgemeinen Sinn, *in front of* ist ‹vor› im räumlichen Sinn.

	Before breakfast	–	vor dem Frühstück
	Before the court	–	vor dem Gericht
Aber:	*In front of the courthouse*	–	vor dem Gerichtsgebäude.

... born in (on) ...
Wenn Deutsche ihre Geburtsdaten angeben, neigen sie dazu, das Präsens zu gebrauchen. Im Englischen muss es aber immer heißen: *I was born ...*, *you were born ...*

In case / if
Beides leitet einen Bedingungssatz ein. Doch *in case* steht nur, wenn ein Moment der Vorbeugung im Spiel ist.

Come and see me, if (nicht *in case!!*) *you have time.*
Schau bei mir rein, wenn du Zeit hast.

Aber: *Here is my address, in case you have time to see me.*
Hier ist meine Adresse für den Fall, dass du Zeit hast vorbeizukommen.

To check / to control
Eine Sache kontrollieren im Sinne von überprüfen heißt auf Englisch *to check* (*check the oil*, ‹den Ölstand kontrollieren›). *To control* bedeutet ‹etwas beherrschen, unter Kontrolle haben›: *The VW beetle was difficult to control when overtaking big vehicles.* ‹Der VW-Käfer ließ sich schwer kontrollieren, wenn man große Fahrzeuge überholte.›

classic / classical
Classic ist ‹klassisch› im wertenden Sinn: ‹ein klassisches Beispiel für›. *Classical* heißt ‹die Antike betreffend›.

To divorce
Anders als im Deutschen kann man im Englischen neben *Jim was divorced from his wife* (Jim wurde von seiner Frau geschieden) auch sagen: *Jim divorced his wife* (Jim ließ sich von seiner Frau scheiden).

economic / economical
Economic bedeutet ‹ökonomisch› im Sinne von ‹die Ökonomie betreffend›; *economical* bedeutet ‹sparsam›.

Excuse me / sorry / pardon
Excuse me sagt man, bevor man das tut, wofür man sich entschuldigt, z.B. wenn man jemanden mit einer Frage behelligt. *Sorry* sagt man, nachdem das, wofür man sich entschuldigt, geschehen ist. *I beg your pardon*? oder kurz *Pardon*? sagt man, wenn man etwas nicht verstanden hat und den Sprecher bittet, es zu wiederholen.

few, little / a few, a little
Few bedeutet ‹wenige› im Sinne einer geringen Anzahl und wird deshalb im Plural gebraucht; *little* bedeutet ‹wenig› im Sinne einer geringen Quantität und wird im Singular verwendet. *A few* heißt ‹einige, ein paar›; *a little* heißt ‹etwas, ein wenig, ein bisschen›.

To fly a kite / to run a horse / to walk the dog
Diese und ähnliche Verben der Bewegung können in größerem Umfang als im Deutschen transitiv, d.h. mit einem direkten Objekt gebraucht werden:

to fly a kite	einen Drachen fliegen lassen
to run a horse	ein Pferd laufen lassen (in einem Rennen)
to run a film	einen Film laufen lassen
to run up debts	Schulden auflaufen lassen
to walk the dog	den Hund ausführen

To forget
Wenn man sich mitten im Gespräch an etwas, z.B. einen Namen, nicht erinnern kann, sagt man im Deutschen «den Namen habe ich vergessen». Im Englischen wählt man dafür das Präsens und

sagt: *I forget the name.* Das hängt damit zusammen, dass hier noch das Verb *to get* existiert und *forget* so etwas wie ‹daneben greifen› bedeutet (vgl. ‹greifen› und ‹vergreifen›). Ein weiterer Unterschied ist, dass man in Sätzen wie ‹Ich habe meine Brille im Auto vergessen› im Englischen nicht *forget* sagen kann. Hier muss es heißen: *I left my glasses in the car.* Aber: *I forgot to take my glasses out of the glove compartment.* (Ich vergaß, meine Brille aus dem Handschuhfach zu nehmen.)

fully / completely
Fully wird nur mit positiven Adjektiven oder Partizipien verwendet: *I was fully satisfied.* Aber: *I was completeley disappointed.*

Game / play
A game ist ein Gesellschaftsspiel oder eine Sportart, z.B. Schach oder Fußball; *a play* ist ein Theaterstück. Das Verb *to play* wird für beides verwendet, doch im zweiten Fall nur, wenn das Gespielte mit genannt wird:

> *He plays his part very well.*
> Er spielt seine Rolle sehr gut.
>
> Aber: *He acts* (nicht *plays!!*) *very well.*

Glass / jar
A glass ist ein Trinkgefäß. Ein Glas Marmelade ist *a jar.*

Historic / historical
Historic ist etwas aus der Geschichte Berühmtes (*a historic victory, character, building* etc. *Historical* heißt, dass es sich um etwas Geschichtliches und nicht um eine Fiktion handelt.

How / What … like
How fragt nicht nach einer allgemeinen Charakteristik, sondern nach dem momentanen Befinden einer Person, dem Zustand einer Sache oder der Art und Weise eines Geschehens. Die Frage *How is your mother-in-law?* bedeutet nicht: «Wie ist deine Schwiegermutter?», sondern «Wie geht es ihr?» Will man wissen, was für eine Person sie ist, muss man fragen: *What is she like?* Deutsche

stellen oft Fragen wie *How did you find your hotel?*, wenn sie wissen wollen, wie jemand mit dem Hotel zufrieden war. Ein Engländer würde darauf antworten: *through my travel agency*, ‹durch mein Reisebüro›. Richtig hätte die Frage lauten müssen: *How did you like your hotel?* oder *What was your hotel like?*

To marry

To marry heißt nicht nur ‹heiraten›, sondern auch ‹verheiraten› und ‹trauen›.

Jim married Joan.
Jim heiratete Joan.

Jim and Joan got married.
Jim und Joan haben geheiratet.

The parson married them.
Der Pastor hat sie getraut.

Must not

Anders als im Deutschen heißt *must not* nicht, dass man etwas ‹nicht muss›, sondern dass man es ‹nicht darf›.

Nearest / next

Nearest bedeutet immer das räumlich Nächste, *next* das Nächste in der Reihenfolge. *Where is the nearest police station?* ‹Wo ist die nächste Polizeistation?› – *Who is next?* ‹Wer ist der Nächste?›

Often / frequently, several times

Often bedeutet zwar ‹oft› im Sinne von ‹mehrmals›, doch muss es sich dabei um wiederkehrende Ereignisse zu unterschiedlichen Zeiten handeln. Bei wiederholten Handlungen innerhalb eines kurzen Zeitraums ist *often* falsch. Will man sagen ‹Gestern habe ich oft versucht, dich telefonisch zu erreichen›, muss es heißen *yesterday I frequently tried to get you on the phone* oder *... I tried several times, ...* oder *... again and again).*

Opportunity / possibility

Possibility ist eine objektive Möglichkeit, *opportunity* eine persönliche: *I have the opportunity to go* (oder *of going*) *to London*; aber *There is a possibility of my going to London. Possibility* wird gewöhnlich nicht mit *to have*, sondern mit *to be* gebraucht.

From my point of view
Der Ausdruck bedeutet nicht ‹meiner Meinung nach›, sondern ‹von meiner Warte aus›.

Try to see it from my point of view.
Versuche es von meiner Warte zu sehen.

Aber: *In my opinion* (nicht *from my point of view*) *capital punishment is immoral.*
Meiner Meinung nach ist die Todesstrafe unmoralisch.

Politics / policy
Politics ist Politik im Allgemeinen, *policy* ist eine bestimmte Politik: *German politics in the 19th century*. Aber: *Bismarck's policy.*

Road / street
Road ist der Verkehrsweg, der zwei Orte miteinander verbindet; *street* ist der Verkehrsweg, der durch einen Ort führt. Bei *street* erwartet man, dass rechts und links Häuser stehen. Deshalb heißt es *in the street*, dagegen *on the road.*

To *say*, to *tell*, to *speak*, to *talk*
Die vier Verben decken ab, was im Deutschen durch ‹sagen›, ‹reden› und ‹sprechen› bezeichnet wird. *To say* kann kein indirektes Objekt haben; statt dessen muss es immer heißen *he said to me* (plus direkte oder indirekte Rede). *To tell* kann ein indirektes Objekt haben: *He told me* (plus Objekt, Infinitiv oder indirekte Rede, aber keine direkte Rede). Mit Infinitiv hat *to tell* den Charakter einer Aufforderung: *He told me not to wait for him,* ‹Er sagte mir, ich solle nicht auf ihn warten›. *To speak* heißt ‹sprechen› und ist etwas förmlicher als *to talk*. Man sagt *He speaks German* (er spricht deutsch), aber *he talks nonsense* (er redet Unsinn). *Speak* und *talk* sind beide redebezogen, d.h. man stellt sich die Personen vor, die etwas kommunizieren; deshalb brauchen diese Verben kein Objekt: *He is speaking/talking. Say* und *tell* sind inhaltsbezogen, d.h. man denkt dabei an das, was gesagt, geredet oder gesprochen wird, weshalb auf sie entweder ein Objekt oder direkte/indirekte Rede folgen muss.

To shoot
He was shot wird von Deutschen automatisch mit der Bedeutung von ‹Er wurde erschossen› verstanden. Es heißt aber: ‹Er wurde von einem Schuss getroffen›. Da das Englische nicht die Vorsilbe er- mit perfektiver Bedeutung hat, muss man ‹erschossen› mit *shot dead* ausdrücken. Anderenfalls bleibt unklar, ob das Opfer bloß angeschossen oder tödlich getroffen wurde.

Small / little
In Verbindung mit *child* bedeutet *small* ‹klein von Wuchs›, *little* dagegen ‹jung an Jahren›: *When I was a little child I was very small. – I was a small child for my age.*

No, thank you / yes, please / you're welcome
Deutsche sagen oft nur «Danke», wenn sie ein Angebot ablehnen, und unterstreichen dies mit einer Geste. Engländer erwarten immer ein klares *No, thank you* oder *Yes, please*. Ein bloßes *thank you* wird als Annahme des Angebots verstanden. – Ein *Thank you* erwidert man im Englischen nicht mit *please*, sondern mit *you're welcome*.

Unless / if not
In Sätzen des Typs ‹Etwas geschieht, wenn es nicht durch ein anderes Geschehen verhindert wird›, kann *unless* oder *if not* stehen.

> *You shouldn't lie in the sun unless you are protected by a sun lotion (if you are not protected ...)*
> Du solltest nicht in der Sonne liegen, wenn du nicht durch ein Sonnenschutzmittel geschützt bist.

In Sätzen des Typs ‹Etwas geschieht auf Grund der Tatsache, dass etwas anderes nicht eintritt› darf *unless* nicht stehen.

> *Your skin will stay younger if you don't expose it to the sun too much.*
> Deine Haut bleibt länger jung, wenn du sie nicht zu lange der Sonne aussetzt.

Sprachgebrauch

Diskursmarkierungen

In der Schriftsprache hat man es hauptsächlich mit den Regeln der Orthographie und der Grammatik zu tun. Nur bei Schriftstücken an einen Adressaten kommen weitere Konventionen hinzu wie z.B. solche der Anrede und der abschließenden Grußformel in Briefen. Im mündlichen Diskurs stellen diese zusätzlichen Regeln eine Art zweite Grammatik dar, deren Befolgung für das Gelingen der Kommunikation ebenso wichtig ist wie das Einhalten der satzgrammatischen Regeln. Es sind Floskeln und Redewendungen, mit denen man in ein Gespräch einsteigen, daran teilnehmen und wieder aussteigen kann. Hinzu kommen formalisierte Wendungen, die die Anteilnahme an den Äußerungen des Gesprächspartners ausdrücken, und solche, die den eigenen Äußerungen den Charakter des aufdringlichen Insistierens nehmen. In England, wo es seit dem 18. Jahrhundert eine hochentwickelte Gesprächskultur gibt, spielen solche Diskursmarkierungen eine weit größere Rolle als im Deutschen. Bei uns führt die vergleichsweise geringe Zahl gebräuchlicher Markierungen dazu, dass viele Menschen bestimmte Floskeln mit einer zuweilen komisch anmutenden Häufigkeit verwenden. Bei Diskussionsrunden fühlt sich der Zuhörer nicht selten herausgefordert, eine Strichliste zu führen, weil der eine Diskutant ständig ‹sozusagen›, der andere ‹gewissermaßen› und der dritte ‹wie gesagt› in seinen Redefluss einfügt. Auch im Englischen werden Markierungen wie *well, actually, you see* und *in fact* oft über Gebühr strapaziert. Doch das Repertoire ist wesentlich reicher als im Deutschen, und es spielt für die mündliche Kommunikation eine weit größere Rolle. Die meistgebrauchten Markierungen sollen im Folgenden kurz vorgestellt werden.

Beim **Einstieg** ins Gespräch über einen bestimmten Gegenstand sagen wir im Deutschen ‹apropos› oder ‹was ... betrifft›. Im Englischen sagt man: *talking about, as regards* oder *regarding, as far as... is concerned* und *as for.* Die letztgenannte Formel hat in der Regel einen negativen Unterton und wird vor allem dann gebraucht, wenn man über das, worauf Bezug genommen wird, nicht besonders gern spricht. Will man in ein laufendes Gespräch etwas **einwerfen**, was nicht unmittelbar mit dem aktuellen Gegenstand zusammenhängt, so sagt man im Deutschen ‹übrigens› oder ‹nebenbei bemerkt›. Die englischen Entsprechungen sind *incidentally* und *by the way*. Für den **Abschluss** eines Gesprächsbeitrags gebraucht man im Deutschen Wendungen wie ‹alles in allem› oder ‹wie auch immer›. Im Englischen sagt man *anyhow*, *anyway* oder *all the same*. Um den Eindruck von Penetranz zu vermeiden, neigt man im Deutschen dazu, seinen Gesprächsbeitrag durch die bereits erwähnten Floskeln ‹sozusagen› oder ‹gewissermaßen› zu **relativieren**. Die englischen Entsprechungen sind *so to speak*, *more or less*, *somehow*, *somewhat* und *I suppose*. Wenn es aber darum geht, der eigenen Meinung Gehör zu verschaffen, verzichten wir Deutschen meist auf solche abschwächenden Floskeln, was Engländer als unhöflich empfinden. Sie puffern ihre Gesprächsbeiträge oft sogar mehrfach ab. Es reicht ihnen nicht, erst einmal ein vorsichtiges *well* vorauszuschicken. Meist lassen sie weitere Floskeln wie *actually*, *in fact*, *in point of fact* oder *as a matter of fact* folgen. Wo Deutsche ihren Beitrag mit ‹ehrlich gesagt› beginnen, heißt es im Englischen *honestly*, *frankly (speaking)* oder *to tell (you) the truth*.

Charakteristisch für den englischen Diskurs ist außerdem, dass man regelmäßige **Zustimmungssignale** gibt, indem man *I see* oder *I bet* einstreut. Wenn intensivere Anteilnahme geboten ist, zeigt man sie durch Ausrufe wie *gosh* (Mein Gott, Herrje u.ä.), *my goodness*, *good gracious* (Du meine Güte) und *good heavens* (Du lieber Himmel). Ein besonders typisches Merkmal des englischen Diskurses sind die so genannten *reply questions*. Man versteht darunter kurze Fragen, die das Gehörte bestätigen: *How was the party? – Boring. – Was it?* Wenn der Angeredete selber auf der Party war und sie ebenso langweilig fand, wird er statt *Was it?* die negierte Form *Wasn't it?* gebrauchen. Das leitet über zu dem allertypischsten englischen *discourse marker*, der deutschen Lernern anfangs Schwierigkeiten macht. Die Rede ist von den so genannten *tag questions* oder Frageanhängseln. Engländer versuchen nach Möglichkeit, jedes allzu direkte Eindringen in den Gesprächspartner zu vermeiden. Deshalb formulieren sie Fragesätze oft als Aussagesätze und hängen erst am Schluss ein *tag* an, so wie man im Deutschen einer nicht ganz gewissen Aussage oft ein ‹oder nicht?› bzw. ‹oder doch?› folgen lässt. Im Englischen sind diese *tags* aber viel weiter verbreitet und auch grammatisch stärker formalisiert. Im Allgemeinen gilt die Regel: Ist die Aussage positiv, wird das Frageanhängsel negiert, ist die Aussage negativ, wird es positiv formuliert.

You went to the football match, didn't you?
You didn't go to the football match, did you?

Die *tags* werden aus einem Hilfsverb und einem Personalpronomen gebildet, so dass sich Formeln wie die folgenden ergeben:

Bob could get you the tickets, couldn't he?
You wouldn't take the early train, would you?

Bei Imperativsätzen unterscheidet man im Englischen zwischen höflichen Einladungen und entschiedeneren Aufforderungen. So heißt es zwar *Please, sit down, won't you?* (aus *will* +*not*), aber *Please, open the door, would you?* Da in letzterem Fall der Widerspruch ausgeschlossen werden soll, wird das Frageanhängsel nicht negiert. Ungewohnt für den deutschen Lerner ist die *tag*-Form nach einem Satz in der ersten Person: *I'm late, aren't I?* (statt *am I not*). Aber *I'm not late, am I?* Was oben über den kreuzweisen Gebrauch von negierten und nicht-negierten *tags* gesagt wurde, ist nicht immer zwingend. Wenn z.B. der Fragende an einer positiven Antwort interessiert ist oder eine solche antizipiert, kann er das durch eine positive Frage signalisieren: *So you are going to America, are you? How I envy you* oder *This is the last train, is it?* Wenn allerdings einem verneinten Satz ein verneintes Frageanhängsel folgt, hat dies in aller Regel einen aggressiven Unterton. *So you don't like me, don't you?* Hier wird die negative Antwort erwartet und dem Angeredeten auf sehr direkte Weise in den Mund gelegt. Als weitere Regel sei abschließend noch erwähnt, dass auf Fragesätze keine *tags* folgen.

Idiomatik

Das Schwierigste beim Erlernen des Englischen ist gleich nach der Aussprache das, woran Muttersprachler am leichtesten zu erkennen sind, die Idiomatik. Das griechische *idio-* bedeutet in Fremdwörtern soviel wie ‹eigen›. Idiomatik wird deshalb in Wahrigs *Deutschem Wörterbuch* als die «Gesamtheit der Spracheigentümlichkeiten eines Landes oder Standes» definiert. Dass das Englische besonders reich an solchen Eigentümlichkeiten ist, hatten wir schon mehrfach betont, unter anderem bei der Feststellung, dass englische Sprecher es vorziehen, einfache Verben wie *get, go, have, make, put, take* usw. mit Präpositionen und Adverbien zu *phrasal verbs* zu kombinieren, die dann an die Stelle von Wörtern nichtenglischen Ursprungs treten. Am Gebrauch dieser zu festen Formeln gewordenen so genannten Idioms erkennt man den Muttersprachler, während der Nichtmuttersprachler eher zu den weniger umgangssprachlichen, aber leichter zu behaltenden Wörtern aus dem Französischen oder Lateinischen greift.

Eine andere große Gruppe von Idioms sind Redewendungen, die auf Metaphern beruhen. Dazu gehören bildhafte Ausdrücke wie *it's raining cats and dogs*, wofür der Berliner ‹Es regnet Strippen› sagen würde, oder *I'm up the creek*, ‹ich bin mit meinem Latein am Ende› (eigentlich: ich bin den Fluss stromauf gesegelt und sitze nun fest). Wenn etwas ‹den Bach hinunter geht›, sagt man auf Englisch *it's going down the drain*. Metaphorische Redewendungen hat auch das Deutsche in großer Zahl. Viele davon haben ein englisches Äquivalent wie z.B. ‹Dampf ablassen›, *blow off steam*, oder ‹die Hand ins Feuer legen für›, *to put one's hand into the fire for*. Bei anderen ist die Bildwahl in beiden Sprachen unterschiedlich. Die Deutschen ‹lachen sich ins Fäustchen›, die Engländer *laugh up theirs sleeves* (lachen in ihre Ärmel). Auf dem Ärmel tragen sie auch ihr Herz (*to wear one's heart upon one's sleeve*), wenn die Deutschen es ‹auf der Zunge tragen›. Wo uns das ‹Herz bis zum Hals schlägt›, sagt man auf Englisch *I had my heart in my mouth*. Die folgende Auswahl stellt einen bunten Strauß der verschiedensten Idioms zusammen, vom einfachen Vergleich bis hin zu ganzen Sprichwörtern.

as cool as cucumber	eiskalt, souverän
as dead as a doornail	mausetot
mad as a March hare	total übergeschnappt
hopping mad	fuchsteufelswild
to be as pleased as Punch	sich freuen wie ein Schneekönig
by the skin of one's teeth	um Haaresbreite
the straw that breaks the camel's back	der Tropfen, der das Fass zum Überlaufen bringt
bag and baggage	Sack und Pack
kith and kin	Kind und Kegel
by hook or crook	auf Biegen und Brechen
head over heels	Hals über Kopf
for a song	für 'n Appel und 'n Ei
forty winks	ein Nickerchen
a Jack-of-all-trades	ein Hans Dampf in allen Gassen
a dark horse	ein unbeschriebenes Blatt
a bull in a china shop	ein Elefant im Porzellanladen
a pretty kettle of fish	eine schöne Bescherung
a storm in a teacup	ein Sturm im Wasserglas
a dog in the manger	ein Neidhammel
a drop in the bucket	ein Tropfen auf den heißen Stein
to smell a rat	den Braten riechen
to carry coals to Newcastle	Eulen nach Athen tragen
to sow one's wild oats	sich die Hörner abstoßen
to pull someone's leg	jemanden auf die Schippe nehmen
to drop a brick	ins Fettnäpfchen treten
to flog a dead horse	offene Türen einrennen
to feather one's nest	sein Schäfchen ins Trockene bringen
to turn a blind eye to	ein Auge zudrücken
to leave someone in the lurch	jemanden im Stich lassen
to sit on the fence	zwischen zwei Stühlen sitzen
to take to one's heels	Fersengeld geben
to be in a pickle	in der Patsche sitzen
to get down to brass tacks	Nägel mit Köpfen machen
to eat humble pie	zu Kreuze kriechen
to pull the wool over someone's eyes	jemandem Sand in die Augen streuen
to have a finger in the pie	die Hand im Spiel haben
to have a bun in the oven	schwanger sein
to see how the wind blows	sehen, wie der Hase läuft

straight from the horse's mouth	aus erster Hand (oder Quelle)
it's all haywire	alles geht drunter und drüber
to be at sixes and sevens	ganz durcheinander sein
to be at loggerheads	sich in den Haaren liegen
to have a bone to pick with someone	mit jemandem ein Hühnchen zu rupfen haben
to make a mountain out of a molehill	aus einer Mücke einen Elefanten machen
to trust the cat to keep the cream	den Bock zum Gärtner machen
out of the frying-pan into the fire	vom Regen in die Traufe
I can't make head or tail of it.	Ich werde daraus nicht klug.
His fingers are all thumbs.	Er hat zwei linke Hände.
All his geese are swans.	Er ist ein Angeber.
It beggars description.	Es spottet jeder Beschreibung.
The coast is clear.	Die Luft ist rein.
I'll eat my hat, if …	Ich fress einen Besen, wenn …
It takes the biscuit.	Das schießt den Vogel ab.

Sprichwörter:

Make hay while the sun shines.	Schmiede das Eisen, solange es heiß ist.
Don't count your chickens before they are hatched.	Verteil nicht das Fell des Bären, bevor er erlegt ist.
Birds of a feather flock together.	Gleich und gleich gesellt sich gern.
The early bird catches the worm.	Morgenstund hat Gold im Mund.
The proof of the pudding is the eating.	Probieren geht über Studieren.
Beggars can't be choosers.	In der Not frisst der Teufel Fliegen.
In for a penny, in for a pound.	Wer A sagt, muss auch B sagen.
You cannot make an omelette without breaking eggs.	Wo gehobelt wird, fallen Späne.
The biter will be bitten.	Wer andern eine Grube gräbt, fällt selbst hinein.
You cannot have your cake and eat it.	Man kann seinen Kuchen nicht zugleich behalten und essen.
It is no use crying over spilt milk.	Was geschehen ist, ist geschehen.

Englische Flüche

Fluchwörter nehmen im englischen und amerikanischen Sprachgebrauch einen größeren Raum ein als im Deutschen. Wenn das Fluchen der Entlastung eines Tabudrucks dient – wofür einiges spricht –, liegt die Vermutung nahe, dass dieser Druck im angelsächsischen Sprachraum größer ist als im Deutschen. Das könnte mit der puritanischen Tradition zusammenhängen, die England und mehr noch die USA geprägt hat. Über die «Englische Art zu Fluchen» hat sich der Verfasser in seinem Buch *Typisch englisch. Wie die Briten wurden, was sie sind* näher ausgelassen. Auf eine Wiederholung des dort Ausgeführten wollen wir hier verzichten und uns damit begnügen, das sprachliche Material der Flüche zu sichten. Deutsche begnügen sich meist mit den Fluchwörtern ‹verdammt›, ‹Mist› und ‹Scheiße› sowie mit Ausrufen wie ‹Herrje›, ‹Herrjemine›, ‹Jesses› oder ‹Du meine Güte›. Das englische Repertoire ist da viel umfangreicher. Als entlastende oder dampfablassende Ausrufe werden *God! Gosh! My goodness!, Good gracious! Jesus! Christ! Blast! Gorblimey* oder *Blimey!* (von *God blind me*) verwendet. Oft macht man sich aber mit viel stärkerem Kaliber Luft. Dabei sind es neben *shit* (Scheiße) und *piss* (Pisse) vor allem Tabuwörter aus dem Sexualbereich, die der Entlastung dienen. Während *fuck* (ficken), *prick* und *cock* (Penis), *balls* (Eier) und *cunt* (Fotze) in England und Amerika gleichermaßen verwendet werden, sind *bollocks* (Eier) und *bugger* (Arschficker) typisch britisch und *screw* (ficken) und *asshole* (Arschloch) typisch amerikanisch. *Fuck* und *fucking* sind in beiden Nationen so geläufig, dass kaum noch jemand daran Anstoß nimmt. Da diese Wörter häufiger als *shit* benutzt werden, werden sie oft als weniger anstößig empfunden. Hier ecken Deutsche manchmal an, für die ‹Scheiße› ein gebräuchliches Wort zur negativen Bekräftigung ist, während sie zögern, das Wort ‹ficken› öffentlich in den Mund zu nehmen. Wer einmal die amerikanische Fernsehserie *Die Sopranos* im Original gesehen hat, wird den Eindruck bekommen haben, dass die Fluchwörter ein Viertel des Gesamtwortschatzes ausmachen. Ganz so schlimm ist es in der Realität nicht, trotzdem dürfte in Amerika und England der Anteil um ein Vielfaches höher sein als bei uns, obgleich selbstverständlich auch dort der Gebrauch der so genannten *four-letter-words* als unfein gilt.

Sprachspiele

Keine der westlichen Sprachen bietet so unerschöpfliche Möglichkeiten für Wortspiele wie das Englische. Das rührt vor allem daher, dass durch den Wegfall der Flexionssilben viele Wörter, die eigentlich nichts miteinander zu tun haben, in einer einzigen Form zusammengefallen sind. Selbst da, wo die Schreibweise differiert, aber die Aussprache identisch ist, lässt sich mit der Mehrdeutigkeit spielen. Eine andere Gelegenheit zu Sprachspielen bietet die oft geradezu absurde Diskrepanz zwischen Schreibung und Aussprache. Dies sind zwei typische Quellen, aus denen der in der ganzen Welt sprichwörtliche englische Humor seine Nahrung zieht. Das bekannteste aller englischen Sprachspiele ist zweifellos der Limerick. Wer ihn erfunden hat, ist umstritten. Doch spätestens seit Edward Lear ihn popularisiert hat, ist er aus Anthologien englischer Sprachkomik nicht mehr wegzudenken. Dabei hat die von Lear verwendete Form für den heutigen Leser nur wenig komischen Reiz. Sie bezieht ihre Wirkung nicht so sehr aus der Sprache als vielmehr aus dem Nonsens der beschriebenen Situation. Hier ein Beispiel:

There was an Old Man of Kilkenny,
Who never had more than a penny;
He spent all that money
In onions and honey,
That wayward Old Man of Kilkenny.

Ein älterer Herr aus Kilkenny
Besaß niemals mehr als 'nen Penny;
Den hat er verbraucht
Für Honig und Lauch,
Der komische Herr aus Kilkenny.

Dieser naiv anmutende Unsinn wirkt heute eher schwerfällig, zumindest nicht besonders geistvoll. Entschieden witziger ist die moderne Form des Limerick, die ihre Komik nicht aus der absurden Situation, sondern aus der Sprache zieht. Die allermeisten Limericks haben eine anzügliche und meist sogar obszöne Pointe, wobei aber die peinliche Wirkung dadurch umschifft wird, dass das obszöne Wort entweder eine zweite, unverfängliche Deutung zulässt oder dass die Obszönität in virtuose Reime verpackt wird, so dass das Ganze nur noch als Spiel empfunden wird. Hier einige Beispiele:

There was a young girl who begat
Three brats named Nat, Pat and Tat.
It was fun in the breeding
But hell in the feeding,
When she found there was no tit for Tat.

Tit for tat ist ein idiomatischer Ausdruck, der bedeutet, dass man einem etwas mit gleicher Münze zurückgibt. Hier aber wird auf *tit*, ‹Titte›, angespielt. Auch wenn die harmlose Bedeutung keinen Sinn ergibt, wirkt sie doch wie ein Blitzableiter für die Abwehrspannung, die wir auf Grund unserer Erziehung bei jeder antizipierten Tabuverletzung in uns aufbauen.

Eine unerschöpfliche Quelle sprachlicher Komik ist Überformalisierung, freilich nur dann, wenn damit kein ernsthafter Anspruch auf hohe Kunst gestellt wird. In diesem Fall würde man es als leere Virtuosität empfinden. Erfahrungsgemäß ist die komische Wirkung umso größer, je mehr Silben aufeinander reimen und je unerwarteter die kaum für möglich gehaltenen Reime sind. Englische Limericks machen davon reichlich Gebrauch.

While Titian was mixing rose madder (= rote Farbe)
His model posed nude on a ladder. (= Leiter)
The position, to Titian,
Suggested coition.
So he climbed up the ladder and had'er. (= had her)

Die Anzüglichkeit von *coition* (‹Koitus›) wird hier durch den Sprachwitz des Reims auf *position* und *Titian* neutralisiert. Das Englische eignet sich für akrobatisch anmutende mehrsilbige Reime, weil es die Tendenz hat, schwach betonte Silben auf den *schwa*-Laut zu reduzieren, so dass selbst solche Silben miteinander reimen, die es an betonten Stellen nicht tun.

There was a young lady in Chichester
Who made all the saints in their niches stir.
  One morning at matins
  Her breasts in white satins
Made the bishop of Chichester's breeches stir.

Eine Dame in Chichesters Domumgebung
Versetzte die Heil'gen in helle Erregung.
  Bei der Frühmesse brachten die beiden
  Brüste der Dame, weißseiden,
Selbst die Hose des Bischofs von C. in Bewegung.

Noch akrobatischer sind die Reime in dem nächsten Limerick, wo die reimenden Silben des Ortsnamens Exeter auf drei Wörter verteilt werden.

There once was a Lady from Exeter,
Who made all the men crane their necks at her.
  And some who were brave
  Would stand up and wave
The distinguishing marks of their sex at her.

Eine Lady aus E., gut bestückt,
Die machte die Männer verrückt.
  Im Falle des Phalles
  Zeigten sie alles,
Womit Mann die Frauen beglückt.

Die Übersetzung des Verfassers zeigt, wie schwer sich das Deutsche tut, solche Zweideutigkeiten wiederzugeben. Das englische Original enthält keinerlei Obszönität. Selbst die *distinguishing marks of their sex*, die die Männer der Dame entgegenschwenken, könnten ihre Krawatten sein. Um wenigstens eine Prise des Pfeffers in die deutsche Fassung hinüberzuretten, behalf sich der Verfasser mit dem Ph in der dritten Zeile. Ein Kabinettstück witziger Sprachspielerei lieferte George Bernard Shaw mit den folgenden Versen über William Ralph Inge, den zu seiner Zeit hochberühmten Dekan der St. Paul's-Kathedrale, der sich mit seinem erzkonservativen Pessimismus den Titel *the gloomy Dean* erwarb und der es sehr übel nahm, wenn sein Name ‹Indsch› statt ‹Ing› ausgesprochen wurde.

An Inge-nious Rhyme on the Gloomy Dean

If you his temper would unhinge
And his most sacred rights infringe,
Or, excommunicated, singe
Where fiends forever writhe and cringe
Imploring that a drop of ginge-
R ale may on their tongues impinge
Address him then as Doctor Inje;
But if you prize the proper thing
Be sure you call him Doctor Ing,
(unless, your ignorance to screen
You temporise with Mister Dean)
But be advised by me, and cling
To the example of the King
And fearlessly pronounce him Ing.
Then rush to hear him have his fling
In Pauls and places where they sing.

Um den Sprachwitz dieser Verse nicht mit einer holprigen Übersetzung kaputt zu machen, wollen wir es dem Leser überlassen, die unbekannten Wörter in einem Wörterbuch nachzuschlagen. Wortspiele, engl. *puns*, sind in England ein Nationalsport. Man begegnet ihnen auf Schritt und Tritt. In seinem Buch *Max und Monty. Kleine Geschichte des deutschen und englischen Humors* hat der Verfasser diesem Gegenstand ein ganzes Kapitel gewidmet. Selbst die im Vergleich mit dem deutschen SPIEGEL ausgesprochen nüchterne und um äußerste Seriosität bemühte Zeitschrift *The Economist* lässt sich keine Gelegenheit entgehen, die Überschrift eines Artikels so zu formulieren, dass sie auf irgendetwas anspielt. Bei uns ist Ähnliches erst seit wenigen Jahren zu beobachten und die Ergebnisse sind noch bescheiden, da die deutsche Sprache hier im wörtlichen Sinne wenig Spielraum lässt. Als der Verfasser 1959 als Student zum erstenmal längere Zeit auf der britischen Insel war, fühlte er sich dem Sprachwitz seiner englischen Kommilitonen oft geradezu hilflos ausgeliefert. Da gab es Tischgespräche, die so abliefen: Jemand äußert sich recht kaltherzig über Tierquälerei. Darauf bekommt er zu hören *You have no soul* (Du hast keine Seele), worauf er antwortet *I've got two soles* und zeigt auf die Sohlen unter seinen Füßen. Darauf der andere *that's the sole* (die einzige) *sort of soul you've got.* Der erste nimmt die Speisekarte zur Hand und sagt: *Let's have sole* (Seezunge). Welche Möglichkeiten zu Wortspielen das Englische bietet, zeigt die nebenstehende kleine Auswahl solcher Homophone, wie der Sprachwissenschaftler sie nennt. Selbst wenn es bei gleicher Aussprache nur zwei unterschiedliche Schreibweisen gibt, können trotzdem fünf und mehr verschiedene Bedeutungen vorliegen. So gibt es zu *boar* (Keiler) das Homophon *bore*, das ‹bohren›, ‹langweilen›, ‹Springflut› und ‹trug, gebahr› heißen kann. Bei uns Deutschen riefen Wortspiele lange Zeit eher ein Naserümpfen hervor. Das ‹Kalauern›, wie man es nannte, wurde als platte Witzelei empfunden und war im ernsthaften Diskurs verpönt. Während englische Politiker sich nicht scheuen, ihre Reden mit *puns* zu würzen, ist solcher Sprachwitz bei uns noch ein bescheidenes Pflänzchen. Nur im privaten Umgang lassen wir ihm die Zügel schießen, doch meistens müssen wir uns mit Reimen, Wortverdrehungen oder absichtsvollem Radebrechen behelfen. Witzworte, die sich aus der Sprache selber ergeben, sind dagegen rar. Wenn bei uns einer einen Hustenanfall hat, sagt man scherzhaft: ‹du hast schon mal besser gehustet›. In England könnte er zu hören bekommen:

It's not the cough that carries you off,
It's the coffin they carry you off in.

Es ist nicht der Husten, der dich hinwegrafft,
Es ist der Sarg, worin man dich wegschafft.

So wie deutsche Kinder mit dem Sprachwitz des *Struwwelpeter* aufwachsen, so ihre englischen Altersgenossen mit den Nursery Rhymes. Der Unterschied sagt viel über die Verschiedenartigkeit des Humors der beiden Nationen aus. Während der *Struwwelpeter* bei aller Übertreibung ins Skurril-Groteske immer einen moralisierenden Kern hat, pflegen die Nursery Rhymes den puren Nonsens und das reine Sprachspiel. Hier ein Beispiel:

Higglety, pigglety, pop!
The dog has eaten the mop;
  The pig's in a hurry,
  The cat's in a flurry,
Higglety, pigglety, pop!

Fundgrube für Wortspiele

Drei unterschiedliche Wörter mit gleicher Aussprache:

awe	Ehrfurcht	*oar*	Ruder	*ore*	Erz
cent	Cent	*scent*	Geruch	*sent*	gesendet
cite	zitieren	*sight*	Anblick	*site*	Lage
pair	Paar	*pare*	schälen	*pear*	Birne
rain	Regen	*reign*	Regierung	*rein*	Zügel
rite	Ritus	*right*	Recht	*write*	schreiben
saw	sah / Säge	*soar*	hoch fliegen	*sore*	wund

Zwei unterschiedliche Wörter mit gleicher Aussprache:

altar	Altar	*alter*	ändern
berry	Beere	*bury*	beerdigen
boar	Wildschwein	*bore*	bohren, langweilen
boy	Junge	*buoy*	Boje
bridal	bräutlich	*bridle*	Zügel
caught	gefangen	*court*	(Gerichts)hof u. ä.
currant	Rosine	*current*	Strömung
dear	teuer	*deer*	Rotwild
die	sterben	*dye*	Farbe
earn	verdienen	*urn*	Urne
fair	fair, Jahrmarkt	*fare*	Fahrpreis
flaw	Makel	*floor*	Fußboden, Stockwerk
foul	faul	*fowl*	Geflügel
hair	Haar	*hare*	Hase
heal	heilen	*heel*	Ferse
hole	Loch	*whole*	ganz
knight	Ritter	*night*	Nacht
made	gemacht	*maid*	junges Mädchen, Magd
maize	Mais	*maze*	Irrgarten
miner	Bergmann	*minor*	Minderjährige(r)
peace	Frieden	*piece*	Stück
raw	roh	*roar*	brüllen
sauce	Soße	*source*	Quelle
stair	Stufe	*stare*	starren
stalk	Stengel	*stork*	Storch
waist	Taille	*waste*	Abfall
way	Weg	*weigh*	wiegen

Nonsens, Wortspiele, Exzentrizität und schwarzer Humor sind Markenzeichen des englischen Humors. Dabei lieben es die Briten, ihre Sprachspiele mit Bosheiten zu würzen, die ihrem Humor oft einen Zug von Grausamkeit geben. Die Wirkung solcher Nadelstiche wird noch dadurch erhöht, dass sie *tongue-in-cheek*, d.h. verdeckt und mit ironischem Understatement, erfolgen, so dass der Getroffene die Attacke erst bemerkt, wenn sie geschehen ist. Jemanden auf solche Weise sprachlich zum Narren zu halten, nennt man *to pull his leg*.

Während das Kalauern im Deutschen gering geschätzt wird, erfreut sich bei uns der Schüttelreim einer so hohen Wertschätzung, dass sich die Schüttelreimer zu einer Zunft zusammengeschlossen haben, zu der Mitglieder mit erlauchten Namen gehören. Sonderbarerweise wird aber diese Form des Sprachspiels, die auf Englisch *spoonerism* heißt, in England genauso gering geschätzt wie bei uns der Kalauer. Möglichwerweise hat das damit zu tun, dass Reverend W.A. Spooner (1844–1930), nach dem die Sache benannt ist, ein zerstreuter Akademiker am New College in Oxford war, der sich durch unfreiwillige *spoonerisms* lächerlich machte. Genau genommen waren dies gar keine echten Schüttelreime, bei denen beides, das Ausgangswort und die Verdrehung, sinnvoll sein muss wie in

Es klapperten die Klapperschlangen,
bis ihre Klappern schlapper klangen.

Wenn dagegen *conquering kings* in Rev. Spooners Mund zu *kinkering kongs* wird, ist dieser unfreiwillige Lapsus nur Anlass für schadenfrohes Gelächter.

Eine der kuriosesten Formen von Sprachwitz ist der so genannte *rhyming slang*, den die Cockneys entwickelt haben. Cockney kommt von *cock's egg* (Hahnenei) und ist seit Jahrhunderten der Spitzname der geborenen Londoner. Die Londoner Unterschicht machte es sich zur Gewohnheit, englische Wörter durch Reimwörter zu ersetzen, wobei man sich nicht mit einem einfachen Reimwort begnügte, sondern ein Wortpaar nahm, von dem man nicht selten das Reimwort wegließ. So reimte man *apples and pears* auf *stairs* und sagte dann *go down the apples* statt *go down the stairs* (die Treppe hinunter gehen), was kein Auswärtiger mehr verstand. Hier ein ganzes Gedicht in dieser Manier:

Pot-and-Pan and Trouble-and-Strife go Turnip-Topping
(Man and Wife go Shopping)

One day when I'd washed my old Jem Mace	face
and combed my Barnet Fair,	hair
My trouble-and-strife said what about	wife
a spot of the old grey mare?	air
Says I: It isn't a ball-of-chalk	walk
on which your mind is bent:	
You're out for a day in the turnip-tops;	shops
so we'll borrow the Duke of Kent.	borrow the rent (= die Kasse plündern)
She bought herself some daisy roots	boots
and me a Peckham Rye,	tie
Then a tit-for-tat, wiv fevers, made	hat (with feathers)
a hole in me houses-sky.	pie (= Geldbeutel)
Just past the Joan of Arc we scoffed	park
a cup of you-and-me,	tea
With a once-or-twice of Sexton Blake,	slice of cake
in a nice little A. B. C.	Aerated Bread Company's tea-shop
Then out again on our plates-of-meat,	feet
spending the bees-and-honey,	money
She made me wait at the Rory O'Mores	doors
and seemed to think it funny!	
But in a lark-and-linnet I	minute
shewed who was her heap-of-coke;	bloke
For when she fancies some almond-rocks,	
says I: I'm heart-of-oak.	broke.

Allan M. Laing

Die Cockneys galten Jahrhunderte lang als typische Repräsentanten des englischen Freiheitsdrangs. Deshalb treten sie in der Literatur und auf der Bühne als Inbegriff des rabiaten, gewitzten und humorvollen Engländers der Unterschicht auf.

Regionale Varietäten

In vermutlich jeder höher entwickelten Sprache gibt es eine Ausdifferenzierung sowohl in der horizontalen wie in der vertikalen Dimension. Die horizontalen, d.h. regionalen Varietäten nennt man Dialekte. Unterschiedliche Ausformungen ein und derselben Sprache finden sich vor allem dort, wo einzelne Bevölkerungsgruppen wenig Kontakt zu anderen Gruppen haben. Das war früher in allen größeren Ländern der Fall, da es weder Radio noch Fernsehen noch Reiseverkehr gab. Dass diese drei Dinge der Ausbildung von Dialekten entgegenstehen, zeigt das Amerikanische. In den USA mit ihrer rund 25mal größeren Fläche und einer mehr als dreimal größeren Bevölkerung als in der Bundesrepublik sind die dialektalen Unterschiede dennoch viel geringer, da durch die hohe Mobilität und in neuerer Zeit durch die Massenmedien eine permanente Durchmischung der Sprachvarietäten stattfand und noch immer stattfindet. In England hingegen sind die Dialektunterschiede ebenso groß wie in Deutschland, nur haben die englischen Dialekte einen deutlich geringeren Status. Bei uns gilt ein Dialekt als Ausdruck von Heimatverbundenheit. Kaum jemand hat es Konrad Adenauer und Theodor Heuß verübelt, dass der eine Kölnisch und der ander Schwäbisch sprach. In England wäre das schwer vorstellbar. Dort ist nur das Schottische als zweite nationale Hochsprache innerhalb des britischen Englisch anerkannt, und auch das nur mit Einschränkungen. Erst in den letzten Jahrzehnten hat die BBC Sprecher mit schottischem, inzwischen auch mit nordirischem und walisischem Akzent zugelassen. Doch weitere Zugeständnisse sind nicht zu erwarten; denn regionale Sprachvarianten gelten hier seit je als Zeichen von Unbildung.

Auf die einzelnen Dialekte der britischen Insel braucht hier nicht eingegangen zu werden, da wir Deutschen schon Mühe genug haben, mit dem Standard English zurechtzukommen. Nur zwei auffällige Phänomene seien erwähnt. Wer von der schottischen Hauptstadt Edinburgh langsam nach Süden reist, wird bemerken, dass sich bestimmte Laute beinahe stufenlos verändern, je weiter man nach Süden kommt. So sprechen die Schotten den Diphthong |eɪ| in *station* wie ein deutsches langes e und den

Diphthong |ou| in *boat* wie ein deutsches langes o aus. Nach Süden hin wird die Diphthongierung immer stärker, bis schließlich im Londoner Stadtdialekt, dem Cockney, das |ei| zu |ai| und das |ou| zu |au| wird. Ein ähnlicher Prozess lässt sich an der Aussprache des kurzen u in Wörtern wie *but* beobachten. Dieser Laut wird im Norden Englands wie das deutsche u gesprochen, weshalb die Briten spöttisch vom *northern* |kuntri| sprechen. Je weiter man nach Süden kommt, umso mehr nähert sich die Aussprache dem eigentümlichen Zentralvokal, von dem im Zusammenhang mit der Phonetik die Rede war. Als Letztes sei noch ein dialektales Phänomen erwähnt, das bei Briten wie bei Ausländern oft zu Verständigungsschwierigkeiten führt. Es ist die Tendenz mancher Dialekte, z.B. in der schottischen Unterschicht und im Londoner Cockney, die stimmlosen Explosivlaute p, t und k durch einen Knacklaut zu ersetzen. Man muss nur einmal versuchen, dies bei dem Wort *motorbike shop* zu tun, dann wird man die Ratlosigkeit des Verfassers verstehen, als er in Edinburgh nach der nächsten Motorradwerkstatt gefragt wurde.

Bei Engländern, die eine höhere Schule und eine Universität besucht haben, hört man keinen Dialekt mehr, allenfalls eine dialektale Einfärbung. Früher galt der berühmte Oxford-Akzent als Norm, der heute eher als affektiert empfunden wird. Die Aussprachenorm, an der sich Rundfunk und Fernsehen orientieren, hat sich unter den Gebildeten in der Region zwischen Oxford, Cambridge und London ausgebildet und wird als *Received Pronunciation*, kurz RP, bezeichnet. Es ist eine Variante, in der die Phoneme korrekt ausgesprochen werden, ohne dass bestimmte Lautungstendenzen wie im Oxford-Englisch besonders verstärkt werden. Während in Großbritannien nur die schottische und – mit Einschränkungen – die walisische und nordirische Aussprache sozial akzeptiert ist, werden außerhalb des Mutterlands das kanadische, das australische und das neuseeländische Englisch inzwischen als eigene Landessprachen anerkannt, wenngleich auch sie oft noch an der britischen Norm gemessen werden. Vollständig emanzipiert von dieser Norm hat sich nur das Amerikanische, das deshalb gesondert betrachtet werden soll.

Das amerikanische Englisch

Seit rund vierhundert Jahren wird auf dem amerikanischen Kontinent englisch gesprochen. Angesichts der räumlichen Entfernung vom Mutterland und der vielfältigen Einflüsse durch anderssprachige Einwanderer kann es nicht verwundern, dass das amerikanische Englisch eine andere Entwicklung nahm als das britische und sich heute in mancherlei Hinsicht von diesem unterscheidet. Die frühe Trennung vom Mutterland bewirkte, dass es in einigen Punkten einen älteren Sprachstand als den des heutigen Britischen konservierte. Auf der anderen Seite hat es im Vergleich mit letzterem ein entschieden geringeres Normbewusstsein entwickelt, so dass es eine noch freiere Idiomatik entwickeln konnte.

Hört man Amerikaner und Briten sprechen, so fällt als Erstes die unterschiedliche Intonation auf, die bereits im Zusammenhang mit der englischen Sprachmelodie beschrieben wurde. Darüber hinaus gibt es eine Fülle weiterer Unterschiede in der Aussprache. Wer über die amerikanische Phonetik spricht, muss zunächst einmal das Fehlen einer Aussprachenorm konstatieren. Während sich in England der RP-Standard herausgebildet hat, gibt es in Amerika drei große Varietäten, von denen keine einen privilegierten Status hat. Die nördliche Varietät hat ihren Ursprung in den Neuenglandstaaten und dehnte sich von dort durch den Norden der USA bis zum Pazifik aus. Die südliche erstreckt sich von Delaware über die Küstenregionen am Atlantik und am Golf von Mexiko bis in den Osten von Texas. Die dritte, als Midland bezeichnete Varietät hat die größte Ausdehnung; denn sie reicht vom Norden Delawares über den ganzen Westen hinweg zum Pazifik und nach Süden bis an die Nordgrenzen der Küstenstaaten. Linguisten haben eine Reihe von Kriterien untersucht, an Hand derer ein Sprecher regional zugeordnet werden kann. Ein solches Kriterium ist z.B. das postvokalische r. In großen Teilen der USA wird das r nach einem Vokal, das im britischen Englisch stumm bleibt, durch einen nicht gerollten Rachenreibelaut zum Ausdruck gebracht. Dieses r stammt offenbar von Einwanderern aus dem Westen Großbritanniens, wo es noch heute gesprochen wird. Die puritanischen Einwanderer der Neuenglandstaaten kamen dagegen vorwiegend aus dem Osten Englands, wo das r stumm blieb. Deshalb gilt in diesem Teil der USA das Weglassen des r als die Norm. Andere Unterscheidungskriterien sind die Trennung bzw. der Zusammenfall des kurzen und des langen offenen o-Lautes. Je weiter man nach Westen und damit ins eigentliche Amerika kommt, umso weniger wird man zwischen *cot* und *caught* in der Aussprache einen Unterschied hören. In Wörtern wie *dog*, *God*, *lot*, *often* und *pot* wird das o hier erheblich länger und offener als im britischen Englisch gesprochen.

Das Auffällige am Amerikanischen sind nicht die sprachlichen Unterschiede, sondern deren Geringfügigkeit. Die Gründe dafür wurden bereits genannt. Während man in Deutschland auf einer halb so großen Fläche wie Texas so verschiedene Dialekte antrifft, dass deren Sprecher sich nur über das Hochdeutsche verständigen können, haben in den USA selbst Nichtmuttersprachler selten Verständigungsprobleme. Das geschulte Ohr des Phonetikers wird zwar leicht Akzente lokalisieren können, doch der Verständigung stehen sie kaum im Wege. Dem deutschen Englischlerner werden nur wenige typisch amerikanische Merkmale auffallen. Dazu gehört der a-Laut in Wörtern wie *past*, *half*, *after* und *plant*, der nicht wie im britischen Englisch als langes a, sondern als ä gesprochen wird. Eine weitere Auffälligkeit ist das Fehlen des j-Vorschlags vor u in Wörtern wie *duty*, *new*, *nude*, *suit* und *student*. Der für das Englische charakteristische Zentralvokal /ʌ/ wird im Amerikanischen vor r zu einem offenen ö-Laut verschoben, so das Wörter wie *hurry* und *worry* so gesprochen werden, dass sie mit der deutschen Aussprache von Curry reimen. Der gleiche Laut ersetzt auch das /a/ in Wörtern wie *clerk*, *Derby* und *Berkeley*. Geringfügig anders ist auch die Aussprache des britischen Diphthongs /əu/, der im Amerikanischen zu /ou/ wird. Charakteristisch ist ferner die Tendenz der Amerikaner, das t zwischen Vokalen zum d aufzuweichen. Zwischen n und einem nachfolgenden Vokal werdend d und t überhaupt nicht gesprochen, wenn der Hauptakzent auf der übernächsten Silbe liegt. Deshalb wird *international* so gesprochen, als werde es *innernational* geschrieben. Eine Reihe von Einzelwörtern wird im amerikanischen Englisch (AE) anders ausgesprochen als im britischen Englisch (BE). Hier einige Beispiele:

		BE	AE
advertisement	Annonce	əd'vɜ:tizmənt	'ædvətaizmənt
inquiry	Untersuchung	in'kwaiəri	'inkwari
leisure	Muße	leʒə	li:ʒə
lieutenant	Leutnant	lef'tenənt	lu:'tenənt
missile	Flugkörper	'misail	misəl
progress	Fortschritt	'prəugres	'prɔ:gres
z		zet	zi:

Verständigungsschwierigkeiten dürften sich aus solchen Abweichungen kaum ergeben, allenfalls bei dem Buchstaben z, der beim Buchstabieren mit c (si:) verwechselt werden kann. Größer ist die Gefahr von Missverständnissen beim Wortschatz. So heißt z.B. in Amerika das Erdgeschoss *first floor* (BE *ground floor*), während Briten dies als ersten Stock verstehen. Wenn Amerikaner die Mengenangabe *a couple* benutzen, meinen sie eine unbestimmte kleine Menge von etwa zwei bis fünf, während Briten darunter exakt zwei verstehen. Das Verb *to table* hat in den beiden Sprachen sogar eine völlig entgegengesetzte Bedeutung: in England bedeutet es ‹eine Sache auf die Tagesordnung bringen›, in Amerika ‹die Sache in der Schublade verschwinden lassen›. Pommes frites heißen in England *chips*, in Amerika *French fries*. Was Amerikaner als *chips* bezeichnen, sind in England *crisps*. *He is mad* heißt für Amerikaner ‹er ist wütend›, während Engländer es als ‹er ist verrückt› verstehen. Wenn ein Brite eine Frau als *homely* bezeichnet, meint er eine schlichte, natürliche Frau, für einen Amerikaner bedeutet das Wort ‹reizlos›. In der Umgangssprache benutzen Amerikaner oft *like*, wo Briten *as* sagen, und sie tendieren dazu, Adverbien ohne die Endung *-ly* zu verwenden. Eine 1992 erschienene Zusammenstellung britischer Abweichungen aus amerikanischer Sicht enthält rund 6500 Einträge. Zu Missverständnissen führen davon aber nur die wenigsten, zumal das amerikanische Englisch durch die Filme aus Hollywood so tief ins britische eingesickert ist, dass selbst Muttersprachler den Unterschied oft kaum noch wahrnehmen. Außerdem sind viele Amerikanismen als eine zwar weniger gebräuchliche, aber durchaus vorhandene Variante im britischen Wortschatz enthalten. Hier einige Beispiele:

AE	BE	
baggage	*luggage*	Gepäck
bill	*note*	Banknote
can	*tin*	Konservendose
candy	*sweets*	Bonbon
cookie	*biscuit*	Keks, Plätzchen
crib	*cot*	Kinderbettchen
diaper	*nappy*	Windel
elevator	*lift*	Fahrstuhl
gas(oline)	*petrol*	Benzin
fall	*autumn*	Herbst
freight train	*goods train*	Güterzug
labor union	*trade union*	Gewerkschaft
long-distance call	*trunk call*	Ferngespräch
mail	*post*	Post
pants	*trousers*	lange Hose
pit	*stone*	Stein (beim Obst)
railroad	*railway*	Eisenbahn
restroom	*WC, toilet*	Toilette
sidewalk	*pavement*	Bürgersteig
flashlight	*torch*	Taschenlampe
streetcar	*tram*	Straßenbahn
truck	*lorry*	Lastwagen
underpants	*pants*	Unterhose
undershirt	*vest*	Unterhemd
vest	*waistcoat*	Weste

Auch in der Orthographie gibt es Unterschiede, was vor allem die Schreibung von Wörtern aus dem Griechischen, Lateinischen und Französischen betrifft. Die wichtigsten davon sind:

		BE	AE
Endung	-el(l)	*traveller*	*traveler*
		travelling	*traveling*
Endung	-our	*labour*	*labor*
Endung	-re	*theatre*	*theater*
Endung	-ence	*defence*	*defense*
Endung	-ogue	*catalogue*	*catalog*
Vorsilbe	en-	*enclose*	*inclose*

In der Grammatik fällt auf, dass Amerikaner das Hilfsverb *to have* häufiger als Vollverb gebrauchen, was man an der Umschreibung mit *to do* erkennt. Wo die Briten sagen *Have you got the ticket?* und *I havn't got it*, sagen Amerikaner *Do you have the ticket?* und *I don't have it*. Eine andere Eigentümlichkeit ist das Weglassen des *of* bei Ausdrücken wie *to look out (of) the window*. Auch beim Gebrauch des Present Perfect gibt es kleine Unterschiede. So verwenden Amerikaner bei kurzen Mitteilungen und Nachrichten die einfache Vergangenheit. Was in den amerikanischen Nachrichten mit *A plane crashed in the Sahara* mitgeteilt wird, heißt in den britischen Nachrichten *A plane has crashed in the Sahara*; und wo der Brite sagt *Your Dad has just called*, heißt es beim Amerikaner *Your Dad just called*. Weitere Besonderheiten des Amerikanischen sind die Vergangenheitsformen *dove, fit, quit* und *wet*, wo die Briten *dived* (tauchte), *fitted* (passte), *quitted* (verließ) und *wetted* (machte nass) sagen. Typisch amerikanisch ist außerdem die Wendung *I've gotten* für *I've got.*

Schwerer zu beschreiben sind die Eigentümlichkeiten des amerikanischen Stils. Da die meisten Autoren einen individuellen Stil pflegen, lässt sich das Amerikanische daran nur statistisch herausfiltern. Briten wie Amerikaner mögen keine hochtrabenden Phrasen, was Letztere schon im 19. Jahrhundert mit dem verächtlichen Wort *highfalutin'* belegten. Doch anders als die Briten, die das Understatement kultivieren, haben Amerikaner eher eine Vorliebe für kernigen Lakonismus. Daneben gibt es aber auch die entgegengesetzte Tendenz, die vor allem bei Predigern zu beobachten ist. Es ist der expansive Stil eines nicht aufzuhaltenden Wortschwalls, der neuerdings als Rap Eingang in die Populärkultur der westlichen Welt gefunden hat. Vor allem aber ist der Slang in Amerika viel stärker in die Alltagssprache der Geschäftswelt eingedrungen als in Großbritannien. Das gibt dem Amerikanischen seine innovative Lebendigkeit, was allerdings dazu führt, dass man in fast jedem neu erschienenen amerikanischen Roman über Wörter stolpert, die noch in keinem Wörterbuch zu finden sind.

Soziale Varietäten und Sprachregister

Da die regionale Ausdifferenzierung im Diskurs der Gebildeten in England kaum eine Rolle spielt, richtet sich umso mehr Aufmerksamkeit auf die vertikale. England bezeichnet sich zu Recht selbstkritisch als *class-ridden*, d.h. als vom Klassendenken besessen. Nahezu alle Lebensäußerungen werden dort nach ihrem Status klassenmäßig zugeordnet. 1994 brachten Greg Hartfield und Mark Skiworth ihr Buch *Class. Where do you stand?* heraus, das anhand von Ranglisten zeigt, welche Berufe, Wohnorte usw. den höchsten Status haben. Auf sprachlichem Gebiet erschöpft sich dieses Klassendenken nicht in der Stigmatisierung der Regionaldialekte. Selbst in der Hochsprache wird zwischen U und Non-U unterschieden. Die Unterscheidung geht auf ein Buch zurück, das Nancy Mitford 1956 unter dem Titel *Noblesse Oblige* herausgab. Dort wurden zum erstenmal Listen von Wörtern aufgestellt, die entweder U, d.h. *upper class*, oder Non-U sind. Seitdem ist es ein beliebtes englisches Gesellschaftsspiel darüber zu streiten, ob man ohne Gesichtsverlust einen Spiegel als *mirror* bezeichnen darf oder ob man nicht dazu *looking-glass* sagen muss. Eine kleine Auswahl aus beiden Listen wollen wir kurz vorstellen:

U	**Non-U**	
goodbye	*bye-bye*	Auf Wiedersehen
cornflakes	*cereal*	Müsli
smart	*classy*	schick
stays	*corsets*	Korsett
bicycle	*cycle*	Fahrrad
costly	*expensive*	teuer
false teeth	*dentures*	Gebiss
pregnant	*expecting*	schwanger
present	*gift*	Geschenk
cabbage	*greens*	Gemüse(beilage)
bag	*handbag*	Handtasche
knave	*jack*	Bube beim Kartenspiel
drawing-room	*lounge*	Wohnzimmer
what?	*Pardon?*	Wie bitte?
die	*pass on*	sterben

cake	*pastry*	Gebäck
jam	*preserve*	Konfitüre
mackintosh	*raincoat*	Regenmantel
remember	*recollect*	sich erinnern an
whisky	*Scotch*	Whisky
napkin	*serviette*	Serviette
ill	*sick*	krank
dirty	*soiled*	schmutzig
lavatory, loo	*toilet*	Toilette
rich	*wealthy*	reich

Auch wenn die meisten Engländer zugeben, dass es ein absurdes Spiel ist, spielen sie es munter weiter und es werden immer wieder neue Listen veröffentlicht.

Entschieden sinnvoller ist es da schon, über diejenige Art von Sprachschichtung nachzudenken, die man als Stilebene oder Sprachregister bezeichnet. Von wahrscheinlich jeder größeren Sprache gibt es eine hochsprachliche und eine umgangssprachliche Ausprägung. Die umgangssprachliche wiederum lässt sich ausdifferenzieren in eine gesellschaftsfähige Variante und einen vulgären, nicht gesellschaftsfähigen Slang. In der Hochsprache wiederum lässt sich meist eine anspruchsvollere und eine weniger anspruchsvolle Sprachebene unterscheiden. Die Anzahl der Ebenen hängt davon ab, wie genau man differenziert. Die folgenden sechs Register könnten auch acht oder zehn sein. Wir wollen sie an einem einzigen Satz demonstrieren, an einer Todesmeldung.

Gespreizter Stil:	Er hat die ewige Ruhe gefunden.
Gewählter Stil:	... ist heimgegangen.
Förmlicher Stil:	... ist verschieden.
Neutraler Stil:	... ist gestorben.
Salopper Stil:	... hat den Löffel abgegeben.
Vulgärer Stil:	... ist abgekratzt/betrachtet die Gänseblümchen von unten.

Die Skala der wählbaren Stilregister entfaltet sich zwischen zwei gegensätzlichen Grundhaltungen, der einfühlend-empathischen und der ironisch-distanzierten. In solchen Haltungen drückt sich nicht nur die Haltung des Sprechers zum Gegenstand, sondern auch die zum Angeredeten aus. Will er mit ihm auf Augenhöhe sprechen, wird er die neutrale Ebene wählen. Möchte er beim Angeredeten Respekt, Sympathie oder gar Bewunderung für sich wecken, wird er je nach beabsichtigter Stärke des Wunsches eins der höheren Register wählen. Überlegenheit empfinden Menschen aber nicht nur, wenn andere zu ihnen aufschauen, sondern auch, wenn sie selber auf die anderen herabschauen. Eine solche Position wird durch Schnoddrigkeit und Ironie erreicht. Wenn man eine Sache nicht ernst nimmt, fühlt man sich ihr automatisch überlegen. Die obige Todesmeldung lässt sich auch im Englischen durch die gleichen sechs Register durchspielen:

Gespreizt:	*He shuffled of this mortal coil* (Zitat aus *Hamlet*).
	... *joined the choir invisible.*
Gewählt:	... *went to meet his Maker.*
	... *awoke to life immortal.*
Förmlich:	... *departed / passed away.*
Neutral:	... *died.*
Salopp:	... *went west.*
	... *joined the majority.*
Vulgär:	... *kicked the bucket.*
	... *hopped the twig.*
	... *pushes up the daisies.*

Da der englische Verhaltenscode das Understatement höher schätzt als Übertreibungen, spielt sich die stilistische Differenzierung vor allem unterhalb des Gespreizten und Gewählten ab. Diese beiden Stilebenen findet man nur bei sehr förmlichen Anlässen, etwa bei einer Grußadresse an die Königin oder etwas Ähnlichem. Typisch englisch ist dagegen die leise Ironie und die Stilfigur der Litotes, d.h. der Verneinung des Gegenteils des Gemeinten. Bei Dickens fragt der Held Pip in *Große Erwartungen* seinen Freund Joe, ob Miss Havisham tot sei, worauf Joe antwortet: «Ich würde nicht soweit gehen das zu sagen; denn das bedeutet eine ganze Menge. Aber – sie lebt nicht mehr».

Stationen des englischen Stils

Le style est l'homme même lautet ein geflügeltes Wort, das der Franzose Comte de Buffon in einer Rede vor der Académie Française am 25. August 1753 prägte. Es ist die zweite Hälfte eines Satzes, der so beginnt: *Ces choses sont hors de l'homme* ‹diese Dinge (d.h. das Inhaltliche bei einem Autor) liegen außerhalb des Menschen›; «der Stil aber», fährt Buffon fort, «ist der Mensch selber». Nimmt man aus einer sprachlichen Äußerung alle lautlichen, grammatischen und selbst die diskursmarkierenden Merkmale heraus, die ja allesamt auf überindividuellen, kollektiv vereinbarten Konventionen beruhen, so bleibt etwas zurück, was die individuelle Eigenart der Äußerung ausmacht. Im alltäglichen sprachlichen Umgang wird dieses Individuelle kaum oder gar nicht wahrgenommen. Aus 99 von 100 Äußerungen entnehmen wir nur den Informationsgehalt. Wenn wir Nachrichten hören, Geschäftsbriefe lesen, Anweisungen empfangen oder erteilen, nehmen wir den Stil höchstens dann wahr, wenn er auf unangenehme, womöglich verletzende Weise von jener Indifferenz abweicht, die wir bei reinen Austauschaktionen sprachlicher Mitteilungen als selbstverständlich voraussetzen. Sobald wir aber persönlicher werden und bestrebt sind, mit einer sprachlichen Äußerung nicht nur eine Aussage zu machen, sondern diese wirkungsvoll zum Ausdruck zu bringen, geben wir der Äußerung das bei, was in die Kategorie ‹Stil› fällt. In den meisten Fällen ist auch dieses Wie der Äußerung nichts unverwechselbar Persönliches, sondern folgt den Stilkonventionen, die für die jeweilige Sprache zur jeweiligen Zeit charakteristisch sind. Selbst kreative Autoren, die den Stil ihrer Epoche geprägt haben oder noch prägen, stehen in einer tradierten Stilkonvention. Meist zeichnen sie sich nur dadurch aus, dass sie im Korsett der jeweiligen Konvention ein Höchstmaß an Originalität, Freiheit des Ausdrucks und Lebendigkeit der Wirkung auf den Leser entfalten.

Literaturgeschichte ist immer auch Stilgeschichte. Nun können wir hier auf engem Raum nicht die Gesamtentwicklung des englischen Schrifttums Revue passieren lassen. Es muss genügen, einige der charakteristischen Stationen vorzustellen und zu kommentieren. Die englische Literatur der Neuzeit beginnt, anders als die deutsche, gleich mit ihrem eindrucksvollsten Höhepunkt; denn kaum war Großbritannien nach dem dreimaligen Wechsel der Staatsreligion zur Zeit der Reformation zur Ruhe gekommen, ging mit Shakespeare der hellste Stern am englischen Literaturhimmel auf, der dort nicht einsam, sondern in Gesellschaft einer ganzen Schar von bedeutenden Dramatikern glänzte. Die Briten nennen die Shakespearezeit ihre Renaissance, da sie die Blütezeit der kontinentalen Renaissance im 15. Jahrhundert, dem berühmten *quattrocento*, mit Kriegführen verbracht hatten und das Versäumte jetzt im Geschwindschritt nachholen mussten. Aus europäischer Sicht fällt die Shakespearezeit aber stilmäßig in den Manierismus. So nannte man die lange Übergangsepoche vom Ende der Renaissance, das man in Italien mit dem *sacco di Roma*, der Verwüstung Roms durch die kaiserlichen Truppen 1527, datiert, bis hin zum Beginn des Hochbarock im 17. Jahrhundert. Den manieristischen Stil findet man im 16. Jahrhundert überall in Europa, in Italien und Spanien ebenso wie in Deutschland und England. Wie der Name schon sagt, ist er durch Manierismen charakterisiert, in der bildenden Kunst durch extreme Körperposen und in der Literatur durch das oft geradezu effekthascherische Bemühen, einem Text eine mit rhetorischen Figuren gespickte Form zu geben. In England hat sich für diesen Stil die Bezeichnung Euphuismus eingebürgert, nach dem Roman *Euphues* (1578) von John Lyly, der diese stilistische Selbstverliebtheit populär machte und entsprechend viele Nachahmer fand. Auch Shakespeare lässt in seinen frühesten Komödien den euphuistischen Einfluss erkennen, wandte sich dann aber davon ab und machte sich in seinen späteren Stücken über die sprachlichen Gespreiztheiten der Euphuisten lustig. Den entschiedensten Bruch mit dem euphuistischen Prosastil vollzog Shakespeares gleichaltriger Zeitgenosse Francis Bacon, der mit Recht als der Vater der englischen Essayistik gilt und als solcher ebenbürtig neben seinem französischen Vorgänger Montaigne steht. Auch Bacon bedient sich noch des Repertoires der klassischen Rhetorik, indem er Parallelismen, Chiasmen und syllogistische Satzanordnungen verwendet. Doch bei ihm werden daraus glasklare, aufs Äußerste verknappte Texte, die nichts mehr von der wuchernden Rhetorik der Manieristen haben. Bei ihm findet man zum ersten Mal einen Stil mit jenen

Merkmalen, die für die englische Prosa typisch werden sollten. Hier eine Kostprobe:

> Revenge is a kind of wild justice; which the more man's nature runs to, the more ought law to weed it out. For as for the first wrong, it does but offend the law; but the revenge of that wrong putteth the law out of office. Certainly, in taking revenge, a man is but even with his enemy; but in passing it over, he is superior; for it is a prince's part to pardon. And Salomon, I am sure, saith, *It is the glory of man to pass by an offence*. That which is past is gone, and irrevocable; and wise men have enough to do with things present and to come: therefore they do but trifle with themselves, that labour in past matters.

> Rache ist eine Art wilder Justiz, die, je mehr die menschliche Natur zu ihr neigt, umso mehr durch das Gesetz ausgemerzt werden muss; denn was das erste Unrecht betrifft, so verletzt es nur das Gesetz, doch die Rache für dieses Unrecht setzt das Gesetz außer Kraft. Gewiss, indem ein Mensch Rache nimmt, stellt er Gleichstand mit seinem Feind her; doch indem er darauf verzichtet, erweist er sich als ihm überlegen; denn es ist Sache des Fürsten zu verzeihen. Salomon, wie ich sicher weiß, sagte: «Es gereicht dem Menschen zum Ruhm, eine Beleidigung zu übergehen». Was vergangen ist, ist vorbei und unwiderruflich. Weise Menschen haben genug mit Dingen der Gegenwart und der Zukunft zu tun: deshalb tut sich der einen schlechten Dienst, der sich mit vergangenen Dingen abmüht.

Sieht man einmal von den heute nicht mehr üblichen Endungen in *putteth* und *saith* ab, so hat Bacons Sprache bereits die volle Geschmeidigkeit des heutigen Englisch, während die deutsche Sprache bei Prosaautoren des frühen Barock noch höchst unfertig und schwerfällig wirkt. Erst Lessing hat sie, mit großer Mühe, weichgeknetet, und wirklich geschmeidig wurde sie erst bei Goethe, Schiller, Kleist, Heine und Schopenhauer. Doch zwischen Bacon und der voll ausgereiften Prosasprache des 18. Jahrhunderts liegt eine Stilepoche, die es in England im strengen Sinne gar nicht gab, deren Merkmale aber auch hier unübersehbar sind, der Barock. Das war der Stil der Gegenreformation und des kontinentalen

Absolutismus und eben deshalb für das protestantische und parlamentarische England inakzeptabel. Barocke Stilelemente findet man auf der britischen Insel trotzdem allenthalben, in der Architektur und Malerei ebenso wie in der Musik und Literatur. Milton schuf mit seinem sonoren Pathos eine Dichtersprache, die bis weit ins 19. Jahrhundert nachwirkte und als *Miltonic sound* noch bei dem Romantiker John Keats zu spüren ist. Als Großmeister barocker englischer Prosa gilt der bei uns fast unbekannte Sir Thomas Browne, von dem wir ebenfalls eine Kostprobe vorstellen wollen. Sie stammt aus seiner Schrift *Religio Medici (1642; Die Religion des Arztes).*

> As Reason is a Rebel unto Faith, so Passion unto Reason: as the propositions of Faith seem absurd unto Reason, so the Theorems of Reason unto Passion, and both unto Reason. Yet a moderate and peaceable discretion may so state and order the matter, that they may be all Kings, and yet make but one Monarchy, every one exercising his Soveraignty and Prerogative in a due time and place, according to the restraint and limit of circumstance. There is, as in Philosophy, so in divinity, sturdy doubts and boisterous Objections, wherewith the unhappiness of our knowledge too nearly acquainteth us.

> Wie die Vernunft gegen den Glauben rebelliert, so die Leidenschaft gegen die Vernunft; wie Glaubenssätze der Vernunft absurd erscheinen, so die Theoreme der Vernunft der Leidenschaft. Dennoch kann eine maßvolle und besonnene Unterscheidung die Sache so ordnen und darstellen, dass alle drei Könige sein können, innerhalb einer einzigen Monarchie, indem jeder an seinem Ort und zu seiner Zeit den Umständen entsprechend seine Herrschaft ausübt. Wie in der Philosophie, so gibt es auch in der Theologie standhafte Zweifel und lautstarke Erwiderungen, mit denen wir in unserer unglücklichen Erinnerung nur allzu gut bekannt sind.

Hier haben wir die gleichen rhetorischen Kunstgriffe wie bei Bacon: Parallelismen und Chiasmen, Entgegensetzungen und Schlussfolgerungen. Doch anders als Bacon dampft Browne seine Beweisführung nicht auf die unverzichtbaren Argumente ein, sondern schwellt sie mit Vergleichen auf, um der größeren Wirkung willen. Obwohl der Text rund zwanzig Jahre nach Shakespeares Tod entstanden ist, steht er dessen Sprache näher als Bacons zeitgenössische Essays. Auch Shakespeare liebte Wortdoubletten, d.h. den Ausdruck einer Sache durch ein Wortpaar, wobei das eine meist ein allgemeinverständliches und das andere ein weniger gebräuchliches ist. Barock ist an dieser Sprache neben den rhetorischen Kunstgriffen auch die Neigung zu Paradoxien, hier z.B. das Bild eines Königreiches, in dem vier Könige regieren. Vergleichende Bilder, im Englischen *conceit* genannt, waren schon bei Shakespeare und seinen Zeitgenossen sehr beliebt und wurden im 17. Jahrhundert um das Element des Paradoxen erweitert.

Die englische Prosa des 17. Jahrhunderts wird von Kennern auch heute noch hoch geschätzt, doch aus der Tradition der englischen Essayistik ist sie verschwunden. Als deren Ahnherren gelten vielmehr John Addison und Richard Steele, die mit ihren Essays für die von ihnen begründeten Zeitschriften *The Tatler* und *The Spectator* nicht nur für England, sondern ebenso für Deutschland und Frankreich zu Vorbildern für eine bürgerliche Publizistik wurden. An die Stelle der früheren Latinismen treten in ihren Essays anschauliche Bilder, an die Stelle allgemeiner Sentenzen persönliche Eindrücke und Empfindungen. *Sentiment* ist der Schlüsselbegriff der jetzt heraufziehenden Stilepoche. ‹Empfindsamkeit› als deutsche Übersetzung von *sentimentality* wurde bei uns zur Stilbezeichnung der Übergangszeit vom spätbarocken Rokoko zum frühromantischen Sturm und Drang. Das folgende Beispiel für den neuen, bürgerlich-empfindsamen Essaystil stammt aus einem Essay, in dem Addison die Traumvision einer Naturlandschaft beschreibt, in der zugleich ein ganz neues, typisch englisches ästhetisches Ideal zum Ausdruck kommt, das Pittoreske. Offensichtlich wollte das nach der Glorreichen Revolution von 1688 im Aufstieg begriffene Bürgertum sich nicht mehr so recht für das klassizistische Ideal des Schönen begeistern, das mit Ordnung, Herrschaft und Regelzwang assoziiert wurde. Statt dessen begann man sich für «das, was durch Unregelmäßigkeit gefällt», zu begeistern. So lautet angeblich die wörtliche Übersetzung des chinesischen Satzes, der dem Wort Sharawadgi zugrunde liegen soll. Dieses Wort kam gegen Ende des des 17. Jahrhunderts, also gleich nach der Glorreichen Revolution, auf und wurde zum ästhetischen Leitbegriff des neuen Landschaftsgartens, der von England aus seinen Siegeszug durch das bürgerlich werdende Europa antrat. Der Begriff verschwand im Laufe des 18. Jahrhunderts und wurde durch das Wort *picturesque* ersetzt, das die Engländer als ihren nationaltypischen ästhetischen Wertbegriff ansehen. Addisons Traumlandschaft ist eine Bilderbuchillustration dieser neuen ästhetischen Qualität; und wenn der Leser erfährt, von welcher Göttin das pittoreske Reich regiert wird, kann er sich denken, weshalb die Briten sich zu diesem Ideal bekannten.

> I fancied myself among the Alpes, and, as it is natural in a Dream, seemed every moment to bound from one Summit to another, till at last, after having made this airy Progress over the Tops of several Mountains, I arrived at the very center of those broken Rocks and Precipices. I here methought saw a prodigious Circuit of Hills, that reached above the Clouds, and encompassed a large Space of Ground, which I had a great Curiosity to look into. I thereupon continued my former Way of travelling through a great Variety of Winter Scenes, till I had gained the Top of these white Mountains, which seemed another Alpes of Snow. I looked down from hence into a spacious Plain, which was surrounded on all sides by this Mound of Hills, and which presented me with the most agreeable Prospect I had ever seen. There was a greater Variety of Colours in the Embroidery of the Meadows, a more lively Green in the Leaves and Grass, a brighter Chrystal in the Streams, than what I ever met with in any other Region. The Light it self had something more shining and glorious in it than that which the Day is made in other Places. I was wonderfully astonished at the discovery of such a Paradise amidst the Wildness of those cold, hoary Landskips which lay about it; but found at length, that this happy region was inhabited by the Goddess of Liberty; whose Presence softened the Rigours of the Climate, enriched the Barrenness of the Soil, and more than supplied the Absence of the Sun.

> Ich glaubte in den Alpen zu sein und mir schien, wie es im Traum ganz natürlich ist, als hüpfte ich in jedem Moment von einem Gipfel zum nächsten, bis ich zuletzt, nachdem ich auf

> diese luftige Weise über die Spitzen mehrerer Berge hinweggeschritten war, genau in der Mitte dieser zerbrochenen Felsen und Felsvorsprünge ankam. Hier sah ich, wie mir schien, einen gewaltigen Umkreis von Bergen, die bis zu den Wolken reichten und eine ausgedehnte Landfläche umfassten, die ich mit großer Neugier betrachtete. Dann setzte ich meine Reise fort durch eine große Vielfalt von Winterszenen, bis ich die Gipfel jener weißen Berge erreichte, die mir wie eine zweite Alpenkette aus Schnee erschienen. Von dort sah ich hinab auf eine ausgedehnte Ebene, die auf allen Seiten von Gebirge umgeben war und die mir den angenehmsten Anblick bot, den ich je gesehen habe. Da war eine größere Vielfalt von Farben in der Stickerei der Wiesen, ein lebendigeres Grün in den Blättern und im Gras, ein helleres Licht in den kristallklaren Bächen als ich jemals in irgendeiner Gegend gesehen habe. Das Licht selber hatte etwas Leuchtenderes und Glorreicheres als das, woraus der Tag an anderen Orten gemacht ist. Ich war wunderbar erstaunt über die Entdeckung eines solchen Paradieses inmitten der Wildnis dieser kalten, reifbedeckten Landschaft um mich her. Schließlich erfuhr ich, dass diese glückliche Region von der Göttin der Freiheit bewohnt war, deren Gegenwart die Härte des Klimas milderte, den unfruchtbaren Boden bereicherte und das fehlende Sonnenlicht mehr als ersetzte.

Addison, der Verkünder eines aufgeklärten bürgerlichen Liberalismus, entwirft hier die Utopie eines Weltzustands, in dem nicht mehr Ordnung, Hierarchie und der Zwang zur schönen Form herrscht, sondern Vielfalt, *variety*. *Infinite variety*, diese Formel, mit der Shakespeare die Schönheit Cleopatras beschreibt, wird später von William Hogarth in seiner *Analysis of Beauty* (1751) zum Zentrum seines Begriffs von Schönheit gemacht, was bedeutet, dass auch er die klassizistisch-aristokratische Schönheit zugunsten des Pittoresken aufgab. Kann es da verwundern, dass es bei einer so tiefgreifenden, die politische Freisetzung der Mittelschicht reflektierenden Umwertung der ästhetischen Werte auch zur Ausbildung eines pittoresken Stils kommt, in dem nicht mehr Bacons und Brownes Begriffshierarchien gelten, sondern Details in bunter Fülle nebeneinander gestellt werden? Ein auf die konkrete Empirie ausgerichteter, detailversessener Stil wurde von nun an zum Kennzeichen der englischen Essayistik.

Allerdings musste sich dieser Stil im 18. Jahrhundert erst noch gegen einen machtvollen Konkurrenten durchsetzen, gegen Samuel Johnson, der als Dr. Johnson der literarische Präzeptor seiner Zeit war. Johnson wurde nicht nur durch das von ihm verfasste Wörterbuch der englischen Sprache zu einer Autorität in Sachen Englisch, er prägte außerdem einen klassizistischen Stil, der von vielen Zeitgenossen für mustergültig gehalten, später aber von Kritikern als *Johnsonese* belächelt wurde. Es ist ein Stil, der das Ideal einer durchgängigen Balance von Vernunft und Leidenschaft widerspiegelt, voller Parallelismen und Antithesen und durch und durch vom Common sense geprägt. Liest man Johnsons leicht säuerliches Lob auf Addisons Stil, dann spürt man, wie er einerseits dessen moderatem Mittelweg die Zustimmung nicht verweigern kann, während gleichzeitig der latente Vorwurf der Anbiederung an den populären Geschmack durchklingt.

> His prose is the model of the middle style; on grave subjects not formal, on light occasions not grovelling; pure without scrupulosity, and exact without apparent elaboration; always equable and always easy, without glowing words or pointed sentences. Addison never deviates from his track to snatch a grace: he seeks no ambitious ornaments and tries no hazardous innovations. His page is always luminous, but never blazes in unexpected splendour.
>
> It was apparently his principal endeavour to avoid all harshness and severity of diction; he is therefore sometimes verbose in his transitions and connections, and sometimes descends too much to the language of conversation; yet if his language had been less idiomatical, it might have lost somewhat of its genuine Anglicism. What he attempted, he performed: he is never feeble, and he did not wish to be energetick; he is never rapid, and he never stagnates. His sentences have neither studied amplitude nor affected brevity: his periods, though not diligently rounded, are voluble and easy. Whoever wishes to attain an English style, familiar but not coarse, and elegant but not ostentatious, must give his days and nights to the volumes of Addison.

Seine Prosa ist das Muster für den mittleren Stil, bei ernsten Gegenständen nicht förmlich, bei leichten Dingen nicht gemein. Sie ist rein ohne Skrupelhaftigkeit und exakt ohne offensichtliche Elaboration, stets gerecht und immer entspannt, ohne glühende Sätze und zugespitzte Sentenzen. Addison weicht niemals von seinem Pfad ab nur um Eindruck zu machen; er sucht nicht nach ehrgeizigen Ornamenten und versucht sich nicht in waghalsigen Innovationen. Seine Seiten sind immer licht, aber sie lodern nicht auf in unerwartetem Glanz.

Offensichtlich war es sein Hauptbestreben, jegliche Härte und Strenge der Diktion zu vermeiden. Deshalb ist er manchmal wortreich beim Herstellen von Übergängen und Verknüpfungen, und manchmal steigt er zu tief in die Sprache der Unterhaltung hinab. Doch wäre seine Sprache weniger idiomatisch, würde sie viel von ihrem echten Anglizismus verlieren. Was er anstrebte, hat er ausgeführt: er ist niemals kraftlos, er wollte aber auch nicht energisch sein. Er ist niemals schnell, aber er stagniert auch nie. Seine Sätze haben weder kalkulierte Fülle noch affektierte Kürze; seine Perioden, wenngleich nicht mit Sorgfalt gerundet, sind flüssig und mühelos. Wer immer einen englischen Stil anstrebt, der familiär, doch nicht grob, und elegant, doch nicht prahlerisch ist, muss seine Tage und Nächte den Bänden von Addison widmen.

Trotz des immensen Einflusses, den Dr. Johnson auf die englische Kultur seiner Zeit und noch der nächsten Generation hatte, war es nicht sein nüchterner, mit Wörtern lateinischen Ursprungs gespickter und immer etwas schulmeisterlicher Stil, sondern Addisons urban-entspannte Schreibweise, die den englischen Essaystil des 19. und 20. Jahrhunderts prägte, der seine vollendete Form bei Charles Lamb fand. Am Firmanent der englischen Essayistik, an dem mit Lamb, William Hazlitt, Walter Savage Landor und Thomas de Quincey zur Zeit der Romantik ein neues Sternbild aufging, hat der Erstgenannte mit seinen *Essays of Elia* (1820–23) für englische Leser wohl das wärmste und für die eigene Nation typischste Licht. Lamb knüpfte zwar an die Tradition von Addison und Steele an, doch sind bei ihm noch weiter zurückreichende Einflüsse zu spüren. Seine oft geradezu manieristisch anmutende Wortwahl und die Neigung, weithergeholte Lesefrüchte und Assoziationen in seine Essays einfließen zu lassen, verraten den Einfluss barocker Autoren des 17. Jahrhunderts, vor allem den des früher erwähnten und von Lamb hoch geschätzten Sir Thomas Browne. Nur tritt an die Stelle der im 17. Jahrhundert so beliebten intellektuellen Paradoxien bei Lamb das, was die Engländer als *whimsical* bezeichnen, eine Qualität, die im 18. Jahrhundert vor allem durch Laurence Sterne populär wurde. Man versteht darunter eine zwischen Originalität und Skurrilität eigentümlich changierende, höchst idiosynkratische Weltsicht. Hier eine Probe aus Lambs Essay «Grace before Meat» (Dankgebet vor dem Fleischgericht):

> The custom of saying grace at meals had, probably, its origin in the early times of the world, and the hunter-state of man, when dinners were precarious things, and a full meal was something more than a common blessing! when a belly-full was a windfall, and looked like special providence. In the shouts and triumphal songs with which, after a season of sharp abstinence, a lucky booty of deer's or goat's flesh would naturally be ushered home, existed, perhaps the germ of the modern grace. It is not otherwise easy to be understood, why the blessing of food – the act of eating – should have had particular expression of thanksgiving annexed to it, distinct from that implied and silent gratitude with which we are expected to enter upon the enjoyment of the many other various gifts and good things of existence.
>
> I own that I am disposed to say grace upon twenty other occasions in the course of the day besides my dinner. I want a form for setting out upon a pleasant walk, for a moonlight ramble, for a friendly meeting, or a solved problem. Why have we none for books, those spiritual repasts – a grace before Milton – a grace before Shakespeare – a devotional exercise proper to be said before reading the Faerie Queen? – but the received ritual having prescribed these forms to the solitary ceremony of manducation, I shall confine my observations to the experience which I have had of the grace, properly so called, commending my new scheme for extension to a niche in the grand philosophical, poetical, and perchance in part heretical, liturgy, now compiling by my friend Homo Humanus, for the

use of a certain snug congregation of Utopian Rabelaesian Christians, no matter were assembled.

Die Gewohnheit, beim Essen ein Tischgebet zu sprechen, hat ihren Ursprung vermutlich in der Frühzeit der Welt, dem Jägerstadium des Menschen, wo Hauptmahlzeiten eine unsichere Sache waren und schon ein vollständiges Gericht mehr war als eine gewöhnliche Segnung, wo ein voller Magen ein Glücksfall war und wie ein Akt der Vorsehung erschien. In den Rufen und Triumphgesängen, mit denen nach einer Periode schmerzhafter Enthaltsamkeit eine glückliche Beute von Hirsch- oder Ziegenfleisch heimgebracht wurde, existierte wahrscheinlich der Keim unseres modernen Dankgebets. Es wäre anderenfalls nicht leicht zu verstehen, weshalb die Segnung der Nahrung – der Akt des Essens – mit einem besonderen Ausdruck des Dankens verbunden wurde, klar unterschieden von der unausgesprochenen stillen Dankbarkeit, mit der wir uns dem Genuss der verschiedensten anderen Gaben und guten Dinge hingeben.

Ich gebe zu, dass ich mich im Laufe eines Tages bei zwanzig anderen Gelegenheiten zu einem Dankgebet geneigter fühle als beim Mittagessen. Ich hätte gern eine Dankesformel für den Beginn eines angenehmen Spaziergangs, eine Wanderung im Mondschein, für ein Treffen mit Freunden, oder für ein gelöstes Problem. Weshalb haben wir keine für Bücher, diese geistigen Gerichte – ein Tischgebet für Milton – eins für Shakespeare – eine passende Andachtsübung, bevor wir uns an die Lektüre der *Fairie Queen* machen? – Doch da das akzeptierte Ritual diese Formen für die einsame Zeremonie des Kauens vorschreibt, will ich meine Bemerkungen auf die Erfahrungen beschränken, die ich mit dem Tischgebet im eigentlichen Sinn gemacht habe, und will meinen Vorschlag zur Erweiterung des Schemas für eine Nische in der philosophischen, poetischen und vielleicht teilweise häretischen Liturgie empfehlen, die mein Freund Homo Humanus für eine gewisse heimliche Gemeinde von utopisch-rabelaisischen Christen zu kompilieren im Begriff ist, wo immer sie sich versammeln mag.

Der Essay beginnt wie eine ethnologische Untersuchung über die Anfänge des Tischgebets, nimmt dann aber unmerklich eine andere Richtung und ist plötzlich mitten in einer launisch-skurrilen Überlegung zur Ritualisierung des Umgangs mit kulturellen Genussmitteln. Je mehr sich Lamb in seine abseitige, aber durchaus nicht abwegige Spekulation vertieft, umso gewählter wird sein Wortschatz. Das Wort *manducation* dürfte vielen seiner Leser unbekannt sein, und den Schlusssatz versteht nur, wer den französischen Autor Rabelais kennt. Der absichtsvolle Gebrauch von *hard words* und lateinischen Wörtern dient hier nicht, wie bei Dr. Johnson, der Präzisierung der Aussage, vielmehr wird mit ironischem Augenzwinkern – *tongue in cheek*, wie die Engländer sagen – ein geistiges Spiel gespielt, das aber einen wahren Kern durchscheinen lässt. Diese eigentümliche Mischung von Ernst und Spiel, von empirischer Bezugnahme und nicht ganz ernsthafter Spekulation blieb seitdem ein Merkmal englischer Essayistik.

Allerdings beschränkt sich dieser *whimsical style* auf die Belletristik, wo die Autoren sich um eine persönliche Note bemühen. Überall da, wo Sachthemen behandelt werden – und das gilt für die große Masse der Essayistik –, folgen die meisten Autoren einem anderen Ideal, das englische Ratgeber für guten Stil mit dem Wort *plain*, ‹einfach, schlicht›, bezeichnen. Henry Watson Fowler, der mit seinem Buch *The King's English* (1906) für lange Zeit zur maßgebenden Autorität für englischen Stil wurde und dessen *Dictionary of Modern English Usage* (1926) noch heute in der jeweils aktualisierten Neuauflage ein Standardnachschlagewerk ist, stellte fünf Regeln auf:

1. Wähle das vertraute Wort anstelle des weithergeholten;
2. Wähle das konkrete Wort anstelle des abstrakten;
3. Wähle ein einzelnes Wort anstelle von Umschreibungen;
4. Wähle den kurzen Ausdruck anstelle des langen;
5. Wähle das angelsächsische Wort anstelle des romanischen.

Wie sehr sich dieses Stilideal vom deutschen unterscheidet, wollen wir im nächsten Kapitel betrachten.

Deutscher und englischer Stil im Vergleich

Niemand hat sich über die deutsche Sprache und den deutschen Stil witziger ausgelassen als Mark Twain, der in *A Tramp Abroad* dem Bericht über seine Europareise einen Appendix über *The Awful German Language*, «die grauenhafte deutsche Sprache», anfügte. Er führt darin alle typischen Merkmale des Deutschen auf, vom komplizierten Flexionssystem bis hin zu Bandwurmwörtern wie ‹Generalstaatsverordnetenversammlungen›. Am meisten zur Verzweiflung trieben ihn aber die majestätisch aufgetürmten deutschen Sätze, die unentwirrbare Nebensätze ineinander verschachteln, bis sie zuletzt ihr eigenes «Monument» mit «haben sind gewesen gehabt haben geworden sein» vollenden. In der Tat ist die Hypotaxe, also das Prinzip der Schachtelsätze, ein charakteristisches Merkmal der deutschen Sprache. Im Englischen fällt dieses Stilmittel selbst da, wo es verwendet wird, kaum auf, da alle Nebensätze die gleiche S-P-O-Wortstellung wie die Hauptsätze haben, so dass der Eindruck von Parataxe entsteht, d.h. von Nebenordnung aneinandergereihter Hauptsätze anstelle von Über- und Unterordnung. Die Tatsache, dass deutsche Nebensätze eine andere Wortstellung haben als Hauptsätze, muss aber nicht zwangsläufig zu übermäßiger Verschachtelung führen. Wenn deutsche Autoren der Hypotaxe den Vorzug geben, dann darf dahinter wohl ein bewusster Stilwille vermutet werden.

Was könnte es sein, was so viele deutsche Autoren veranlasste, in komplexen Schachtelsätzen eine stilistische Leistung zu sehen? Ist es bloße Kraftmeierei, also das Bestreben, den Leser durch atemberaubende Riesenwellen am stilistischen Hochreck zu beeindrucken? Angeben könnte man auch mit Flüssigkeit, Eleganz und treffsicherer Knappheit. Es scheint eher so, als drücke sich in der deutschen Hypotaxe stilistisch das aus, was seit dem 19. Jahrhundert auch inhaltlich ein Wesenszug der deutschen Geistesgeschichte ist, nämlich das Streben nach Geborgenheit in einer Totalität. In seinem Buch *Typisch englisch. Wie die Briten wurden, was sie sind* hat der Verfasser dem Fehlen des Totalitätsbegriffs im englischen Seelenhaushalt und seiner Dominanz im deutschen ein ganzes Kapitel gewidmet. So wie die deutschen Philosophen von Hegel bis Heidegger sich nie mit der empirischen Analyse der Einzelphänomene begnügten, sondern immer nach der Totalität von Sein und Bewusstsein oder des Seins schlechthin trachteten, so sehnten sich die deutschen Bürger in der politischen Realität nach der schützenden Totalität des Staates, in der sich jeder ganz im dreifachen Hegelschen Sinn des Wortes «aufgehoben» fühlen konnte, nämlich emporgehoben, aufgelöst und aufbewahrt. Genau dieses Umarmt-Werden vom Ganzen geschieht in hypotaktischen Sätzen, in denen ein Hauptsatz eine ganze Pyramide von eingeschachtelten Nebensätzen umarmt und zu einer Einheit von freiwilliger Unterwerfung bringt, freiwillig in dem Sinn, in dem Hegel Freiheit als Einsicht in die Notwendigkeit definiert. Das Ebengesagte klingt ein wenig nach an den Haaren herbeigezogener Spekulation. Aber schauen wir uns doch einmal den folgenden Text an:

> Der Instinkt vorbehaltloser Selbstbewahrung des weltbürgerlich-mittleren Volkes der Deutschen ist echter Nationalismus. Denn so nennen wir die Freiheitsbegierde der Völker, ihr Mühen um sich, ihr Verlangen nach Selbsterkundung und Selbstvollendung, – ein Verlangen, das mehr und mehr als desto unschuldiger und edler gewertet wird, je deutlicher das Nationale, statt als Inbegriff alles Kriegsgeistes und Geräufes, vielmehr, seiner künstlerischen und fast schwärmerischen Natur durchaus entsprechend, als Gegenstand eines Friedenskultus wird verstanden werden. Dahin aber wirkt die Entwicklung der Dinge. Sie bewirkt – wie man trotz mancher Erscheinungen glauben möge, die dagegen sprechen wollen, aber nur als rückschlägig und als umwegige Abweichungen von der Hauptrichtung anzusehen sind – das Untauglichwerden des Nationalen als eines Elements der Kriegsideologie. Denn mit der Einigung Europas, die sich, verkündet längst, heute fast automatisch, fast ohne menschliches Zutun, «zwangsläufig», wie das schriftstellerisch beliebte Wort lautet, vollzieht, wird die nationale Idee entpolitisiert, hört in demselben Maße auf, politisch wirksam zu sein, wie einst die religiöse. Sie kann innerlich werden nunmehr, kann als aristokratisches Gegengewicht gegen einen europäischen Demokratismus gepflegt werden, der sich stark genug fühlt, sie kultur-föderalistisch freizugeben. Denn nichts anderes bedeutet europäische Demokratie, als besiegelten Verzicht auf

den nationalen Hegemoniegedanken, nachdem dieser sich auf die blutigste Weise endgültig *ad absurdum* geführt.

Wäre denkbar, dass dieser Text aus einer fremden Sprache ins Deutsche übersetzt wurde? Wohl kaum. Er ist so durch und durch deutsch, so durchtränkt von deutschem Gedankengut und stilistisch so typisch deutsch, dass eine andere Herkunft ausgeschlossen zu sein scheint. Der Text stammt von einem der Großmeister des deutschen Stils, von Thomas Mann, und zwar aus dem Geleitwort zu der von Hanns Martin Elster herausgegebenen und 1926 in der Deutschen Buch-Gemeinschaft erschienenen Anthologie *Deutscher Genius. Ein Sammelwerk aus deutscher Vergangenheit und Gegenwart für Haus und Schule*. In dieser Sammlung sind nahezu alle Großen der deutschen Literatur versammelt, daneben aber auch höchst fragwürdige Repräsentanten des deutschen Nationalismus und latenten Rassismus, wofür Namen wie Ernst Moritz Arndt, Turnvater Jahn und Paul de Lagarde stehen. Ein Stern erster Ordnung fehlt allerdings an diesem Firmament, was bezeichnend für den Geist der ganzen Sammlung ist, nämlich Heinrich Heine. Der deutsche Jude, der seine Zuflucht nach Paris nahm, war zugleich einer der wenigen, die einen nur maßvoll hypotaktischen, dafür aber höchst eleganten, geistreich-witzigen Stil pflegten. Eleganz und Witz wird man dem Thomas Mannschen Text schwerlich zubilligen können. Ihm fehlt auch der leiseste Anflug von dem, wofür der Verfasser berühmt ist, von Ironie. Statt dessen spricht aus ihm die gleiche romantische, antidemokratische Sehnsucht nach «machtgeschützter Innerlichkeit», die der Autor in seinem fatalsten Buch, den *Betrachtungen eines Unpolitischen*, schon 1917 ausgedrückt hatte, nur mit dem Unterschied, dass er jetzt nicht mehr die Innerlichkeit durch deutsche Bajonette geschützt sehen will, sondern durch eine europäische Friedensordnung. Der Geist, der aus dem Geleitwort spricht, zeugt von der gleichen politischen Naivität, die aus dem früheren Buch sprach. Es ist ein dumpfer, national-utopischer und vollkommen weltfremder Geist, der die ganze Anthologie durchzieht und den man in Ermanglung eines treffenderen Wortes nur als ‹verquast› bezeichnen kann. Ist es wirklich ganz abwegig, zwischen der Sucht nach hypotaktischer Einheit und dem Verlangen nach Geborgenheit in einer nationalen und geistigen Totalität einen Zusammenhang zu sehen? Denkbar ist ein solcher Zusammenhang auf jeden Fall. Vielleicht ist aber eine andere Erklärung schlüssiger, und auch sie hat der Verfasser in seinem obengenannten Buch vorgeschlagen. Als Deutschland im 19. Jahrhundert zur nationalen Aufholjagd ansetzte, entwickelte die deutsche Gesellschaft eine Leistungsethik, die den Schweiß auf der Stirn als sichtbares Zeichen von Tüchtigkeit deutete, weshalb es für Deutsche nicht nur zulässig, sondern geradezu geboten ist, sich die Anstrengung einer Leistung anmerken zu lassen. Ganz anders in England, das bereits an der Weltspitze marschierte und sich nur noch dadurch selber übertreffen konnte, dass es eine Haltungsethik entwickelte, die es dem Einzelnen verbot, sich die Anstrengung anmerken zu lassen. Die Inkarnation dieser Ethik ist der Gentleman, von dem keinerlei Leistung erwartet wird, sondern nur, dass er in jeder Situation Haltung bewahrt und sich nicht anmerken lässt, dass ihm irgendetwas unter die Haut geht. So wie selbstironische Distanz zu den Dingen und lässiges Understatement die Haltung eines Gentleman kennzeichnen, so ist ein scheinbar mühelos fließender, sich jeglicher Kraftmeierei enthaltender Stil Ausdruck dieser Haltung.

Die stilistischen Gegensätze zwischen den beiden Nationen zeigen sich nirgendwo deutlicher als dort, wo Autoren aus dem Geist ihrer nationalen Tradition heraus schreiben müssen. Das ist nicht der Fall in wissenschaftlichen Abhandlungen, wo man auch bei Deutschen, z.B. bei Sigmund Freud, glasklaren Stil antrifft; es ist aber sehr wohl der Fall in der Philosophie und noch mehr in der Germanistik. Bis in die jüngste Zeit waren deutsche Publikationen über literarische und kulturwissenschaftliche Gegenstände durch einen spezifisch deutschen Stil geprägt, in dem die Hypotaxe gegenüber der Parataxe, die Abstraktheit gegenüber der Konkretheit, die gedankliche Tiefe gegenüber der Klarheit, das Overstatement gegenüber dem Understatement und der Ernst gegenüber dem geistreichen Witz dominierte. So wie das erste Element unserer fünf Gegensatzpaare jeweils den deutschen Stil charakterisiert, so das zweite den englischen. In jüngster Zeit haben die Briten zwar – vor allem in den so genannten *cultural studies* – ihre einstmals gepflegte Leserfreundlichkeit aufgegeben und unter dem Einfluss französischer Theoretiker wie Derrida, Foucault, Lacan und anderer einen Stil entwickelt, den sie früher selber als ‹teutonisch› kritisiert hätten, doch im Großen und Ganzen gelten für den englischen Stil noch immer die Ideale der Konkretheit, Klarheit, Einfachheit und Lebendigkeit. Auch wenn es nicht fair gegenüber einem um strengste Wissenschaftlichkeit bemühten deutschen Autor ist, wenn man seinen Text mit dem eines weltläufigen englischen Diplomaten vergleicht, so illustriert doch der extreme Gegensatz der folgenden beiden Texte die unterschiedlichen Tendenzen der nationalen Stile in einer zwar übertriebenen, doch im Kern zutreffenden Weise. In seinem Buch *Laurence Sterne's ‹Tristram Shandy›* (1987) schreibt Wolfgang Iser, einer der weltweit angesehensten deutschen Literaturwissenschaftler, die folgenden Sätze über den Humor:

> Der Humor zeigt an, daß Subjektivität als Spiel von Begrenzung und Entgrenzung in der Verselbstung immer zum Verdecken dessen führt, woraus sie ist. Nicht über das zu verfügen, dem man seine Manifestation verdankt, ja diese Unverfügbarkeit durch Verselbstung als eine Abspaltung erzeugt zu haben, macht die Subjektivität humoristisch, und das heißt, dieser Sachverhalt läßt sie komisch erscheinen, grenzt aber die der Komik inhärente Lösung gleichzeitig aus. Denn Subjektivität gibt es weder als Ideal noch als Vorstellung einer möglichen Ganzheit.

Das hier Gesagte mag richtig oder falsch, scharfsinnige Analyse oder sprachliche Hochstapelei sein, auf jeden Fall ist es so deutsch, dass man es sich im Englischen nicht vorstellen kann. Ganz anders der folgende Text, in dem es ebenfalls um den Humor geht:

> It will be agreed that the essential difference between humour and wit is that, whereas wit is always intentional, humour is always unintentional. Wit possesses an object; it is critical, aggressive and often cruel; it depends for its success upon condensation, revelation, suddenness and surprise, and it necessitates a quick and deliberate motion of the mind; it is not a private indulgence but invariably needs an audience; it is thus a social phenomenon. Humour on the other hand has no object; it does not seek to wound others, it seeks only to protect the self; it is not a sword but a shield.

> Man wird sich darauf verständigen können, dass der wesentliche Unterschied zwischen Humor und Witz darin besteht, dass der Witz immer absichtlich, der Humor immer unabsichtlich ist. Der Witz hat ein Objekt; er ist kritisch, aggressiv und oft grausam. Sein Erfolg hängt von Komprimierung, Enthüllung, Plötzlichkeit und Überraschung ab, weshalb er eine schnelle und planvolle Bewegung des Geistes erfordert. Er ist nichts Privates, das man sich gestattet, sondern er verlangt ein Publikum: kurzum, er ist ein soziales Phänomen. Der Humor hingegen hat kein Objekt. Er will nicht den andern verwunden, sondern das Selbst schützen. Er ist kein Schwert, sondern ein Schild.

Dies schreibt Harold Nicolson, der englische Diplomat und *homme de lettre* in seinem Essayband *The English Sense of Humour and other Essays* (1956). Wo Iser sich in einem posthegelianischen Bezugssystem von subjektiver Totalität und Partialität bewegt, beschreibt Nicolson seinen Gegenstand, indem er zwei verwandte Phänomene gegenüberstellt und sie anhand empirisch beobachtbarer Facetten voneinander unterscheidet. Das empirische Verfahren hat eine natürliche Tendenz zur parataktischen Anordnung gleichrangiger, also horizontaler Aspekte. Isers vertikale Bezugnahme auf Partialität und Ganzheit hat eine ebenso natürliche Tendenz zur hypotaktischen Unterordnung von Nebensätzen unter einen regierenden Hauptsatz. Es ginge sicher zu weit, wenn man den Deutschen grundsätzlich einen hypotaktischen und den Engländern einen parataktischen Stil zuschreiben und aus diesen Zuschreibungen Aussagen über die beiden unterschiedlichen Nationalcharaktere ableiten wollte. Doch die tendentielle Dominanz der jeweils unterschiedlichen Stile dürfte weder als Folge der grammatischen Gegebenheiten noch als bloß zufällige Mode vollständig zu erklären sein. Wenn der Stil den Menschen ausdrückt, wie es Buffon behauptete, dann verraten nationale Stileigentümlichkeiten auch etwas über die Nation.

Englisch als Dichtersprache

Wenn wir im Alltag miteinander kommunizieren, benutzen wir unsere Sprache in der Regel nur als Vehikel zur Übermittlung von Information. Ganz anders in der Dichtung. Hier ist die Sprache kein Transportmittel, sondern der Stoff, der in eine ästhetisch wirksame Form gebracht wird. Dichterische Texte wurden und werden in allen Sprachen der Welt verfasst; und da die Dichter sich dabei gewöhnlich ihrer Muttersprache bedienen, wird ihre Dichtung wesentlich durch das bestimmt, was diese Sprache zulässt. Zur Muttersprache hat jeder eine tiefe emotionale Beziehung. Deshalb neigen wir – und erst recht die Dichter – dazu, die Ausdrucksmöglichkeiten der eigenen Sprache gegenüber anderen herauszustreichen. Wer sich aber durch solchen Sprachpatriotismus nicht blenden lässt, wird sich der Einsicht nicht verschließen können, dass manche Sprachen dem Dichter mehr Möglichkeiten bieten als andere, sei es wegen des schöneren Klangs, des reicheren Wortschatzes oder der geschmeidigeren Grammatik. Um niemandes Gefühle zu verletzen, wollen wir hier keine Beispiele für mangelnde Ausdrucksfähigkeit nennen, sondern uns darauf beschränken, die Möglichkeiten des Englischen mit denen des Deutschen zu vergleichen. Da beide Sprachen eine große dichterische Tradition aufweisen, darf man bei ihnen vielfältige und hochentwickelte Ausdrucksweisen vermuten. Worin sie sich dennoch unterscheiden, wollen wir im Folgenden an Hand von Beispielen näher betrachten. Den Anfang soll ein Gedicht machen, das hier in einer deutschen und einer englischen Fassung vorgestellt wird. Die beiden Texte hat der Verfasser einmal in einem Interpretationskurs seinen Studenten vorgelegt und ihnen die Aufgabe gestellt herauszufinden, welcher von beiden das Original und welcher die Nachdichtung ist. Da es sich hier gewissermaßen um einen Wettbewerb in Ausdrucksfähigkeit handelt, müssen faire Bedingungen für beide Sprachen gegeben sein. Deshalb wurde eine in beiden Literaturen gepflegte lyrische Form gewählt, nämlich das Sonett, das seinen Ursprung in Italien hat, so dass beide Sprachen ihre Ausdrucksfähigkeit in einer Form beweisen müssen, zu der keine der beiden eine ursprüngliche und damit privilegierte Beziehung hat.

Uhu

Aufgebaumt auf kotgestriemtem Pfosten
Hockt er mit dem Fuß in einer Schlinge.
Schlaflos schlafend ist er auf dem Posten,
Stumm und unberührt vom Lauf der Dinge.

Aus dem herbstlaubfarbenen Gefieder
Starren unverwandt zwei Bernsteinringe.
Selten senken sich die bleichen Lider,
Und noch seltner hebt sich eine Schwinge.

Und so sitzt er da und wartet, starrend
Durch die Nacht des Tags in weite Ferne,
Augen schwarz wie Brunnenschächte, harrend

Auf das klare, kühle Licht der Sterne.
Und so sitzend gleicht er, darbend, darrend,
Einer ausgetrockneten Zisterne.

Eagle Owl

Perched on a pole befouled by his own droppings,
He sits hunched up, his foot in leather looped;
Sleepless asleep. A few slow-motion hoppings
Are all the life he shows, in silence cooped.

Out of his autumn-coloured plumage stare
Intensely vague, yet fixed, two amber rings.
An odd drop of his skinny lid is rare,
And rarer still a motion of his wings.

And there he sits, and there he waits, and stares
Through day's night towards some far-away domain,
Eyes black as shafts of wells. And all he cares

For is the starlight to relieve his pain.
Thus sitting, waiting, staring he compares
To a dry cistern waiting for the rain.

Beide Sonette bestehen aus je 14 Zeilen mit je fünf Hebungen. Allerdings hat das deutsche ein fallendes Metrum, den so genannten Trochäus, während das englische den steigenden Jambus aufweist. Das bedeutet, dass bei gleicher Anzahl von Versfüßen das englische theoretisch 14 Silben mehr haben könnte, da hier die Zeilen mit einer unbetonten Silbe anfangen, die im deutschen fehlt. Tatsächlich hat die englische Version aber nur zwei Silben mehr; denn 12 ihrer 14 Zeilen haben zehn statt der möglichen elf Silben, weil sie mit einer Hebung enden. Da die Silbe in der metrisch gebundenen Lyrik die kleinste Lauteinheit ist, haben beide Gedichte die annähernd gleiche Quantität an ästhetisch wirksamem Lautmaterial. Zählt man nun aber die Wörter, so zeigt sich, dass die deutsche Fassung 85, die englische dagegen 112 hat. Dieser beträchtliche Unterschied kann nicht verwundern; denn durch den Wegfall der Flexionsendungen sind englische Substantive, Adjektive und Verben im Durchschnitt um eine Silbe kürzer als ihre deutschen Entsprechungen. Das bedeutet für den englischen Dichter, dass er in einem Gedicht mit einer festen Höchstzahl von Silben deutlich mehr Wörter unterbringen kann als sein deutscher Kollege.

Betrachtet man die beiden Gedichte genauer, wird man sehen, dass in fast jeder Zeile der englischen Version etwas steht, was in der deutschen fehlt. Zwar macht die deutsche dieses Manko in einigen Fällen dadurch wett, dass sie längere Ausdrücke wie *befouled by his own droppings* zu einem einzigen Wort, in diesem Fall ‹kotgestriemt›, komprimiert, doch für Details wie *hunched up, in silence cooped, intensely vague* und *waiting for the rain* hat die deutsche Fassung offenbar keinen Platz. Es könnte aber auch sein, dass die englische Version ihre Zeilen nur deshalb mit solchen Details füllt, damit die nötige Silbenzahl zusammenkommt. Vergleicht man die letzte Zeile der beiden Gedichte miteinander, so spricht für die englische Version, dass sie den spannungsvollen Gegensatz von *dry* und *waiting for the rain* hervorhebt. Für die deutsche Fassung spricht, dass das Wort ‹ausgetrockneten› durch seine fünf Silben ein solches Gewicht erhält, dass allein schon dadurch die Vorstellung des Wartens auf das Wasser evoziert wird. Das Gleiche könnte man über die sechste Zeile sagen, wo das englische *intensely vague, yet fixed* in der deutschen Version zu dem einzigen Wort ‹unverwandt› komprimiert ist, das die Vorstellung von geistesabwesend starrenden Augen nicht so differenziert, vielleicht aber noch intensiver ausdrückt. Insgesamt lässt sich sagen, dass beide Fassungen das gleiche Bild beschreiben und die gleichen Akzente setzen, dass aber die englische etwas detaillierter ist, was die deutsche durch Intensivierung ausgleicht.

Als die Studenten nach Abschluss der Analyse ihr Votum abgaben, entschied sich etwa die Hälfte von ihnen für ein englisches und die andere Hälfte für ein deutsches Original. Interessanterweise sagten einige, sie fänden die deutsche Fassung irgendwie «authentischer», doch die englische gefiele ihnen besser. Für diesen Eindruck gibt es einen plausiblen Grund: beide Versionen stammen vom Verfasser. Er schrieb zuerst die deutsche, doch weil er darin nicht alles, was er ausdrücken wollte, unterbringen konnte, versuchte er es noch einmal auf Englisch. Am Ende schwankte er wie die Studenten zwischen den Versionen. In der deutschen fühlte er sich mehr zu Hause, weil es seine Muttersprache ist. Bei der Englischen empfindet er naturgemäß eine gewisse Fremdheit, hat aber das Gefühl, dass darin mehr von dem enthalten ist, was er ausdrücken wollte. Das hier Ausgeführte gilt nicht nur für Gelegenheitspoeten wie den Verfasser, sondern ebenso für professionelle Dichter. Auch sie können nur das in einem Gedicht zu poetischer Wirkung bringen, was ihre Sprache zulässt. Deshalb schauen sie manchmal neidvoll auf die Kollegen in einer anderen Sprache, die für bestimmte Zwecke bessere Ausdrucksmöglichkeiten haben. Doch wahrhaft ‹zu Hause› sind sie nur in ihrer Muttersprache.

Bei unserm ersten Beispiel ging es um Möglichkeiten der inhaltlichen Differenzierung und Intensivierung. Mit dem nächsten Beispiel wollen wir uns dem sprachlichen Wohlklang zuwenden. Aus der modernen Lyrik ist das Belcanto so gut wie verschwunden, doch jahrhundertelang erwarteten Leser und Hörer von Lyrik, dass sie schön klingt. Was nun die ästhetische Einschätzung einer Sprache angeht, so dürften hier die Urteile – oder wohl eher Vorurteile – noch stärker divergieren als bei der Frage nach der semantischen Ausdrucksfähigkeit. Die meisten Deutschen empfinden z. B. das Italienische als wohlklingend, während ihnen das Polnische wie ein Gestrüpp von Zischlauten und Konsonanten erscheint. Im Ausland gilt auch das Deutsche mit seinen vielen ch-Lauten und dem Knacklaut vor anlautenden Vokalen nicht gerade als wohlklingend. Manche sagen sogar, es sei keine Sprache, sondern eine Halskrankheit. Ebendies behaupten die Deutschen vom Niederländischen, das mit noch mehr kehligen Gutturallauten geschlagen ist. Vokalreiche Sprachen werden allgemein als wohlklingender und melodischer empfunden als solche, in denen es von Konsonanten wimmelt. Andererseits sind es aber gerade die Konsonanten, die in der Lyrik und Rhetorik dem Wohlklang energischen Ausdruck hinzufügen. In diesem Punkte sind das Deutsche und das Englische in der gleichen Lage; denn in beiden Sprachen dominieren die Konsonanten. Doch das, was dem Deutschen den Vorwurf der Halskrankheit einbrachte, nämlich das gutturale ch, fehlt im Englischen ebenso wie der Knacklaut. Schon deshalb klingt es weicher.

Klangbetonte Lyrik findet sich in der englischen Literatur schon bei Milton, der einen feierlich-sonoren Orgelton in die Lyrik einführte, während bei Shakespeare und seinen Zeitgenossen noch das inhaltliche Spiel mit Vergleichen im Vordergrund stand, wenngleich gerade Shakespeare in seine Sonette kunstvolle Alliterationsmuster einwob. Im 18. Jahrhundert war es dann Thomas Gray, der mit seiner *Elegie, geschrieben auf einem Landfriedhof* das romantische Belcanto in die englische Lyrik einführte. Das Gedicht ist bei Engländern noch heute so beliebt, dass viele es trotz einer Länge von 32 Strophen auswendig können. Es beginnt so:

The curfew tolls the knell of parting day,
The lowing herd wind slowly o'er the lea.
The ploughman homeward plods his weary way,
And leaves the world to darkness and to me.

Now fades the glimmering landscape on the sight,
And all the air a solemn stillness holds,
Save where the beetle wheels his droning flight,
And drowsy tinklings lull the distant folds;

Save that from yonder ivy-mantled tower
The moping owl does to the moon complain
Of such as, wandering near her secret bower,
Molest her ancient solitary reign.

Auf Deutsch:

Die Abendglocke singt den Tag zur Ruh,
Die Herden suchen blökend ihr Quartier.

Der Pflüger trottet müd dem Dorfe zu
Und lässt die Welt der Dunkelheit und mir.

Die Landschaft löst sich auf im Dämmerlicht,
Und feierlich liegt Stille auf der Erde,
Die manchmal eines Käfers Flug durchbricht
Und schläfriges Geläut der fernen Herde.

Nur dort vom Turm im dichten Efeukleid
Beklagt die Eule sich beim runden Mond,
Wenn jemand ihr geheimes Reich entweiht,
Wo sie in Einsamkeit und Schweigen thront.

Um die exquisite Verskunst dieses in den Jahren 1742 bis 1750 entstandenen Gedichts würdigen zu können, muss man sich klar machen, dass es um diese Zeit in der deutschen Dichtung nichts Vergleichbares gab. Erst ein Vierteljahrhundert später setzte mit dem *Mondlied* von Matthias Claudius und den Gedichten des jungen Goethe auch in der deutschen Lyrik der romantische Wohlklang ein. Lauscht man den Versen von Gray, wird man leicht feststellen können, dass sie ihren Reiz der Fülle von Nasalen und Liquiden und der geringen Zahl von harten, stimmlosen Explosivlauten verdanken. Die Laute l, m und n treten mit einer Häufung auf, die weit über dem statistischen Durchschnitt liegt. Obwohl der Verfasser bei seiner Nachdichtung versucht hat, vom lautlichen Wohlklang soviel wie möglich ins Deutsche hinüberzuretten, konnte er den Klangteppich des Originals nicht mit gleicher Weichheit nachbilden. So finden sich bei Gray nur fünf k-Laute, von denen nur der in *curfew* klar hervorsticht, während die anderen weich in Nasale verpackt sind wie in *darkness, landscape* und *tinklings*. Die deutsche Version enthält dagegen acht k-Laute, von denen die in ‹-glocken›, ‹blökend› und ‹Käfer› durch keine benachbarten Nasale gedämpft werden. Bei Betrachtung der Sprachgeschichte hatten wir gesehen, wie sich das Deutsche durch Erhöhung des Atemdrucks vom Englischen entfernte. Das Ergebnis war zum einen die Ausbildung der Verschlusslaute d, b und g dort, wo das Englische die weichen Reibelaute bewahrte, zum anderen die Verschiebung von d zu t, t zu z und p zu pf und drittens die deutsche Auslautverhärtung. All dies hat dazu geführt, dass das Deutsche heute mehr Verschlusslaute und unter diesen mehr stimmlose aufweist als das Englische. Das ist der Grund, weshalb sich die lautmalerische Weichheit von Grays Versen im Deutschen so schwer nachbilden lässt. Anders verhält es sich auf der Seite der Vokale. Hier hat das Deutsche nicht nur mehr von den reinen und deshalb volltönenden Kardinalvokalen, es hat zudem die drei Artikel ‹der›, ‹die›, ‹das› mit ihren Flexionsformen und die unbestimmten ‹ein› und ‹eine›, die allesamt volltönende Vokale und Diphthonge enthalten, während das Englische nur *the* und *a* hat und in beiden seinen farblosesten, zugleich aber häufigsten Vokal überhaupt einsetzt, den *schwa*-Laut, der statt zu klingen immer schon verklingt. Da dieser Vokal in der gesprochenen Alltagssprache viel häufiger an die Stelle von vollen Vokalen tritt als z.B. beim Rezitieren von Gedichten, hört sich das Alltagsenglisch für deutsche Ohren ausgesprochen vokalarm an, während die englische Dichtersprache einen überraschenden Klangreichtum entfaltet.

Als nächstes wollen wir uns der dichterischen Prosa zuwenden. Dabei braucht das, was zuvor über englischen Stil im Allgemeinen gesagt wurde, nicht noch einmal wiederholt zu werden. Statt dessen soll an einem Beispiel gezeigt werden, wie das Englische auch hier eine dichterische Ausdruckskraft entfaltet, die aus seinen spezifischen Möglichkeiten entspringt. Der ausgewählte Text stammt aus dem Roman *Great Expectations (Große Erwartungen)* von Charles Dickens, der neben James Joyce vielleicht der größte Prosadichter in englischer Sprache ist; jedenfalls hält der Verfasser ihn dafür.

> It was like my own marsh country, flat and monotonous, and with a dim horizon; while the winding river turned and turned, and the great floating buoys upon it turned and turned, and everything else seemed stranded and still. For, now, the last of the fleet of ships was round the last low point we had headed; and the last green barge, straw-laden, with a brown sail, had followed; and some ballast-lighters, shaped like a child's first rude imitation of a boat, lay low in the mud; and a squat shoal-lighthouse on open piles, stood crippled in the mud on stilts and crutches; and slimy stakes stuck out of the mud, and slimy stones stuck out of the mud, and red landmarks and tidemarks stuck out of the mud, and an old landing-stage and an old

roofless building slipped into the mud, and all about us was stagnation and mud.

Es war wie mein heimatliches Marschland, flach und gleichförmig, mit verschwimmendem Horizont, während der Fluss sich hin und her wand und die großen Bojen auf ihm hin und her trieben und alles übrige still und wie gestrandet dalag. Denn jetzt war das letzte von der Flotte von Schiffen hinter der flachen Landspitze, auf die wir zusteuerten, verschwunden, und der letzte grüne Lastkahn, strohbeladen, mit braunem Segel, war ihm gefolgt; nur einige Ballast tragende Leichter, die wie die krude Imitation eines Bootes von der Hand eines Kindes aussahen, lagen tief im Schlamm. Ein kleiner, gedrungener Leuchtturm, der auf nackten Pfosten eine Untiefe markierte, stand verkrüppelt auf Stelzen und Krücken im Schlamm. Schleimige Stangen staken heraus aus dem Schlamm, dazu schleimige Steine und die roten Land- und Wasserstandsmarkierungen. Ein alter Landungssteg und ein altes, dachloses Gebäude schienen im Begriff in den Schlamm zu gleiten und alles um uns herum war Stagnation und Schlamm.

Die hier gegebene Beschreibung hat typische Merkmale des englischen Stils. Da ist als Erstes die parataktische Anordnung der Sätze. Selbst das *while* in der zweiten Zeile leitet keinen Nebensatz ein, sondern schließt als Konjunktion weitere Hauptsätze an. Typisch ist auch die Konkretheit der aufgeführten Details, wobei besonders die fachsprachliche Verwendung der Begriffe *ballast-lighter* und *shoal-lighthouse* auffällt. Am auffälligsten sind aber ohne Zweifel die zahlreichen Wiederholungen. Würde man sie originalgetreu in die Übersetzung übernehmen, würde das für deutsche Ohren ausgesprochen penetrant klingen. Wir erwarten von einem guten Schriftsteller, dass er variiert. Schon die Lateiner hielten sich an die Regel *variatio delectat*, ‹Variation erfreut›. Im Englischen ist der Zwang zur Variation weit weniger stark ausgeprägt. Hier bedienen sich die Schriftsteller oft gerade der penetranten Wiederholung, um eine besondere Intensität zu erzielen, wie unser Beispiel zeigt. Soweit es sich dabei um einen Geschmacksunterschied handelt, haben wir es mit einer Konvention zu tun, für die es keine objektiven Ursachen gibt. Es gibt aber Voraussetzungen, die das Aufkommen einer Konvention verständlich machen. Kurze Wiederholungen werden auch im Deutschen nicht als stilistischer Fehler, sondern als wirksame Bekräftigung empfunden. Nur sind deutsche Wörter in der Regel immer länger als die englischen, und sie werden außerdem noch durch die Flexionsendungen verändert. Schon die Wiederholung längerer Wörter klingt für unser Ohr schwerfällig. Wenn sich dann noch die Endung verändert, haben wir das Gefühl einer missglückten Variation; denn das Wort bleibt ja dasselbe. Der im Deutschen stark ausgeprägte Zwang zur Variation dürfte also zu einem erheblichen Teil den Voraussetzungen der Sprache zuzuschreiben sein. Das Gleiche gilt umgekehrt für die Bekräftigung durch Wiederholung im Englischen. Dickens kann das Wort *mud* wie einen kurzen, entschiedenen Pinselstrich einsetzen, der den Grundton seines Bildes von Mal zu Mal intensiver macht, ohne dass der Leser dies als schwerfällig, einfallslos oder monoton empfindet.

Nicht alle englischen Schriftsteller schreiben wie Dickens. Für ihn ist das intensivierende Herausarbeiten des Grundtons eines Bildes charakteristisch, weil er die Bilder zu Symbolen verdichtet. Aber auch die weniger expressiven Realisten unter den englischen Erzählern haben keine Scheu, Wörter oder Satzstrukturen dort zu wiederholen, wo ihre deutschen Kollegen dem Zwang zur Variation nachgeben. Es ist aber nicht Zwang allein, was hier wirkt. Es ist auch der Umstand, dass Variation im Satzbau im Deutschen in weit größerem Umfang möglich ist als im Englischen. Wenn also bei uns Variation höher geschätzt wird als im Englischen, dann machen wir nicht nur aus der sprachlichen Not eine Tugend, sondern spielen im Satzbau einen grammatischen Trumpf unserer Sprache aus, während das Englische seinerseits die durch die Grammatik erzwungene Wiederholung zur stilistischen Tugend macht. Für englische Leser kann der folgende Romananfang kaum besonders appetitanregend sein:

> As I take up my pen at leisure and in complete retirement – in good health, furthermore, though tired, so tired that I shall only be able to proceed by short stages and with frequent pauses for rest – as I take up my pen, then, to commit my confessions to this patient paper in my own neat and attractive handwriting, I am assailed by a brief misgiving about the educational background I bring to an intellectual enterprise of this kind.

Ein solcher Anfang lässt den englischen Leser vermuten, dass das Buch mindestens zweihundert Jahre alt ist. Es ist aber der Anfang von Thomas Manns *Bekenntnisse des Hochstaplers Felix Krull* aus dem Jahr 1954, hier in der Übersetzung von Denver Linley. Die deutsche Fassung klingt dagegen für deutsche Ohren keineswegs so alt; denn selbst die fünf Jahre später erschienene *Blechtrommel* von Günter Grass fängt noch in dem gleichen gravitätischen, ironisch distanzierten Ton an. Thomas Manns Originalfassung lautet:

> Indem ich die Feder ergreife, um in völliger Muße und Zurückgezogenheit – gesund übrigens, wenn auch müde, sehr müde (so daß ich wohl nur in kleinen Etappen und unter häufigem Ausruhen werde vorwärtsschreiten können), indem ich mich also anschicke, meine Geständnisse in der sauberen und gefälligen Handschrift, die mir eigen ist, dem geduldigen Papier anzuvertrauen, beschleicht mich das flüchtige Bedenken, ob ich diesem geistigen Unternehmen nach Vorbildung und Schule denn auch gewachsen bin.

Dies ist der für die deutsche Literatur charakteristische Ton des ironischen Overstatements, dessen Großmeister Thomas Mann ist. Es ist das genaue Gegenteil dessen, was der englische Leser erwartet und schätzt, für den die wahre Kunst der Ironie im Understatement besteht. Sein Leseappetit wird geweckt, wenn ein Roman so beginnt:

> Emma Woodhouse, handsome, clever, and rich, with a comfortable home and a happy disposition, seemed to unite some of the best blessings of existence; and lived nearly twenty-one years in the world with very little to distress or vex her.

> Emma Woodhouse, hübsch, klug und reich, in komfortablen Verhältnissen und von glücklicher Gemütsverfassung, schien einige der besten Segnungen des Daseins in sich zu vereinen; und sie lebte knapp einundzwanzig Jahre in dieser Welt mit sehr wenig Grund zu Kummer oder Irritation.

Das ist der Anfang von *Emma* aus der Feder Jane Austens, der Großmeisterin der Ironie des Understatements. Die englische

Vorliebe für diese Form der Ironie ist Ausdruck eines Verhaltenscodes, den die Briten im 18. Jahrhundert entwickelten und der seitdem durch den englischen Markenartikel des Gentleman repräsentiert wird. Auf die Gründe dafür sind wir bereits im vorigen Kapitel eingegangen.

Overstatement und Understatement sind nicht nur gegensätzliche Merkmale, durch die sich die deutsche von der englischen Ironie unterscheidet; es sind Grundtendenzen, die sich in vielfältiger Weise im deutschen und englischen Humor ausdrücken und bis heute den literarischen Stil der beiden Nationen gegensätzlich prägen. Man mache nur einmal die Probe und schlage nacheinander die erste Seite von zwanzig deutschen und zwanzig englischen Romanen der letzten zwei Jahrzehnte auf und vergleiche die Anfangssätze. Dann wird man sehen, dass englische und amerikanische Erzähler mit einem lakonischen Satz beginnen, der den Leser in den Roman hineinzieht, ohne dass man das Gefühl hat, eine Schwelle zu überschreiten. Die deutschen Erzähler hingegen, von wenigen Ausnahmen abgesehen, errichten mit dem ersten Satz eine Hürde, die den Leser zwingt, sich auf ein anspruchsvolles Stilniveau hinaufzuschwingen. Diese bis heute nachwirkende klassisch-romantische Tradition des hohen Stilanspruchs dürfte der Hauptgrund dafür sein, dass so wenig deutsche Romane ins Englische übersetzt werden.

Insgesamt lässt sich sagen, dass die englische Literatur schon früh einen urbanen Gesprächston pflegte und nach realistischer Deskription von Wirklichkeit strebte, während die deutsche traditionell stärker zur Expression von Subjektivität neigte. Das hat aber nichts mit den Sprachen zu tun, sondern damit, dass England schon früh eine Hauptstadt und ein urbanisiertes Publikum hatte, während die deutschen Literaten sich bis weit ins 19. Jahrhundert hinein an die gebildeten Leser in der Provinz wenden mussten. Die stärkere Affinität zur lyrisch-subjektiven Sprechweise machte die deutschen Erzähler bis zur Mitte des 20. Jahrhunderts entschieden anfälliger für den Kitsch, als es die englischen waren, die das Korrektiv eines urbanen Publikums hatten. (Dies hat der Verfasser in seinem Buch *Was ist Kitsch?* näher ausgeführt.)

Englisch als *lingua franca* der modernen Welt

Zur Zeit Shakespeares war Englisch die Sprache von knapp fünf Millionen Briten, denen in Europa drei- bis viermal soviel Franzosen und zwei- bis dreimal soviele Deutsche und Italiener gegenüberstanden. Damals mussten reiselustige Briten Französisch und Italienisch lernen, wenn sie in Paris, Venedig, Florenz und Rom die kulturellen Leistungen kennen lernen wollten, an denen sie sich zu messen begonnen hatten. Für die Buchgelehrten gab es das Sprachproblem nicht. Sie kommunizierten über alle Grenzen hinweg auf Latein, der *lingua franca* des Abendlands. Heute ist Englisch die Muttersprache von 350 Millionen und weltweit die *lingua franca* für Wirtschaft, Politik, Tourismus, Popkultur und Wissenschaft. Inzwischen werden an deutschen Universitäten ganze Studiengänge auf Englisch angeboten. Vorbei sind die Zeiten, da Ausländer Deutsch lernten, um in Berlin oder Göttingen Physik zu studieren. Heute kann es sich ein deutscher Naturwissenschaftler kaum leisten, seine Forschungsergebnisse auf Deutsch zu publizieren. Er könnte sie dann ebenso gut in der Schublade lassen; denn nur wer auf Englisch schreibt, wird in der *scientific community* zur Kenntnis genommen. Selbst wo der Gebrauch des Englischen durch keinerlei praktische Notwendigkeit gerechtfertigt ist, dringt es unaufhaltsam in die anderen Sprachen ein. So überbietet sich die deutsche Werbung in der Mischung immer neuer Sprachcocktails aus Englisch und Deutsch, wobei ein Kauderwelsch entsteht, das bei Muttersprachlern auf beiden Seiten Kopfschütteln und Spott hervorruft. Die Deutschen erfinden sogar englische Wörter, die es im angelsächsischen Sprachraum gar nicht gibt. So hat man hierzulande das, was in England *mobile phone* und in den USA *cell(ular) phone* heißt, Handy getauft, mit englischer Aussprache, aber deutscher Bedeutung. Während bei uns die englischen Sprachimporte so begierig aufgenommen werden wie Regen nach langer Dürre, bauen die Franzosen noch Dämme, um die Überflutung zu stoppen. Sie erlassen sogar Gesetze gegen die Verunstaltung ihrer Sprache zu jenem Mischmasch, den sie Franglais nennen. Doch selbst in der Grande Nation dürfte sich das als ein Windmühlenkampf erweisen. Englisch ist nun einmal die Sprache, mit der man überall in der Welt durchkommt und die man deshalb beherrschen muss, notfalls auf Kosten der Muttersprache.

Was ist der Grund für diese geradezu imperialistisch anmutende Sprachhegemonie? Ohne Zweifel war es die Ausdehnung des englischen Weltreichs über ein Viertel der bewohnten Erde, die dem Englischen zu seiner weltweiten Verbreitung verhalf. Nach dem Umbau des Britischen Empires zum Commonwealth übernahmen die USA als wirtschaftliche und militärische Supermacht die Rolle Großbritanniens, wobei sie mit Hollywood und der modernen Popkultur die englische Sprachdominanz auf die kulturelle Sphäre ausdehnten. Doch der Siegeszug des Englischen wäre wohl kaum so unaufhaltsam verlaufen, wenn nicht die Sprache selber sich in besonderem Maße zu einer Weltsprache eignete. Die Eignung beginnt mit etwas so Banalem wie dem Alphabet. Anders als das Deutsche mit seinem ß und den Umlauten und anders als das Französische mit seinen Akzenten und seinem verschlungenen œ-Laut kommt das Englische mit dem Grundbestand des Lateinischen Alphabets aus. Es kann deshalb auf jeder westlichen Schreibmaschine geschrieben werden. Der nächste Vorzug ist schon gewichtiger, nämlich die Fähigkeit des Englischen, fremde Wörter aufzunehmen und sie dem eigenen Wortschatz einzuverleiben. Ein weiterer Vorzug ist die Kürze der Wörter, die dazu führt, dass z.B. in zweisprachigen Ausgaben literarischer Texte die deutsche Version immer länger ist als die englische. Der größte Vorzug aber dürfte in der ‹modernen› Grammatik liegen. Die deutsche Grammatik und die der romanischen Sprachen haben alle noch das indogermanische Grundgerüst, das wir in seiner ausgeprägtesten Form aus dem Lateinischen kennen. Diese Grammatiken zwingen den Sprecher wie den Hörer, die aufeinander folgenden Sprachzeichen nicht nur in der Richtung des Sprechflusses zu verfolgen, sondern sie immer auch zurück auf das schon Gesprochene zu beziehen. Für eine nicht verschriftete Sprache bedeutet das eine Absicherung gegen Missverständnisse. In einer modernen schriftsprachlichen Kultur ist es aber ein überflüssiger Aufwand. Das moderne Denken, das sich in reinster Form beim Programmieren von Computern zeigt, ist durch Algorithmen, d.h. durch die sequentielle Abfolge von Entscheidungen in einer einzigen Richtung, bestimmt. Dieses sequentielle Prinzip liegt der englischen Grammatik zugrunde. Bei Betrachtung der *garden paths* zeigten wir zwar, dass es dabei zu Irrtümern kommen kann, die den Rezipienten zwingen, in der Sequenz noch einmal zurückzugehen und eine neue Entscheidung zu treffen, doch im Großen und Ganzen funktioniert das Englische einsinnig linear von links nach rechts wie eine Kette von Computerbefehlen. Diese Einsinnigkeit bedeutet zugleich Horizontalität im Unterschied zu der vertikalen Über- und Unterordnung von Haupt- und Nebensätzen, wie sie für das Deutsche typisch ist. Insofern ist es vielleicht nicht ganz abwegig, dem Englischen eine größere Affinität zum modernen egalitären Denken zuzuschreiben.

Was immer der Grund für die Bereitwilligkeit sein mag, mit der das Englische von den übrigen westlichen und inzwischen auch östlichen Nationen aufgenommen wird, sie wäre sicher noch größer, wenn ihr nicht das Problem der Aussprache im Wege stünde. Hätten wir Deutschen nicht eine gewisse Scheu vor dem englischen th und dem r, wir hätten wahrscheinlich noch weit mehr englische Wörter in unserer Alltagssprache. Sprachpatrioten und Puristen beklagen diese unaufhaltsame Anglisierung, doch der Völkerverständigung ist sie eher zuträglich. Gerade die Geschichte des Englischen zeigt, dass eine Sprache durch die Aufnahme fremder Sprachelemente nicht verhunzt, sondern modernisiert und bereichert wird. Im übrigen sollte man bedenken, dass Sprachreinheit eine ästhetische Kategorie ist, über die man wie bei allen Geschmacksurteilen geteilter Meinung sein kann. Verständigung durch Sprache über nationale Grenzen hinweg ist dagegen etwas Ethisches, von dem das Überleben der Menschheit abhängt. Insofern sollte man sich vor jeder Klage über die Anglisierung des Deutschen fragen, ob man darin nicht auch einen Schritt auf dem Wege zur Entnationalisierung und zur Verständigung der Völker sehen kann. In Deutschland hatte der Sprachpurismus meist einen irrationalen Zug von antiaufklärerischem Nationalismus. Da sollte man bedenken, dass die beiden großen Aufklärungswellen, der Humanismus der Renaissance und die Aufklärung des 18. Jahrhunderts, uns zuerst die lateinischen und danach die französischen Fremd- und Lehnwörter bescherten, die unsere Sprache zweifellos bereichert haben, auch wenn Puristen immer wieder versucht haben und weiter versuchen werden, diese Wörter durch deutsche zu ersetzen. Reichtum, nicht Reinheit ist das, was einer Sprache Vitalität verleiht, wofür das Englische der überzeugendste Beweis ist. Selbst bei grammatischen Veränderungen des Deutschen wie z.B. der Umwandlung von mit ‹weil› eingeleiteten hypotaktischen Nebensätzen in parataktische Hauptsätze, bei der die Puristen heute noch zusammenzucken, ist nicht einzusehen, was daran verwerflich sein soll. Es ist nur ein weiterer Schritt auf dem Wege der Angleichung an das linear-horizontale Denken der modernen Welt, das sich im Englischen viel konsequenter ausdrückt als in den übrigen europäischen Sprachen. Schließlich war der angelsächsische Sprachraum seit der Unabhängigkeitserklärung der USA die Bastion der Aufklärung, in der all die irrationalen Ideologien nicht Fuß fassen konnten, die sich auf dem europäischen Kontinent so verheerend ausgewirkt haben. Wer befürchtet, dass Deutschland durch die zunehmenden Anglizismen seine kulturelle und sprachliche Identität verlieren könnte, der sollte bedenken, dass England durch die normannische Eroberung seine Sprache erst einmal vollständig verlor und danach mit einer germanisch-romanischen Mischsprache zu einer neuen Identität fand, die sich historisch als höchst erfolgreich erweisen sollte.

Bedenklicher als die befürchtete Überfremdung des Deutschen durch das Englische dürfte die Entfremdung der Deutschen von ihrer eigenen Sprache sein. Wenn deutsche Popsänger ihre Texte immer häufiger auf Englisch verfassen, hat das zwar den positiven Effekt, dass deren Dürftigkeit wohltuend verschleiert wird, es trägt aber auch dazu bei, dass jene Populärpoesie, die bei den Beatles, bei Johnny Cash und vielen anderen britischen und amerikanischen Popkünstlern beachtliches Niveau erreicht, bei den Deutschen so dürftig ausfällt. Nicht die Verunreinigung durch Anglizismen ist die Gefahr, gegen die sich das Deutsche behaupten muss, sondern eher der Verlust der Fähigkeit, das gegenwärtige Lebensgefühl authentisch auszudrücken. Das Englische hat sich diese Vitalität in deutlich stärkerem Maße bewahrt und sie immer wieder erneuert, wie unser Buch zu zeigen versuchte.

Anhang

Leitfaden zu den grammatischen Begriffen

Die Schwierigkeiten des Schreibens über eine Sprache beginnen mit der Sprache, in der man über sie schreibt. Solange die Philologen sich an der lateinischen Grammatik orientierten, gab es keine Verständigungsprobleme. Erst als sie anfingen, mit immer feineren Instrumenten die lebenden Sprachen zu analysieren, reichte ihnen die lateinische Terminologie nicht mehr aus. Schon vorher hatten die Deutschen für den Unterricht in der Muttersprache die alten Begriffe aus dem Lateinunterricht eingedeutscht. Die Engländer taten das Gleiche nur zur Hälfte, indem sie die lateinischen Begriffe zwar beibehielten, aber in Aussprache und Orthographie anglisierten. Der Vorzug der lateinischen Termini ist, dass man mit ihnen fast nichts außer der grammatischen Bedeutung assoziiert, der Vorzug der deutschen ist, dass man sich unter ihnen etwas vorstellen kann. Da im Buch überwiegend, wenn auch nicht durchgängig, die lateinischen Begriffe verwendet wurden, sollen sie hier noch einmal systematisch zusammengefasst und erklärt werden.

Eine Sprache besteht aus Wörtern unterschiedlicher Klassen, die zu Sätzen zusammengefügt werden, in denen sie unterschiedliche Funktionen haben. Deshalb sollen zuerst einmal die Wortarten und danach die unterschiedlichen Satzglieder aufgeführt werden.

Wortarten (engl. *parts of speech*)

SUBSTANTIV oder *NOMEN* = Dingwort, Hauptwort (engl. *noun*)
Gegen beide deutsche Begriffe lässt sich etwas einwenden. Längst nicht alles, was ein Substantiv benennt, ist ein Ding. Kann man die Freiheit oder das Vergessen ein Ding nennen? Und sind die Wörter, die im Deutschen große Anfangsbuchstaben haben, wirklich die Hauptwörter? Immerhin haben die Lateiner nicht das Substantiv, sondern das Tätigkeitswort als das Wort schlechthin, nämlich als *verbum*, bezeichnet. Trotzdem haftet allen Substantiven etwas Dinghaftes an, wenn man Ding so versteht, wie es die Ratsversammlung der Germanen, das Thing, verstand. Diese Versammlung hieß nämlich so, weil auf ihr Dinge im Sinne von Streitsachen verhandelt wurden. (Auch ‹Sache› bedeutete ursprünglich ‹Streitsache›, was sich noch an dem Wort ‹Widersacher› ablesen lässt.)

GERUNDIUM = Verbalsubstantiv (engl. *gerund*)
Das Gerundium ist ein Substantiv, das zugleich Verbcharakter hat. Wie wir sahen, ist der Verbcharakter im Englischen stärker ausgeprägt, wo das

Gerundium oft mit Objekt gebraucht wird. Im Deutschen spielt es nur in seiner nackten Form, d.h. ohne Objekt, eine größere Rolle. Wenn wir den Satz «Das Herausreißen von Zitaten aus dem Zusammenhang ist eine Unsitte» so umformen, dass der Verbcharakter des Gerundiums zur Wirkung gelangt, müssten wir sagen: «Das Zitate-aus-dem-Zusammenhang-Reißen ist eine Unsitte.»

VERB = Tätigkeitswort, Zeitwort (engl. *verb*)
Verben bezeichnen das Handeln, Behandeln, Verhandeln und Verhandeltwerden in einem Satz. Deshalb liegt es nahe, sie Tätigkeitswörter zu nennen. Ist es aber eine Tätigkeit, wenn z.B. ein Wort etwas ‹bedeutet‹ oder wenn jemand zwei Zentner ‹wiegt›? Um solchen Einwänden vorzubeugen, hat man die Bezeichnung ‹Zeitwort› eingeführt; denn Verben scheinen in der Tat das verhandelte ‹Ding› irgendwie in den Zeitstrom einzubetten. Wenn es keine Tätigkeit ist, dann doch zumindest ein Zustand von einer gewissen Dauer oder die Veränderung eines solchen Zustands. – Verben werden in **finiter** und **infiniter** Form verwendet. Als **finit** werden sie bezeichnet, wenn sie in einer bestimmten Zeitform und mit einem bestimmten Personalbezug verwendet werden. **Infinite** Formen sind der **Infinitiv** (Nennform) und die **Partizipien** (Mittelworte) des Präsens (Gegenwart) und des Präteritum (Vergangenheit). Alle drei haben keinen bestimmten Personalbezug. Neben den so genannten **Vollverben** gibt es Verben, die nur in Verbindung mit ersteren verwendet werden können. Man nennt sie **Hilfsverben**, weil sie den Vollverben helfen, eine zusammengesetzte Zeitform oder einen besonderen Realitätsmodus auszudrücken. In letzterem Fall spricht man von **modalen Hilfsverben**. Hierzu gehören im Englischen Wörter wie *could, would, should, might* und *ought to.*

PARTIZIP = Mittelwort (engl. *participle*)
Das Partizip ist ein von einem Verb abgeleitetes Adjektiv, das an den grammatischen Funktionen beider Wortarten ‹partizipiert›. Es kann wie das Adjektiv als Attribut vor dem Nomen stehen, es kann aber auch in anderen Positionen wie ein Verb ein Objekt haben. Partizipien gibt es im Präsens mit aktivischer und im Präteritum mit passivischer Bedeutung (‹der spielende Pianist›, ‹die gespielte Sonate›).

ADJEKTIV = Eigenschaftswort (engl. *adjective*)
Adjektive bezeichnen Eigenschaften von Substantiven. Sie stehen entweder attributiv bei diesen oder werden ihnen als Prädikat zugeschrieben (‹der laue Wind›; ‹der Wind ist lau›).

NUMERAL oder *QUANTIFIKATOR* = Zahlwort (engl. *numeral* oder *quantifier*)
Zahlwörter geben entweder als **Kardinalzahl** eine Anzahl oder als **Ordinalzahl** eine Position auf dem so genannten Zahlenstrahl an. Neben den **bestimmten** Zahlen gibt es zahlreiche **unbestimmte** Zahlwörter wie ‹viel›, ‹wenig› ‹einige› usw. Zahlwörter stehen den Adjektiven nahe.

ADVERB = Umstandswort (engl. *adverb*)
Wie sich Substantive durch Adjektive qualifizieren lassen, so Verben durch Adverbien. Der Name scheint anzudeuten, dass es sich um Wörter handelt, die nur in Verbindung mit einem Verb auftreten. Das ist nur zur Hälfte richtig. Adverbien können im Satz zwar nicht für sich selber stehen, sondern nur als nähere Bestimmung zu einem anderen Wort; doch das muss nicht unbedingt ein Verb sein. Auch Adjektive und sogar Adverbien können ein Adverb haben. Als Adverbien gebrauchte Adjektive sind Umstandswörter der Art und Weise. Man fragt nach ihnen mit ‹Wie?› oder ‹Auf welche Weise?› Die meistgebrauchten Einzelwort-Adverbien sind aber Wörter wie z.B. ‹gern›, ‹dort›, ‹gestern›, ‹übrigens› oder ‹deshalb›, von denen nur das erste die Art und Weise bestimmt, während ‹dort› einen Ort, ‹gestern› einen Zeitpunkt, ‹übrigens› ein Verhältnis der Nebenordnung und ‹deshalb› ein Kausalverhältnis anzeigt.

ARTIKEL = Geschlechtswort (engl. *article*)
Auf die deutschen Artikel ‹der›, ‹die›, ‹das› und ‹ein›, ‹eine› trifft die Bezeichnung Geschlechtswort zu; denn nur am Artikel kann ein Lerner des Deutschen ablesen, ob ein Substantiv männlich, weiblich oder sächlich ist. Da es im Englischen aber kein grammatisches Geschlecht gibt, macht die Bezeichnung ‹Geschlechtswort› keinen Sinn. Der Artikel ist hier eine Wortart, die als Satzglied die Funktion eines Determinators hat.

PRONOMINA = Fürwort (engl. *pronoun*)
Pronomina (oder auch nur ‹Pronomen›) sind, wie ihr Name sagt, Wörter, die an die Stelle eines Nomens treten können. Bei den meisten Fürwörtern ist die Stellvertreterfunktion leicht zu erkennen. Wenn aber in traditionellen Grammatiken das ‹dies› in ‹dieser Mann dort› als hinweisendes Fürwort oder Demonstrativpronomen bezeichnet wird, ergibt das eigentlich keinen Sinn; denn das ‹dies› steht nicht für ein Nomen. Es ist wie der Artikel ein Determinator, jedenfalls dann, wenn es vor dem Substantiv steht. Wird dagegen auf die Frage ‹Welcher Mann?› mit ‹Dieser› geantwortet, so haben wir es mit einem echten Pronomen zu tun. Die wichtigsten Arten von Pronomen sind:

Personalpronomen	= persönliches Fürwort (ich, du, er usw.)
Possessivpronomen	= besitzanzeigendes Fürwort (mein usw.)

Demonstrativpronomen = hinweisendes Fürwort (dieser, jener)
Relativpronomen = bezügliches Fürwort (welcher, der usw.)
Reflexivpronomen = rückbezügliches Fürwort (sich)
Interrogativpronomen = Fragewort (wer, welcher u.ä.)

PRÄPOSITION = Verhältniswort (engl. *preposition*)
Wörter wie ‹an›, ‹in›, ‹über› und ‹wegen› zeigen ein Verhältnis zum nachfolgenden oder vorangegangenen Substantiv bzw. dessen Stellvertreter an. Hier ist die deutsche Bezeichnung treffender als die Lateinische, die wörtlich übersetzt ‹Voranstellung› heißt. Im Deutschen gibt es aber auch nachgestellte Präpositionen, z.B. ‹des Reimes wegen›.

KONJUNKTION = Bindewort (engl. *conjunction*)
Wörter wie ‹und›, ‹oder›, ‹als›, ‹weil› und ‹denn› verbinden entweder Wörter in einem Satz oder ganze Sätze miteinander.

INTERJEKTION = Ausruf (engl. *interjection*)
Hier handelt es sich um Wörter, die in einen Satz eingestreut werden können, ohne grammatisch eingebunden zu sein, wie z.B. ‹ach›, ‹naja›, ‹oh›, ‹pfui›. Auch ‹ja› und ‹nein› sind solche Wörter ohne grammatische Bindung.

Satzglieder (engl. *parts of a sentence*)

SUBJEKT = Satzgegenstand (engl. *subject*)
Subjekt heißt wörtlich ‹das Daruntergelegte›. Insofern ist das lateinische Wort eine zutreffende Bezeichnung; denn das Subjekt eines Satzes ist das, worauf alle anderen Satzteile bezogen werden. Subjekt können Substantive, Pronomina, Gerundien, Verben im Infinitiv, Partizipien, substantivierte Adjektive und ganze Nebensätze sein:

Die Erde ist rund. / *Sie* ist rund.
Das Umrunden der Erde war sein Ziel.
Die Erde zu umrunden war sein Ziel.
Alles Gerundete (oder *sich Rundende*) ist schön.
Das Runde ist oft schön.
Dass etwas rund ist, ist ein Grund seiner Schönheit.

Das Subjekt steht immer im ersten Fall, dem Nominativ. Man erfragt es mit: Wer oder was?

PRÄDIKAT: Satzaussage (engl. *predicate*)
Das Prädikat ist das, was an das Subjekt wie an eine handelnde Person angeschlossen ist. Es enthält stets ein Verb; denn nur Verben haben Perso-

nalendungen. Im Deutschen und Englischen kann das Prädikat aus einem Vollverb und einem oder mehreren Hilfsverben zusammengesetzt sein.

OBJEKT: Satzergänzung (engl. *object*)
Ein Satz aus Subjekt und Prädikat kann bereits vollständig sein, z. B. ‹es regnet›, ‹er starb›. Oft muss aber das, was über das Subjekt durch das Prädikat ausgesagt wird, durch ein Objekt (oder mehrere) ergänzt werden, z. B. «Sie kürzte ... den Rock / ihrem Mann die Haare».
Im Deutschen steht das Objekt in einem abhängigen Fall (*casus obliquus*), entweder im Genitiv, im Dativ oder im Akkusativ. Im Englischen ist die Abhängigkeit des Objekts nur noch bei den Pronomen an der Endung zu erkennen.

ATTRIBUT: Beifügung (engl. *attribute*)
Subjekt und Objekt können Adjektive, Zahlwörter oder Partizipien als vorangestellte Attribute bei sich führen.

APPOSITION: nachgestellte Beifügung (engl. *apposition*)
Subjekt und Objekt können durch einen nachgestellten erläuternden Zusatz näher qualifiziert werden, wobei dieser außer bei feststehenden Formeln im Deutschen in Kommata eingeschlossen wird: ‹der Tag, der lang ersehnte›; aber: ‹Karl der Große›.

ADVERBIAL: Umstandsbestimmung (engl. *adverbial*)
Die Wortart des Adverbs hat im Satz stets die Funktion eines Adverbials. Daneben gibt es aber Adverbiale, die aus mehreren Wörtern unterschiedlicher Wortarten zusammengesetzt sein können. Alles, was sich mit den Fragen Wie?, Wo?, Wann?, Warum? und Wozu? erfragen lässt, hat die Funktion einer solchen Umstandsbestimmung.

MODIFIKATOR: (engl. *modifier*)
Diese Bezeichnung taucht in traditionellen Grammatiken nicht auf und wird auch in modernen unterschiedlich verwendet. Wir haben sie deshalb im Buch nicht benutzt. Der Vollständigkeit halber soll sie hier aber aufgeführt werden. Sie bezeichnet alle diejenigen Satzglieder, die nicht eigentlich Prädikat genannt werden können, doch dieses wesentlich modifizieren. In erster Linie sind es die so genannten modalen Hilfsverben ‹können›, ‹mögen›, ‹dürfen›, ‹sollen› usw. Aber auch andere Verben wie ‹scheinen›, ‹beginnen›, ‹aufhören› u. ä. gehören hierher.

DETERMINATOR: (engl. *determiner*)
Auch dieser Begriff, den wir bereits beim Artikel erwähnten, taucht in traditionellen Grammatiken nicht auf. Seine Bedeutung wurde im Buch ausführlich erklärt.

DISKURSMARKIERUNG (engl. *discourse marker*)
Dieser Begriff wurde ebenfalls im Buch ausführlich erörtert und auf die englische Sprache angewandt.

PRÄPOSITION und *KONJUNKTION*
Diese bereits als Wortarten betrachteten Elemente sind reine Funktionswörter und deshalb zugleich Satzglieder, da sie nur innerhalb eines Satzes Bedeutung ergeben. Allerdings lassen sich einige in bestimmten Zusammenhängen substantivisch verwenden: ‹das Für und Wider›; ‹kein Wenn und Aber›.

INTERJEKTION
Auch diese Wortart ist zugleich Satzglied, da sie Einschübe bezeichnet, die verkürzte Sätze darstellen.

Flexion = Beugung (engl. *inflection*)

Bei einigen Wortarten wird die jeweilige Funktion im Satz durch eine bestimmte Markierung angezeigt; die Wörter werden flektiert. Im Deutschen nennt man dies ‹beugen›. Bei Substantiven, Adjektiven, Pronomen, Gerundien und Partizipien wird das Beugen traditionell als *Deklinieren* bezeichnet, während man bei Verben von *Konjugieren* spricht.

DEKLINATION
Dazu gehören die Unterscheidung von *Singular* (Einzahl) und *Plural* (Mehrzahl) so wie bei Substantiven, Adjektiven, Partizipien und Pronomen die vier Fälle:

Nominativ	Werfall	*Dativ*	Wemfall
Genitiv	Wesfall	*Akkusativ*	Wen- oder Wasfall

Im Englischen sind die Fälle nur noch bei den Personalpronomen an der Endung zu erkennen.

KONJUGATION
Sie umfasst die Verbmarkierungen nach folgenden Prinzipien:
1. *Genus* = Verhaltensrichtung (engl. *voices*)
Unter Genera versteht man das AKTIV und das PASSIV, die im Deutschen auch als Tätigkeitsform und Leideform bezeichnet werden.
2. *Modus* = Aussageweise (engl. *moods*)
Darunter fallen die drei unterschiedlichen Realitätsformen

Imperativ	Befehlsform
Indikativ	Wirklichkeitsform
Konjunktiv	Möglichkeitsform

3. *Tempus* = Zeit (engl. *tense*)
Die drei Grundformen grammatischer Zeitmarkierung sind:

Präsens Gegenwart (engl. *present*)
Präteritum Vergangenheit (engl. *past*)
Futur I Zukunft (engl. *future*)

Zu jeder dieser Zeiten gibt es eine grammatische Form zum Ausdruck der entsprechenden Vorzeitigkeit:

Perfekt (engl. *present perfect*)
Plusquamperfekt (engl. *past perfect* oder *pluperfect*)
Futur II (engl. *future perfect*)

Aktionsart und Aspekt (engl. *aspect*)

Zum Bedeutungsgehalt von Verben gehört in der Regel auch, dass sie entweder etwas Momentanes oder etwas Andauerndes, etwas Beginnendes oder zu Ende Gehendes, etwas Einmaliges oder Wiederkehrendes bezeichnen. Da dies im Deutschen und Englischen bereits in der Grundbedeutung der Verben enthalten ist, werden solche «Aktionsarten» grammatisch nicht besonders angezeigt. Anders verhält es sich mit der vom Sprecher wählbaren Sichtweise, dem so genannten ASPEKT. Ob etwas als bloßes Faktum oder als aktuell ablaufendes Geschehen bezeichnet werden soll, hängt vom Sprecher ab. Im Deutschen muss man sich für diesen Zweck mit Umschreibungen behelfen, im Englischen gibt es die Wahl zwischen der einfachen Verbform und der Verlaufsform. Insofern ist der Aspekt eine für das Englische charakteristische grammatische Kategorie. Auch das englische Present Perfect drückt einen Aspekt aus, nämlich den des Noch-Andauerns einer in der Vergangenheit begonnenen Handlung. Tempus und Aspekt gehen hier ineinander über. Das Deutsche, das keine grammatische Aspektmarkierung hat, drückt Aspekthaftes durch Wörter wie ‹eben›, ‹gerade›, ‹doch› u. ä. aus, die typisch für unsere Sprache sind.

Phonetik /Phonologie

PHONETIK ist die Wissenschaft von der praktischen Bildung der Sprachlaute; *PHONOLOGIE* ist die Wissenschaft vom System der Laute innerhalb einer Sprache.

Die Grundbausteine eines Lautsystems sind *PHONEME*. Sie werden als «kleinste bedeutungsdifferenzierende Einheiten einer Sprache» definiert. Ein Phonem ist ein idealisierter Lauttypus, der auf die unterschiedlichste Weise realisiert werden kann, solange dadurch die Bedeutung eines Wortes nicht verändert wird. Die unterschiedlichen Realisierungen nennt man *ALLOPHONE*. So sind z.B. das deutsche Rachen-r und das englische Zungen-r Allophone ein und desselben Phonems, nur mit dem Unterschied, dass jede der beiden Sprachen ein anderes Allophon bevorzugt. Im Deutschen sind die beiden englischen Aussprachen von th unübliche, weil gelispelte Allophone des stimmhaften bzw. stimmlosen s-Lauts, im Englischen sind es zwei selbständige Phoneme.

Phoneme sind entweder selbstlautende *VOKALE* oder mitlautende *KONSONANTEN*.
Bei *VOKALEN* unterscheidet man *einfache Vokale*, *Diphthonge*, die aus zwei Vokalen bestehen, und *Triphthonge*, die aus drei Vokalen gebildet werden.
Bei den *KONSONANTEN* unterscheidet man:

a) nach dem Artikulationsort

Bilabiale	= Lippenlaute	*Palatale*	= Gaumenlaute
Labiodentale	= Lippenzahnlaute	*Velare*	= Rachenlaute
Dentale	= Zahnlaute	*Glottale*	= Kehlkopflaute
Alveolare	= Zahndammlaute	*Nasale*	= Nasenlaute

b) nach der Artikulationsart
Obstruenten, bei denen der Atemstrom einen Widerstand hat,
Sonoranten, bei denen der Atemstrom unter Beteiligung der Stimmbänder bei wenig Widerstand durch Mund oder Nase entweicht.

c) Bei *Obstruenten* unterscheidet man nach Artikulationsart
Explosivlaute = Verschlusslaute
Frikativlaute = Reibelaute (auch *Spiranten* genannt)
Affrikaten = Explosivlaute, die in einen Reibelaut übergehen.
Alle drei können *stimmhaft* (engl. *voiced*) oder *stimmlos* (engl. *unvoiced*) sein.

d) Bei *Sonoranten* unterscheidet man
Nasale = m, n, ng
Liquide = l, r
Halbvokale = j, w.

HOMOPHONE sind Wörter, die bei unterschiedlicher Schreibweise die gleiche Aussprache haben.

HOMONYME sind Wörter, die bei gleicher Schreibung unterschiedliche Bedeutung haben.

Quellen

S. 157ff. «There was an Old Man of Kilkenny»
«There was a young lady in Chichester»
«There once was a lady from Exeter»
Aus: Hans-Dieter Gelfert, *Max und Monty. Kleine Geschichte des deutschen und englischen Humors.* C.H.Beck: München 1998. S. 96 u. 99.

S. 158 «There was a young girl who begat»
«While Titian was mixing rose madder»
Aus: G. Legman, *The Limerick.* Bd. 2. Panther Books: Frogmore, St. Albans 1976. Nr. 557 u. 572.

S. 160 «An Inge-nious Rhyme on the Gloomy Dean»
Aus: *A Choice of Comic and Curious Verse.* Hg. v. J.M. Cohen. Penguin Books: London 1975. S. 397.

S. 164 «Pot-and-Pan and Trouble-and-Strife ...» Ebd. S. 359.

S. 177 «Revenge is a kind of wild justice; ...»
Aus: *The Essayes or Counsells Civill and Morall of Francis Bacon Lord Verulam.* Everyman's Library: London 1906. S. 13.

S. 178 «As Reason is a Rebel unto Faith, ...»
Aus: Sir Thomas Browne, *Religio Medici and Other Writings.* Everyman's Library: London 1906. S. 23.

S. 180 «I fancied myself among the Alpes, ...»
Joseph Addison, *The Tatler Nr. 161* (1710). Zitiert nach *The Genius of the Place. The English Landscape Garden 1620–1820.* Hg. v. John Dixon Hunt u. Peter Willis. MIT Press: Cambridge, Mass. 1988. S. 139.

S. 182 «His prose is the model of the middle style; ...»
Aus: Samuel Johnson, *The Lives of the English Poets.* Hg. v. George Birkbeck. Bd. II. Clarendon Pr.: Oxford 1905. S. 149f.

S. 184 «The custom of saying grace at meals ...»
Aus: *The Complete Works and Letters of Charles Lamb.* The Modern Library: New York 1935. S. 85.

S. 188 «Der Instinkt vorbehaltloser Selbstbewahrung ...»
Aus: Geleitwort von Thomas Mann zu *Deutscher Genius. Ein Sammelwerk aus deutscher Vergangenheit und Gegenwart für Haus und Schule.* Hg. v. Hanns Martin Elster. Deutsche Buch-Gemeinschaft: Berlin 1926. S. VII.

S. 191 «Der Humor zeigt an, daß Subjektivität als Spiel ...»
Aus: Wolfgang Iser, *Laurence Sterne's ‹Tristram Shandy›. Inszenierte Subjektivität.* UTB: München 1987. S. 144.

S. 191 «It will be agreed that the essential difference ...»
Aus: Harold Nicolson, *The English Sense of Humour and other Essays.* Constable & Co.: London 1956. S. 18.

S. 197 «The curfew tolls the knell of parting day, …»
Aus: *Hundert englische Gedichte*. Zweisprachige Ausgabe. Hg. u. übers. von Hans-Dieter Gelfert. dtv: München 2000. S. 70.

S. 199 «It was like my own marsh country, …»
Aus: Charles Dickens, *Great Expectations*. Hg. v. Edgar Rosenberg. Norton: New York 1999. Norton Critical Edition. S. 326.

S. 201 «As I take up my pen at leisure …»
Aus: Thomas Mann, *Confessions of Felix Krull. Confidence Man*. Übers. v. Denver Linley. Signet Book: New York 1955. S. 5.

S. 202 «Indem ich die Feder ergreife, …»
Aus: Thomas Mann, *Bekenntnisse des Hochstaplers Felix Krull*. S. Fischer: Frankfurt a. M. (Stockholmer Gesamtausgabe), 1954. S. 9.

S. 202 «Emma Woodhouse, handsome, clever, and rich, …»
Aus: Jane Austen, *Emma*. Hg. v. R. W. Chapman. Oxford UP: London 1923. S. 5.

Literatur

Als «appetizer»

Judith Macheiner, Englische Grüße oder Über die Leichtigkeit, mit der man eine fremde Sprache erlernen kann. Frankfurt a. M. 2001 (in ‹Die andere Bibliothek›).

Wörterbücher

a) zum Nachschlagen

NOED New Oxford English Dictionary. 20 Bde. Oxford 1989. Das vollständigste Wörterbuch der englischen Sprache.

SOED New Shorter Oxford Dictionary. Oxford 1993. Komprimierte Fassung des NOED; reicht für die meisten Fragen zur Bedeutungsgeschichte eines Wortes aus.

b) für den Hausgebrauch

COD The Concise Oxford Dictionary. 9. Ausg. Oxford 1995. Beschreibt das heutige Englisch unter Angabe der etymologischen Wurzel der Wörter.

Oxford Advanced Learner's Dictionary of Current English. 6. Aufl. Oxford 2000. Für den Schulgebrauch konzipiert; gibt sehr gut Auskunft zur grammatischen Verwendung der Wörter.

Merriam Webster's Collegiate Dictionary. 10. Ausg. Springfield, Mass. 1998. Dieses Wörterbuch hat den Verfasser am seltensten von allen im Stich gelassen, da es auch neueste Wörter des Amerikanischen enthält.

Zweisprachige Wörterbücher

Langenscheidts Großes Schulwörterbuch. Deutsch-Englisch und Englisch-Deutsch. Fast immer auf dem neuesten Stand.

Aussprachewörterbuch

Daniel Jones, English Pronouncing Dictionary. 15. Aufl. Hg. v. Peter Roach u. James Hartman. Cambridge 1997. Gilt als Autorität in Sachen Aussprache.

Etymologisches Wörterbuch

C. T. Onions, The Oxford Dictionary of English Etymology. Oxford 1966. Korrigierter Nachdruck 1982.

Wörterbuch zum Sprachgebrauch

The New Fowler's Modern English Usage. 3. Ausg. hg. v. R. W. Burchfield. Oxford 1996.

Enzyklopädische Darstellung der englischen Sprache

David Crystal, The Cambridge Encyclopedia of the English Language. Cambridge 1995. Ein üppig illustriertes, materialreiches Buch zum Schmökern, aufgemacht wie ein *coffee-table book*.

Wolfgang Viereck, Karin Viereck und Heinrich Ramisch, dtv-Atlas Englische Sprache. München 2002.

Zu Grundzügen des heutigen Englisch

Ernst Leisi, Das heutige Englisch. Wesenszüge und Probleme. 7. Aufl. Heidelberg 1985. «Spannend wie ein Krimi» nannten Studenten des Verfassers dieses Buch.

Geschichte der englischen Sprache

Karl Brunner, Die englische Sprache. Ihre geschichtliche Entwicklung. 2 Bde. Tübingen 1960.

Manfred Görlach, Einführung in die englische Sprachgeschichte. Heidelberg 1974 (UTB); 5., völlig überarbeitete Aufl. bei C. Winter, Heidelberg 2002.

A. C. Baugh u. Thomas Cable, A History of the English Language 4. Aufl. London 2002. Überarbeitete Fassung eines Standardwerks, das 1935 zum erstenmal erschien.

Lautgeschichte

Wilhelm Horn u. Martin Lehnert, Laut und Leben. Englische Lautgeschichte der neueren Zeit (1400–1950). 2 Bde. Berlin 1954.

Wortschatz

Manfred Scheler, Der englische Wortschatz. Berlin 1977.

Linguistische Beschreibung des Englischen

Bernd Kortmann, Linguistik: Essentials. Anglistik. Amerikanistik. Berlin 1999. In der Reihe ‹studium kompakt›.

Grammatik

a) zum Nachschlagen

Randolph Quirk, Sidney Greenbaum, Geoffrey Leech und Jan Svartvik, A Comprehensive Grammar of the English Language. London 1985.

Douglas Biber u. a., Longman Grammar of Spoken and Written English. London 1999.

Rodney Huddleston u. Geoffrey K. Pullum, The Cambridge Grammar of the English Language. Cambridge 2002.

Diese drei Grammatiken geben die bis heute vollständigste Beschreibung des Englischen. Ähnlich vollständig, doch beschränkt auf die Verbgrammatik, ist

Dieter Mindt, An Empirical Grammar of the English Verb System. Berlin 2000.

b) zum Lernen

Adolph Lamprecht, Grammatik der englischen Sprache. 9. Aufl. Berlin 1995. Unter den zahlreichen, für deutsche Lerner konzipierten Grammatiken ist diese vielleicht die bewährteste.

Zum Sprachgebrauch

Michael Swan, Practical English Usage. 2. Aufl. Oxford 1995.

CollinsCobuild English Usage. London 1992.

John Stevens, Handbuch des englischen Sprachgebrauchs. Ein Ratgeber für Zweifelsfälle. Stuttgart 1998.

Alle drei sind äußerst hilfreich, da sie nicht nur sagen, wie es richtig ist, sondern auch, welche typischen Fehler zu vermeiden sind.

Sprachspiele

Hans-Dieter Gelfert, Max und Monty. Kleine Geschichte des deutschen und englischen Humors. München 1998.

Regionale Varietäten

Dieter Bähr, Standard English und seine geographischen Varianten. München 1974 (UTB).

Klaus Hansen, Uwe Carls, Peter Lucko, Die Differenzierung des Englischen in nationale Varianten. Eine Einführung. Berlin 1996.

Register

Sachwörter

Namen

Hans-Dieter Gelfert bei C. H. Beck

Typisch amerikanisch
Wie die Amerikaner wurden, was sie sind
2002. 194 Seiten. Paperback
Beck'sche Reihe Band 1502

Typisch englisch
Wie die Briten wurden, was sie sind
4., durchgesehene und um ein Nachwort
erweiterte Auflage. 2002. 183 Seiten
mit 18 Abbildungen. Paperback
Beck'sche Reihe Band 1088

Max und Monty
Kleine Geschichte des deutschen und englischen Humors
1998. 203 Seiten mit 36 Abbildungen. Paperback
Beck'sche Reihe Band 1248

Kleine Geschichte der englischen Literatur
1997. 380 Seiten mit 33 Abbildungen. Paperback
Beck'sche Reihe Band 1181

Kleine Kulturgeschichte Großbritanniens
Von Stonehenge bis zum Millennium Dome
1999. 364 Seiten mit 52 Abbildungen. Paperback
Beck'sche Reihe Band 1321

Shakespeare
2000. 128 Seiten mit 1 Abbildung. Paperback
Beck'sche Reihe Band 2055
C. H. Beck Wissen

Verlag C. H. Beck München

Sprache und Literatur bei C.H.Beck

Hans Peter Althaus
Kleines Lexikon deutscher Wörter jiddischer Herkunft
2003. Etwa 160 Seiten. Paperback
Beck'sche Reihe Band 1518

Moritz Baßler
Der deutsche Pop-Roman
Die neuen Archivisten
2002. 222 Seiten. Paperback
Beck'sche Reihe Band 1474

Christoph Gutknecht
Pustekuchen!
Lauter kulinarische Wortgeschichten
2. Auflage. 2002.
288 Seiten mit 12 Abbildungen. Paperback
Beck'sche Reihe Band 1481

Willy Sanders
Gutes Deutsch
Stil nach allen Regeln der Kunst
2002. 190 Seiten. Paperback
Beck'sche Reihe Band 1491

Kurt Schreiner
Von Servicepoint bis unkaputtbar
Streifzüge durch die deutsche Sprache
2002. 232 Seiten. Paperback
Beck'sche Reihe Band 1493

Verlag C.H.Beck München